中國學術思想 研究輯刊

九　編

林　慶　彰　主編

第 2 冊

出土與今本《周易》六十四卦經文考釋（一）

鄭　玉　姍　著

花木蘭文化出版社

國家圖書館出版品預行編目資料

出土與今本《周易》六十四卦經文考釋（一）／鄭玉姍 著——
初版 —— 台北縣永和市：花木蘭文化出版社，2010〔民99〕
目 4+242 面；19×26 公分
（中國學術思想研究輯刊 九編；第2冊）
ISBN：978-986-254-266-8（精裝）
1. 易經　2. 研究考訂
121.17　　　　　　　　　　　　　　　　　　　99014261

ISBN - 978-986-254-266-8

中國學術思想研究輯刊
九 編 第 二 冊　　　　　　　　ISBN：978-986-254-266-8

出土與今本《周易》六十四卦經文考釋（一）

作　　者　鄭玉姍
主　　編　林慶彰
總 編 輯　杜潔祥
出　　版　花木蘭文化出版社
發 行 所　花木蘭文化出版社
發 行 人　高小娟
聯絡地址　台北縣永和市中正路五九五號七樓之三
　　　　　電話：02-2923-1455／傳真：02-2923-1452
網　　址　http://www.huamulan.tw 信箱 sut81518@ms59.hinet.net
印　　刷　普羅文化出版廣告事業
封面設計　劉開工作室
初　　版　2010 年 9 月
定　　價　九編 20 冊（精裝）新台幣 33,000 元

出土與今本《周易》六十四卦經文考釋（一）

鄭玉姍　著

作者簡介

　　鄭玉姍，國立臺灣師範大學國文學系學士，國立臺灣師範大學國文研究所碩士，國立臺灣師範大學國文研究所博士。現為世新大學中文系兼任講師。

　　單篇論文著作：〈《詩·小雅·斯干》「生男載床生女載地」風俗新探〉（《中國學術年刊》第 24 期，2003.6）、〈書評：裘錫圭：《中國出土古文獻十講》〉（《哲學與文化月刊》第 394 期，2007.3）、〈張養浩《雲莊樂府》中表現儒者入世精神之篇章〉（《孔孟月刊》四十五卷第 11、12 期，2007.8）、〈新出土〈孔子詩論·木瓜〉與傳統詩學〈衛風·木瓜〉之比較〉（《孔孟月刊》四十七卷第 5、6 期，2009.2）。

　　出版專書：《上海博物館藏戰國楚竹書（一）讀本》（台北市：萬卷樓（與季旭昇教授等合著），2004.6）、《古典文獻研究輯刊（六）·《上博（一）孔子詩論研究》（修訂版）》（台北縣：花木蘭文化出版社，2008.3）、《上海博物館藏戰國楚竹書（一）讀本（修訂版）》（北京：北京大學出版社（與季旭昇教授等合著），2009.1）。

提　要

　　《周易》流傳已久，自漢以降，其書冠五經之首。而《周易》文字古奧簡鍊，歷代學者對其卦爻辭解釋往往出入甚大卻又言之成理，常令今之研究者無所適從。

　　所幸地不愛寶，近半個世紀以來多種古本《周易》紛紛出土，西元 1973 年 12 月，湖南馬王堆三號漢墓中出土帛書《周易》。1977 年 7 月，安徽阜陽雙古堆一號漢墓出土《周易》殘簡。西元 1994 年，上海博物館從香港購得一批楚竹書，簡稱為「上博簡」；2003 年 12 月上海古籍出版社出版《上海博物館藏戰國楚竹書（三）》，其中有《周易》58 支簡，涉及 34 個卦的內容，年代約在戰國末期。以上三種傳本皆有卦畫、卦辭與爻辭，文字內容與今傳本也多能相合；由上博《周易》、阜陽《周易》、帛書《周易》至今本《周易》，相當完整地呈現了《周易》自戰國晚期至西漢初、再至今之定本的演變源流與內容變化。

　　本論文以《出土與今本《周易》六十四卦經文考釋》為研究專題，將上述四版本《周易》六十四卦經文之卦畫、卦辭、爻辭互相比對，探討四版本在卦畫、卦辭、爻辭之異同。由小學入經學，以期發明出土《周易》與今本《周易》在字形書寫及卦、爻辭內容之異同。希望透過目前出土的簡帛《周易》所呈現的資料，對於今本《周易》之文字與義理內容，能有更多認識與啟發。

目次

第一冊
凡 例
第一章 緒 論 ·· 1
　第一節 研究動機與目的 ······················ 1
　第二節 研究方法 ······························· 4
　第三節 上博《周易》概況 ····················· 5
　第四節 阜陽《周易》概況 ····················· 7
　第五節 帛書《周易》概況 ····················· 11
　第六節 出土《周易》與今本《周易》經文對照··· 14
第二章 出土與今本《周易》六十四卦經文考釋·
　　　　上經三十卦 ····························· 57
　第一節 乾 卦 ······························· 57
　第二節 坤 卦 ······························· 92
　第三節 屯 卦 ······························· 113
　第四節 蒙 卦 ······························· 134
　第五節 需 卦 ······························· 156
　第六節 訟 卦 ······························· 173
　第七節 師 卦 ······························· 199
　第八節 比 卦 ······························· 221

第二冊
　第九節 小畜卦 ······························· 243
　第十節 履 卦 ······························· 254
　第十一節 泰 卦 ····························· 266
　第十二節 否 卦 ····························· 277
　第十三節 同人卦 ····························· 287
　第十四節 大有卦 ····························· 297
　第十五節 謙 卦 ····························· 314
　第十六節 豫 卦 ····························· 328
　第十七節 隨 卦 ····························· 345
　第十八節 蠱 卦 ····························· 364
　第十九節 臨 卦 ····························· 377

第二十節　觀　卦 ………………………………… 385

第二十一節　噬嗑卦 ……………………………… 395

第二十二節　賁　卦 ……………………………… 407

第二十三節　剝　卦 ……………………………… 416

第二十四節　復　卦 ……………………………… 425

第二十五節　无妄卦 ……………………………… 434

第二十六節　大畜卦 ……………………………… 451

第二十七節　頤　卦 ……………………………… 469

第三冊

第二十八節　大過卦 ……………………………… 485

第二十九節　坎　卦 ……………………………… 495

第三十節　離　卦 ………………………………… 507

第三章　出土與今本《周易》六十四卦經文考釋・下經三十四卦 ……… 519

第三十一節　咸　卦 ……………………………… 519

第三十二節　恆　卦 ……………………………… 531

第三十三節　遯　卦 ……………………………… 543

第三十四節　大壯卦 ……………………………… 555

第三十五節　晉　卦 ……………………………… 565

第三十六節　明夷卦 ……………………………… 576

第三十七節　家人卦 ……………………………… 587

第三十八節　睽　卦 ……………………………… 596

第三十九節　蹇　卦 ……………………………… 613

第四十節　解　卦 ………………………………… 623

第四十一節　損　卦 ……………………………… 635

第四十二節　益　卦 ……………………………… 645

第四十三節　夬　卦 ……………………………… 656

第四十四節　姤　卦 ……………………………… 671

第四十五節　萃　卦 ……………………………… 683

第四十六節　升　卦 ……………………………… 696

第四冊

第四十七節　困　卦 ……………………………… 705

第四十八節　井　卦⋯⋯⋯⋯⋯⋯⋯⋯⋯⋯⋯ 718

第四十九節　革　卦⋯⋯⋯⋯⋯⋯⋯⋯⋯⋯⋯ 737

第五十節　鼎　卦⋯⋯⋯⋯⋯⋯⋯⋯⋯⋯⋯⋯ 749

第五十一節　震　卦⋯⋯⋯⋯⋯⋯⋯⋯⋯⋯⋯ 760

第五十二節　艮　卦⋯⋯⋯⋯⋯⋯⋯⋯⋯⋯⋯ 770

第五十三節　漸　卦⋯⋯⋯⋯⋯⋯⋯⋯⋯⋯⋯ 784

第五十四節　歸妹卦⋯⋯⋯⋯⋯⋯⋯⋯⋯⋯⋯ 801

第五十五節　豐　卦⋯⋯⋯⋯⋯⋯⋯⋯⋯⋯⋯ 812

第五十六節　旅　卦⋯⋯⋯⋯⋯⋯⋯⋯⋯⋯⋯ 828

第五十七節　巽　卦⋯⋯⋯⋯⋯⋯⋯⋯⋯⋯⋯ 839

第五十八節　兌　卦⋯⋯⋯⋯⋯⋯⋯⋯⋯⋯⋯ 849

第五十九節　渙　卦⋯⋯⋯⋯⋯⋯⋯⋯⋯⋯⋯ 857

第六十節　節　卦⋯⋯⋯⋯⋯⋯⋯⋯⋯⋯⋯⋯ 870

第六十一節　中孚卦⋯⋯⋯⋯⋯⋯⋯⋯⋯⋯⋯ 878

第六十二節　小過卦⋯⋯⋯⋯⋯⋯⋯⋯⋯⋯⋯ 889

第六十三節　既濟卦⋯⋯⋯⋯⋯⋯⋯⋯⋯⋯⋯ 900

第六十四節　未濟卦⋯⋯⋯⋯⋯⋯⋯⋯⋯⋯⋯ 910

第四章　結　論⋯⋯⋯⋯⋯⋯⋯⋯⋯⋯⋯⋯⋯ 923

　第一節　研究成果與總結⋯⋯⋯⋯⋯⋯⋯⋯ 923

　　一、出土《周易》與今本的異同⋯⋯⋯⋯ 923

　　二、出土《周易》與今本對讀後的啓發與問
　　　　題⋯⋯⋯⋯⋯⋯⋯⋯⋯⋯⋯⋯⋯⋯⋯ 939

　　三、出土《周易》與今本對讀後的心得與創
　　　　見⋯⋯⋯⋯⋯⋯⋯⋯⋯⋯⋯⋯⋯⋯⋯ 941

　第二節　研究價值與展望⋯⋯⋯⋯⋯⋯⋯⋯ 950

　　一、研究價值⋯⋯⋯⋯⋯⋯⋯⋯⋯⋯⋯⋯ 950

　　二、研究展望⋯⋯⋯⋯⋯⋯⋯⋯⋯⋯⋯⋯ 951

參考文獻⋯⋯⋯⋯⋯⋯⋯⋯⋯⋯⋯⋯⋯⋯⋯⋯ 953

第一章　緒　論

第一節　研究動機與目的

　　《周易》流傳已久，為中國最古老典籍之一，自漢以降，其書冠五經之首，也是歷代思想家、哲學家投注大量心力深入研究探討一部經書。朱伯崑（1923－2007）《易學哲學史》將古代的易學發展分成五個時期：戰國時期、兩漢易學時期、晉唐易學時期、宋易時期、清代漢學時期；〔註1〕各時期因社會發展，文化思想的演變而作出不同的易學論述，對易的解釋也各有偏重。而《周易》文字簡鍊古奧，歷代學者對卦爻辭的解釋往往出入甚多，卻又都言之成理，更令今世研究者無所適從。

　　所幸地不愛寶，近三十多年來，多種古本《周易》紛紛出土，豐富的地下出土考古材料漸漸為我們提供了較多的考釋依據。西元1973年12月，湖南馬王堆三號漢墓中出土大量帛書，其中包括《易》、《老子》、《戰國縱橫家書》、《養生方》等漢初學術典籍與方術文獻，經馬王堆漢墓帛書整理小組整理後，西元1984年於《文物》第三期發表〈馬王堆帛書《六十四卦》釋文〉，指出馬王堆《周易》是漢初楚地流行的傳抄版本。1977年7月，安徽阜陽雙古堆一號漢墓亦出土《周易》資料，但阜陽《周易》殘損嚴重，無法得知原來卦序。出土碎簡共752片，計3119字。文字內容除了卦爻辭經文1110字外，還連屬著卜問具體事項的卜辭共2009字，可惜因殘損太甚，大部分卜辭都與卦爻辭分散而不知所從屬。〔註2〕西元1994年，上海博物館從香港文物市場上購得一批楚竹書，

─────────────────────

〔註1〕 朱伯崑：《易學哲學史》，修訂本（台北：藍燈文化公司，1991年9月），頁6。
〔註2〕 參考文獻：安徽省文物工作隊：〈阜陽雙古堆西漢汝陰侯墓發掘簡報〉，《文

簡稱爲「上博簡」；2003 年 12 月，《上海博物館藏戰國楚竹書（三）》〔註3〕由
上海古籍出版社出版，其中有《周易》58 支簡，涉及 34 個卦的內容，年代約
在戰國中晚期，是目前所見最早的《周易》傳本，可惜上海博物館收購時，竹
簡皆如醬色麵條般膠合在泥團中，故無法得知原來卦序。〔註4〕以上三種傳本
皆有卦畫、卦辭與爻辭，文字內容與今傳本也多能相合。

除上述三種出土《周易》外，目前所知相涉於《周易》的出土文物尚有
王家台秦簡《歸藏》、包山楚簡和新蔡楚簡等，今簡述於下。

一、王家台秦簡《歸藏》：〔註5〕1993 年，湖北江陵縣荊州鎮王家台 15
號秦墓出土了秦簡易占，絕大多數學者認爲這些易占即是《歸藏》。竹簡有兩
種，一種寬而薄，一種窄而厚。編號者 164 支，未編號者 230 支，共計 394
支，總字數約 4000 餘字。共 70 組卦畫，除去其中相同的 16 組，不同的卦畫
有 54 種。卦畫皆以「—」表示陽爻，以「⌒」表示陰爻。竹簡中所出現卦名
共 76 次，除去重複的 23 個，實際卦名 53 個，大多與今本《周易》之卦名相
同。其文例以卦畫開頭，接著是卦名，卦名後以「曰」字連接卜事之辭，然
後是卦辭；其辭與今本易辭都不相同，多採用古史中的占筮之例。其中涉及
的古史人物有黃帝、炎帝、穆天子、共王、武王、誇王、羿等，還有羿射日、
武王伐殷等故事。簡中僅見卦辭而未見爻辭。

二、包山楚簡易筮資料：〔註6〕1986 年 11 月，湖北荊門包山楚墓 2 號墓
出土戰國卜筮祭禱簡。卜筮祭禱簡共 54 枚（簡編號 197-250），可分爲 26 組。
其中 22 件專記卜筮之事，另外 4 件則專記禱祠之事。各組簡按貞問或祭禱的
時間順序排列，每組記一事，多則四、五簡，少則一簡。內容皆爲墓主貞卜

物》，1978 年第 8 期，頁 12～31。安徽省阜陽地區博物館阜陽漢簡整理小組：
〈阜陽漢簡簡介〉，《文物》1983 年第 2 期，頁 21～23。

〔註 3〕 馬承源主編：《上海博物館藏戰國楚竹書（三）》（上海：上海古籍出版社，2003
年 12 月）。

〔註 4〕 參朱淵清、廖名春主編：〈馬承源先生談上博簡〉，《上博館藏戰國楚竹書研究》
（上海：上海印書館，2002 年 3 月），頁 5。

〔註 5〕 荊州地區博物館：《江陵王家台 15 號秦墓》，《文物》1995 年第 1 期，頁 37～
43。

〔註 6〕 參考文獻：包山墓地竹簡整理小組：《包山 2 號墓竹簡概述》，《文物》1988
年第 5 期，頁 23～28。陳偉：《望山楚簡所見的卜筮與禱神祠——與包山楚簡
相對照》，《江漢考古》1997 年第 1 期，頁 73～75。駢宇騫、段書安編著《本
世紀以來出土簡帛概述（資料篇、論著目錄篇）》（台北：萬卷樓，1999），頁
89～92。

吉凶禍福，請求鬼神與先人賜福或保佑。格式爲：前辭（以事記年，日用干支，並載卜具）、命辭（有卜得爵等）、占辭、禱辭和第二次占辭。簡文中 6 組 12 個易卦卦畫，每組卦畫由兩個卦組成，左右並列，見於簡 201（豫／兌）、210（損／臨）、229（蠱／晉）、232（隨／離）、239（頤／无妄）、245（恆／需）。但簡文中並沒有寫出卦畫名稱，也沒有對卦畫的具體解說。

　　三、新蔡楚簡易筮資料：〔註7〕1994 年 5 月，河南省新蔡縣平夜君成墓出土了一批戰國楚簡，其中絕大多數爲卜筮祭禱記錄簡。卜筮祭禱記錄簡可分爲三種：第一種與包山楚簡的卜筮祭禱類簡極爲相似，主要爲墓主平夜君成生前的占卜祭禱記錄，占卜內容以求問病情爲主。格式亦與包山簡非常相似，由前辭、命辭、占辭等部分組成。第二種爲平夜君成自己的祈禱記錄，數量很少，簡寬字大。第三種內容單純，僅是與祭禱有關的記錄，不見占卜。內容簡單，格式統一，竹簡很短。這類簡以前發現不多。其中保存了 15 組卦畫，每組兩卦，完整的有 12 組 24 卦。分別爲：

簡編號	卦
甲二 19、20	比／同人
甲二 37	臨／師
甲三 112	旅／大過
甲三 112	觀／泰
甲三 184-2、185、222	晉／師
甲三 302	剝／咸
乙二 2	謙／頤
乙四 15	謙／遯
乙四 68	復／觀
乙四 79	巽／離
乙四 95	姤／坤
零 115、22	比／同人

　　由上述出土文獻看來，我們可知《周易》流傳久遠，且在先秦時人們對《周易》的利用已分流於二大類，一爲占卜筮問，如王家台秦簡《歸藏》、包

〔註7〕　參考文獻：河南省文物考古研究所，河南省駐馬店市文化局，新蔡縣文物保護管理所：《河南新蔡平夜君成墓的發掘》，《文物》2002 年第 8 期，頁 4～30。蕭仁：《新蔡葛陵楚墓簡介》，《考古》2004 年第 2 期，頁 65。

山楚簡、新蔡楚簡皆屬此類。另一類則爲是把《周易》的卦爻辭與其占問分開，使得卦爻體系成爲獨立的文本體系，並加以說明某種哲理或法則；上博《周易》、帛書《周易》均屬於此類。而阜陽《周易》則結合二者，在卦爻辭後並連屬著卜問具體事項的卜辭。

由上博《周易》、阜陽《周易》、帛書《周易》與今本《周易》，〔註8〕相當完整地呈現了《周易》自戰國至西漢初、再至今之定本的演變源流與內容變化。本論文將以上博《周易》、阜陽《周易》、帛書《周易》與今本《周易》經文之六十四卦卦畫、卦辭、爻辭互相比對，由小學入經學，以期發明出土《周易》與今本《周易》在文字及卦、爻辭之異同。帛書《周易》之易傳部份〔註9〕則不在本論文討論範圍。

第二節　研究方法

研究出土簡帛，當以識字爲先。唐蘭（1901－1979）《古文字學導論》提出「對照法」、「推勘法」、「偏旁的分析」、「歷史的考證」〔註10〕等四項，高明（1909－1992）《中國古文字學通論》則提出「因襲比較法」、「辭例推勘法」、「偏旁分析法」、「據禮俗、制度釋字」〔註11〕等方法。本論文之文字考釋主要採取「偏旁分析法」及「對照法」，將簡帛文字字形或偏旁與曾出現之戰國文字或秦漢文字作分析、比對，並上溯甲骨、金文以探討其字形結構及演變源流，做出正確隸定；再配合今本《周易》對讀，加強字形的正確性。字音則參考陳師新雄（1939～）《古音學發微》以進行古聲韻理論及通轉之探討，如有通假可能，則儘可能尋找傳世典籍與出土文獻爲旁證。

至於《周易》經傳注釋，各時期易學均有獨特之處，朱伯崑《易學哲學史》：
清代漢學家對《周易》經傳文字方面的注釋和考證，特別是對漢易的整理和解說，作出了自己的貢獻。但對《周易》原理的探討，沒有擺

〔註8〕三種出土《周易》依成書年代先後排列。阜陽《周易》第30號簡存「大君有命啓邦□」簡文，阜陽本「啓邦」二字，帛書本作「啓國」；顯見阜陽本未避漢高祖劉邦諱，而帛書本則避諱而改「邦」爲「國」。故可知阜陽《周易》成書年代極有可能早於帛書《周易》。據此，本論文援引順序將爲戰國晚期上博《周易》——西漢初阜陽《周易》——西漢初帛書《周易》——今本《周易》。

〔註9〕如帛書〈二三子〉、〈繫辭〉、〈易之義〉、〈要〉、〈繆和〉、〈昭力〉部分。

〔註10〕唐蘭：《古文字學導論》增訂本（濟南：齊魯書社，1981），頁231。

〔註11〕高明：《中國古文字學通論》（台北：五南出版社，1993），頁144～150。

脱漢易的窠臼，雖然也有一些新義，卻沒有形成自己獨特的哲學體系，這同漢學家們對理論興趣的淡薄，埋頭於文字器物的考據學風是分不開的。晚清以來，學術思想界對《周易》的研究並沒有中斷，但其研究方向，或者繼承漢學家的傳統，或者局限於對《周易》經傳文字方面的解說，在哲學和義理方面，其創見亦甚少。〔註12〕

本論文在《周易》卦爻辭釋讀中，唐代之前學者見解主要引述孔穎達（574－648）《周易正義》內容；以及李道平（清人，生卒年不詳）撰《周易集解纂疏》所保存之荀爽（128－190）、虞翻（164－233）等學者說法。宋代易學引朱熹（1130－1200）《周易本義》；元、明二代易學以程、朱爲主流，故不再引述；清代初期，易學沿襲宋元明三代之遺緒，以程、朱與理學派解經者多，經黃宗羲（1610－1695）、顧炎武（1613－1682）、王夫之（1619－1692）倡導，漢易復萌。乾嘉之後，考證學興，經術實用的象數派盛於一時。由於考據之學興盛，清代學者在整理古籍方面有巨大貢獻，使漢易得以初步恢復：惠棟（1697－1758）輯虞翻、京房（西漢人，生卒年不詳）、鄭玄（127－200）、荀爽《易》各一卷、孟喜（西漢人，生卒年不詳）《易》兩卷，及《辨圖書》一卷。張惠言（1761－1802）則分別輯錄兩漢魏晉南北朝以來各家易學，使散見於各典籍的古易得以整理彙聚。清代易學義理思維是漢易與宋易爭鳴之後兩相結合的結果，故論文中不再引述清儒易學以釋讀出土《周易》之卦爻辭。民國以來易學流派甚多，本論文以古文字考釋及出土《周易》與今本《周易》的卦畫、卦辭、爻辭四版本之相比對爲主，故近代學者僅取于省吾（1896－1984）、高亨（1900－1986）、屈萬里（1907－1979）、黃慶萱（1932～）、南懷瑾（1918～）、徐芹庭（1941～）等諸家說法作爲補充。

第三節　上博《周易》概況

一、概　況

　　1994 年，上海博物館於從香港文物市場陸續購得戰國楚簡共 1200 餘支，內容三萬餘字。內容涉及哲學、文學、歷史、宗教、軍事、教育、政論、音

〔註12〕朱伯崑：《易學哲學史》修訂本（台北：藍燈文化公司，1991 年 9 月），頁 6
　　～7。

樂、文字學等，以儒家思想爲主，兼及道家、兵家、陰陽家等。內容將近百種，但其中能和已流傳的先秦古籍相對照者卻不到十種。〔註13〕

上博《周易》是目前爲止，所發現成書年代最早的一部《周易》。雖然部份竹簡散失，但我們還是能從中見到先秦時期《周易》文本的基本面貌，對於研究先秦之《易》是具有非常重要的價值。根據濮茅左的考據說明，〔註14〕我們了解：

（一）上博《周易》共有五十八簡，涉及三十四卦的內容，共一千八百零六字，有三個合文，〔註15〕八個重文，〔註16〕保存二十五個卦畫。

（二）上博《周易》出土狀況猶如醬色麵條膠合在泥團中，無法得知原來卦序。

（三）完整竹簡兩端平齊，長 44 釐米，寬 0.6 釐米，厚 0.12 釐米左右，三道編繩。上契口距頂端 1.2 釐米，上契口與中契口間距約 21 釐米，中契口與下契口間距約 20.5 釐米，下契口距尾 1.2 釐米，契口位於竹簡右側。第一字起於第一道編線之下，最後一字終於第三道編線之上，一支完整的竹簡一般書寫 44 字左右。書體謹嚴工整，大小一致，字距基本等同，每卦所佔簡數，或二簡、或三簡。每一卦都具獨立性，不接續書寫下一卦的內容。

（四）卦畫部份，以—、八分別表示陽爻、陰爻。

（五）文字部份，上博《周易》與阜陽《周易》、帛書《周易》，都是由卦名、卦辭、爻辭組成。用字、用辭、用句或有不同，但文義相去不遠。

（六）符號部份，上博《周易》有▨、■、▨、▨、▣、▣、▨、▢八種紅黑構成的符號（因論文列印無法顯示紅色，故紅色以網狀表示），這些符號是首次發現，對於卦序有一定程度的參考價值。一卦中，有二個符號，首符的位置在首簡，置於卦名之後，卦辭之前；尾符

〔註13〕參朱淵清、廖名春主編：〈馬承源先生談上博簡〉，《上博館藏戰國楚竹書研究》（上海：上海印書館，2002 年 3 月），頁 1～8。

〔註14〕馬承源主編：《上海博物館藏戰國楚竹書（三）》（上海：上海古籍出版社，2003年 12），頁 133。

〔註15〕簡 8、簡 31「少（小）人」合文，簡 32「亡喪」（亡喪）合文。

〔註16〕簡 25「融（融）」重文、「攸」重文，簡 35「許」重文，簡 38「夬」重文，簡 39「夬」重文，簡 44「菜」重文，簡 50「毆（毆）」重文，簡 53「贏」重文。

的位置在末簡，置於該卦最後一個字之後。〔註17〕

（七）香港中文大學中國文化研究所所收藏的一段殘簡原來應屬本篇，並能和上博《周易》第三十二簡完全綴合。

（八）上博《周易》只有《經》，沒有《傳》的內容。

（九）易學有「九六」之爭，或以為「九六」之稱為漢人所加，先秦未見。但上博《周易》的發現，證明「九六」之稱，在先秦確已存在。陰陽爻位的稱法自簡本至今本乃一脈相承。

二、成書年代

西元 2002 年，中國上海科學院原子核研究所利用最新科技的小型迴旋加速器測譜儀進行測定，推論上博簡年代大約是西元前 320 年至西元前 190 年之際；上限大約早於荀子（約西元前 313 至前 238）、韓非子（約西元前 280 至前 233），晚於莊子（約西元前 369 至前 286），下限大約在西漢初年。王振復（1945～）〈上博館藏楚竹書《周易》初析〉以為「上博館藏楚竹書中有兩篇賦的殘簡，應是中國文學史最早的賦體文學屈原賦與荀子賦的同期之作。假如此說成立，綜合上述考釋，那麼，楚竹書《周易》的入葬年代，大約與屈原（約西元前 340 至前 278）、荀子同時或稍後。馬承源（1928－2004）先生說『我們現在推測，上博簡是楚國遷郢以前貴族墓中的隨葬物。』這一見解是可信的。」〔註18〕據此，上博《周易》的抄寫年代，可能是在屈原、荀子生年或是稍後這段時期。

第四節　阜陽《周易》概況

一、概　況

根據安徽省博物館阜陽漢簡整理組所發表的〈阜陽漢簡簡介〉〔註19〕內

〔註17〕關於首符尾符的特殊意義，請詳參陳惠玲：《《上海博物館藏戰國楚竹書（三）·周易》研究》（國立臺灣師範大學國文教學所碩士論文，2005 年 8 月），頁 5 ～10。

〔註18〕王振復：〈上博館藏楚竹書《周易》初析〉，《周易研究》2005 年第 1 期，頁 13。

〔註19〕安徽省阜陽地區博物館阜陽漢簡整理組：〈阜陽漢簡簡介〉，《文物》1983 年第

容紀錄，阜陽縣城郊有一座 20 多米高的大土山，狀似兩個緊相連的高大土堆，故得名「雙古堆」。西元 1957 年，阜陽縣因興建機場有取土需要而對它進行開挖，從 20 多米高的大土堆變成了僅僅 4 米高的土堆。西元 1977 年，羅莊大隊爲建磚窯廠而將其全部剷平，卻從地下挖出了兩個灰質陶馬頭。考古工作者聞訊而至，對其進行了搶救性發掘，在大土堆下發現西漢古墓，墓主爲漢代開國功臣汝陰侯之子夏侯竈，故稱爲「安徽阜陽雙古堆西漢汝陰侯墓」。

1977 年 7 月，於阜陽雙古堆西漢汝陰侯墓發現一批竹簡，但因此墓早年曾被盜陷塌，原本存放簡牘的漆笥朽壞，簡牘不只散亂扭曲，變黑彎朽，纖維質也出現溶解黏連現象，簡片薄如紙張，加以互相疊壓鑲嵌，剝離揭取十分困難。由於當地沒有揭取技術，因此於 1978 年送交國家文物局文物保護研究所處理。經由胡繼高、韓自強歷經兩年精心剝揭，雖有部份破碎，但終能使世人窺見豐富內容。竹簡原長約 25cm，寬 1cm 多，用三道繩子編聯在一起。其中有《蒼頡篇》、《詩經》、《楚辭》、《周易》、《年表‧大事記》、《萬物》、《作務員程》、《行氣》、《相狗經》、《辭賦》、《刑德‧日書》、《春秋事語》、《儒家者言》和木牘等 14 種古籍。內容涵蓋哲學思想、文學、歷史、醫學、天文等豐富種類。

阜陽《周易》爲漢初流行的傳抄版本，有下列幾項特殊之處：

（一）阜陽《周易》殘缺嚴重，原來卦序已無法復原。

（二）阜陽《周易》碎簡超過了 752 片，存有卦爻辭的 221 片，分別屬於 52 個卦。共計 3119 字，其中屬經文的部分有 1110 字，屬今本《周易》未見的卜辭共 2009 字。〔註20〕僅有大有卦、林（臨）卦、賁卦、大過卦、離卦殘存卦畫，分別寫作 ䷍、䷒、䷕、䷛、䷝。〔註21〕

（四）卦畫部份，以—、八分別表示陽爻、陰爻。與上博《周易》相同。

（五）文字內容除了卦爻辭，還連屬著卜問具體事項的卜辭，這是保留用易占筮的習慣，將《周易》當作實用的筮書本子，在卦、爻辭後繫以具體的卜事之辭，以便翻檢斷筮。但因殘破太甚，大部分卜辭都

---

2 期，頁 21～23。駢宇騫、段書安編著《本世紀以來出土簡帛概述（資料篇、論著目錄篇）》（台北：萬卷樓，1999），頁 60～63。

〔註20〕見韓自強：《阜陽漢簡《周易》研究》，（上海：上海古籍出版社，2004 年 7 月），頁 54、87。

〔註21〕見韓自強：《阜陽漢簡《周易》研究》，（上海：上海古籍出版社，2004 年 7 月），頁 87。

與卦爻辭分散而不知所從屬。

（六）其辭有固定的格式：

卦辭卜辭格式是：卦畫──卦名──卦辭──卜某事吉或不吉，另一事吉或不吉等。

爻辭卜辭格式是：●──爻題──爻辭──卜某事吉或不吉，另一事吉或不吉等。

卦畫寫在簡上端，下空一個字格間距再寫卦名，然後書寫卦辭、卜辭，再寫爻題、爻辭和卜辭。爻題前有圓墨點隔開。卦爻辭與卜辭之間無明顯區分，僅在卜事前加一「卜」字。

（七）與帛書《周易》嚴整端正的隸書字體相較之下，阜陽《周易》是以較潦草的隸書筆意書寫，可推測阜陽《周易》抄手之書法水準較低，或是阜陽《周易》成書年代更早，正處於由篆文演變到隸書之過渡階段。

二、成書年代

西元 1977 年 7 月出土的雙古堆西漢古墓共兩座，為夫婦合葬墓。陪葬的漆器上有「女陰侯布平盤，徑尺三寸，七年吏諱工速造」之銘文，又出土三塊「女陰家丞」封泥，漆器銘文則有「元年」、「四年」、「六年」、「七年」、「八年」、「九年」、「十一年」等年數，這些都為判定墓主及其年代提供了確切的根據。

《漢書·地理志》記載：「女（汝）陰，故胡國」。〔註12〕屬汝南郡，故城即今阜陽。《史記·高祖功臣侯者年表第六》：「汝陰侯以令史從降沛，為太僕、常奉車為滕公，竟得天下，入漢中，全孝惠、魯元。侯六千九百戶，常為太僕。高祖六年十二月甲申，文侯夏侯嬰元年。孝文九年，夷侯竈元年。孝文十六年，恭侯賜元年。」

「汝陰侯」是漢高祖劉邦對其功臣夏侯嬰的封號。夏侯嬰與劉邦為江蘇沛縣同鄉，參加了劉邦的起義軍後，多次立功。高祖六年（201B.C.）被封為汝陰侯，在朝中任太僕，死於漢文帝八年（172B.C.）。夏侯嬰的兒子夏侯竈襲爵，於漢文帝九年嗣位，死於漢文帝十五年（165B.C.）。夏侯嬰之孫夏侯賜襲

〔註12〕　（漢）班固撰，（唐）顏師古注：《新校本漢書并附編二種》（台北：鼎文書局　1991），頁 1561。

爵，於漢文帝十六年嗣位，死於漢武帝元光元年（134B.C.）。夏侯嬰的曾孫夏侯頗襲爵，於漢武帝元光二年嗣位，在位十九年，但於漢武帝元鼎二年（115B.C.）因罪自殺，漢武帝藉機廢汝陰侯封號並取消其食邑。汝陰侯共傳四代，歷時八十六年。漢宣帝元康四年，雖曾詔令夏侯嬰玄孫之子長安大夫夏侯信恢復其家，但再沒有恢復「汝陰侯」之稱號了。

由墓葬中出土的漆器銘文上的年代，最長的是「十一年」。漢初紀年除了文帝有前元十六年的紀年外，其餘紀年都沒有超過八年的。因此漆器上的銘文「十一年」應指是文帝前元十一年的紀年。

而雙古堆到底是汝陰侯夏侯嬰之墓還是其子夏侯竈夫婦之墓？曾參與墓葬發掘和文物整理工作的韓自強推論，夏侯嬰既死於文帝八年，在他的隨葬器物上就不可能出現「十一年」。而且文獻記載夏侯嬰死後葬於「東都〔註23〕門外」，沒有記載在汝陰安葬。汝陰侯第三代、第四代都死於漢武帝時期。根據考古斷代資料分析，雙古堆墓的葬式沒有武帝時的特點，隨葬器物也沒有武帝時器物的特徵；特別第四代是「自殺國除」，更不可能有如此厚葬。所以，韓自強推斷雙古堆東墓主人是第二代汝陰侯夏侯竈。西墓建在生土層，東墓是打破西墓封土後所造，由此判斷西墓的時間應略早於東墓，西墓死者應為夏侯竈之妻。

阜陽《周易》第30號簡存「不吉。上六：大君有命啓邦囗」簡文，阜陽本「啓邦」，帛書本作「啓國」，今本作「開國」；顯見阜《易》沒有避漢高祖劉邦之諱，而帛書避劉邦諱，改「邦」為「國」，今本又避漢景帝劉啓諱，改「啓」為「開」。此雖孤證，但由此亦可推測阜陽《周易》成書年代極可能早於帛書《周易》，或許更早於漢前，且因卦爻辭後皆有紀錄卜問具體事實的卜辭，而被歸類為秦始皇「不焚燒禁毀」之書（醫藥、卜筮、種樹三類）。

不過，目前尚無決定性的證據可以直接證明阜陽雙古堆汝陰侯墓之墓主的真實身分，學者僅能依據隨葬器物、墓葬形式、史書記載等外圍線索作推衍。若阜陽雙古堆汝陰侯墓果真為夏侯竈夫婦之墓，夏侯竈逝於漢文帝十五年（165B.C.），因此阜陽《周易》保存了下限為西元前165年，西漢初年流行的傳抄版本，研究者可藉此了解《周易》尚未定本時，除了卦爻辭，還連屬著卜問具體事項的卜辭，保留用《周易》占筮習慣的特殊樣貌。

〔註23〕玉姍案：漢朝以長安為西都，洛陽為東都。

第五節　帛書《周易》概況

一、概　況

　　西元 1973 年 12 月，湖南長沙馬王堆因進行地下醫院工程，意外發現西漢軑侯利蒼家族墓共三座，世稱「馬王堆漢墓」。在第三號漢墓中保存大量書寫於絲帛的文獻典籍陪葬品，稱爲「馬王堆漢墓帛書」，根據最新統計，共有六大類四十四種。〔註24〕內容包含《周易》、《老子》、《戰國縱橫家書》、《陰陽五行》、《五十二病方》、《養生方》等漢初學術典籍與方術、醫學文獻。

　　帛書《周易》代表漢初楚地流行的傳抄版本。可由此了解《周易》尙未成爲定本時的面貌，根據張立文〈周易帛書淺說〉，〔註25〕帛書《周易》有下列幾項特殊之處：

　　（一）帛書《周易》分兩幅帛書寫，作兩件，可分爲上下卷。上卷包括《經》文（原無篇題，約四千九百餘字）及卷後的〈二三子〉（原無篇題，約二千六百餘字）。下卷包括〈繫辭〉（本篇尾殘缺，不見篇題，約四千七百餘字）及卷後的〈易之義〉（原有篇題〈衷〉，計字數二千）、〈要〉（原有篇題，並計字數一千六百三十八）以及〈繆和〉與〈昭力〉（原各有篇題，並合計字數六千）一種兩篇。因此《傳》文有五種六篇。

　　（二）卦畫部份，以 ▬、 ▄▄ 〔註26〕分別表示陽爻、陰爻。

　　（三）帛書《周易》不分上經、下經。六十四卦次序與今本《周易》的卦序完全不同，上卦順序爲乾一、艮二、坎三、震四、坤五、兌六、離七、巽八，搭配下卦順序乾一、坤二、艮三、兌四、坎五、離六、震七、巽八，以八卦相重的方式成卦，共分八組，每組八卦，而構成六十四卦序。將其依序排列，即可得下列帛書《周易》卦序表：

〔註24〕玉姍案：六大類爲六藝類、諸子類、兵書類、術數類、方技類、地圖類。見傅舉有：《不朽之侯：馬王堆漢墓考古大發現》（杭州：浙江文藝出版社，2002年 3 月），頁 94。

〔註25〕見張立文（張憲江）：《周易帛書今注今譯》（台北：臺灣學生書局，1991 年），頁 1～42。

〔註26〕玉姍案：帛書本之陰爻與上博本相較下，有相當明顯如直角的筆劃轉折。見于豪亮：〈帛書《周易》〉，《文物》1984 年第 3 期，頁 16 圖版〈馬王堆帛書六十四卦書影〉。

〔註27〕

下上	乾	坤	艮	兌	坎	離	震	巽
乾	鍵 1（乾 1）	婦 2（否 12）	掾 3（遯 33）	禮 4（履 10）	訟 5（訟 6）	同人 6（同人 13）	无孟 7（无妄 25）	狗 8（姤 44）
艮	根 9（艮 52）	泰蓄 10（大畜 26）	剝 11（剝 23）	損 12（損 41）	蒙 13（蒙 4）	繁 14（賁 22）	頤 15（頤 27）	箇 16（蠱 18）
坎	贛 17（坎 29）	襦 18（需 5）	比 19（比 8）	蹇 20（蹇 39）	節 21（節 60）	既濟 23（既濟 63）	屯 24（屯 3）	井 25（井 48）
震	辰 25（震 51）	泰壯 26（大壯 34）	餘 27（豫 16）	少過 28（小過 62）	歸妹 29（歸妹 54）	解 30（解 40）	豐 31（豐 55）	恆 32（恆 32）
坤	川 33（坤 2）	〔 〕34〔註28〕（泰 11）	嗛 35（謙 15）	林 36（臨 19）	師 37（師 7）	明夷 38（明夷 36）	復 39（復 24）	登 40（升 46）
兌	奪 41（兌 58）	夬 42（夬 43）	卒 43（萃 45）	欽 44（咸 31）	困 45（困 47）	勒 46（革 49）	隋 47（隨 17）	泰過 48（大過 28）
離	羅 49（離 30）	大有 50（大有 14）	溍 51（晉 35）	旅 52（旅 56）	乖 53（睽 38）	未濟 54（未濟 64）	筮〔 〕55（噬嗑 21）	鼎 56（鼎 50）
巽	筭 57（巽 57）	少蓺 58（小畜 9）	觀 59（觀 20）	漸 60（漸 53）	中復 61（中孚 61）	渙 62（渙 59）	家人 63（家人 37）	益 64（益 42）

〔註27〕玉姍案：此表參照黃師慶萱上課紙本講義以電腦重新繪製，卦畫之下爲帛書《周易》所用之卦名與卦序，（　）內則爲今本《周易》所用之卦名與卦序。上卦順序爲象徵人文男女尊卑之序，下卦順序爲宇宙自然之天地山澤水火雷風。由上卦艮二起，須依本卦複從方式搭配下卦，故上卦艮二先配下卦艮三而成第九卦䷳（根/艮），再配乾一、坤二、兌四、坎五、離六、震七、巽八，相重成卦。

〔註28〕帛書卦名殘，故以〔　〕表示。

（四）帛書《周易》經文部份與上博《周易》、阜陽《周易》相同，皆由卦名、卦辭、爻辭組成。用字、用辭、用句或有不同，但文義相去不遠。

（五）帛書《周易》有《經》有《傳》。其易傳沒有發現〈彖〉、〈象〉、〈文言〉、〈序卦〉、〈雜卦〉，但有今本〈繫辭〉和今本〈說卦〉前三章的內容，以及其它幾篇不見傳世的解易著作如〈二三子〉、〈易之義〉、〈要〉、〈繆和〉、與〈昭力〉。

（六）帛書《周易》與阜陽《周易》相較下，書寫筆畫較爲端正嚴謹，隸書「蠶頭燕尾」的書法特色也比阜陽《周易》更爲明顯。

二、成書年代

　　馬王堆漢墓未經盜掘，因此出土陪葬物保存完整。根據墓中所發現的三顆印章分別刻字「利蒼」、「軑侯之印」、「長沙丞相」，可知爲西漢初期長沙國丞相軑侯利倉及其家屬的墓群。據墓中出土印章簡文及《史記》和《漢書》記載，二號墓墓主是第一代軑侯利倉，死於漢惠帝二年（193B.C.）；三號墓墓主可能是利倉之子，〔註 29〕下葬於漢文帝十二年（168B.C.）；〔註 30〕一號墓墓土應是利倉妻子辛追，下葬年代在文帝十二年以後數年至十幾年間。因此帛書《周易》保存了下限爲西元前 168 年西漢初年楚地流行的傳抄版本，研究者可藉此了解《周易》尚未成爲定本時的樣貌。

　　阜陽《周易》與帛書《周易》皆發現於西漢初年古墓之中，年代相當接近。若依考古學家所推論出的墓室建立之下限年代而言，長沙馬王堆軑侯家族墓之下限年代則爲漢文帝十二年（168B.C.），阜陽雙古堆汝陰侯墓之下限年代爲漢文帝十五年（165B.C.），長沙馬王堆軑侯墓的時間當較阜陽雙古堆汝陰侯墓略早，是以目前研究出土《周易》之學者多將帛書《周易》列於阜陽《周易》之前。

〔註29〕考古學家由三號墓主之骨骸斷定其爲三十歲左右之青年男子。故推測墓主可能爲第二代軑侯利豨或其兄弟。但因缺乏如一號墓中關鍵的印信以確定身分，故關於三號墓主之眞實身分，目前學界仍尚未有定論。

〔註30〕三號墓中出土一木牘，上書「（漢文帝）十二年二月乙巳朔戊辰，家丞奮移主葬郎中移葬物一篇，具奏主葬君。」關於年代考據請詳參傅舉有《不朽之侯：馬王堆漢墓考古大發現》（杭州：浙江文藝出版社，2002 年 3 月），頁 28。

但阜陽《周易》第 30 號簡存「大君有命啓邦□」簡文，阜陽本「啓邦」二字，帛書本作「啓國」，今本作「開國」；顯見阜陽本未避漢高祖劉邦之諱，而帛書本則避劉邦諱而改「邦」爲「國」，今本又避漢景帝劉啓諱，改「啓」爲「開」。此雖孤證，〔註31〕但由此亦可推測阜陽《周易》成書年代極可能早於帛書《周易》。據此，本論文援引順序將爲戰國晚期上博《周易》——西漢初阜陽《周易》——西漢初帛書《周易》——今本《周易》。

第六節　出土《周易》與今本《周易》經文對照

第一卦　乾　卦

1. 上博《周易》：【缺簡】

2. 阜陽《周易》：

> ䷀ 乾：元、亨、利、貞。初九：潛龍勿用。九〔註32〕二：見龍在田，利見大人。九三：君子終日乾乾，夕惕若厲，无咎。九四：或躍在淵，无咎。九五：飛龍在天，利見大人。上九：亢龍有悔。用九，見群龍无首，吉。

3. 帛書《周易》：

> ䷀ 鍵：元、亨、利、貞。初九，濳龍勿用。九二：見龍在田，利見大人。九三：君子終日鍵鍵，夕沂若厲，无咎。九四：或鱹在淵，无咎。九五：翟龍在天，利見大人。尚九：抗龍有悬。迵九：見群龍无首，吉。

4. 今本《周易》：

> ䷀ 乾：元、亨、利、貞。初九：潛龍勿用。九二：見龍在田，利見大人。九三：君子終日乾乾，夕惕若厲，无咎。九四：或躍在淵，无咎。九五：飛龍在天，利見大人。上九：亢龍有悔。用九，見群龍无首，吉。

〔註31〕許師學仁於民國九十九年一月十五日論文口考中提出，漢初行封建制度，各邦國因其國勢強弱不同，對中央政府之臣服度各有差異，或有較具野心的封國不守避諱而直書「邦」的可能。

〔註32〕九二之「九」僅餘右下部件，韓自強釋文時仍寫爲「九二」，筆者以爲字形殘損嚴重，雖可分辨其爲某字之殘存部件，但亦應列爲缺字，外加字元網底，以示與完全亡佚之缺字的分別。見韓自強：《阜陽漢簡《周易》研究》，（上海：上海古籍出版社，2004 年 7 月），照片及摹本圖版，頁 3。以下若遇此類字形不再加註。

第二卦　坤　卦

1. 上博《周易》：【缺簡】

2. 阜陽《周易》：

䷁　坤：元、亨、利、牝馬之貞。君子有攸往，先迷後得主利。西南得倗，東北喪朋。安貞吉。卜□……初六：履霜堅冰至。六二：直方大，不習无不利。六三：含章可貞。或從王事，无成有終。六四：括囊，无咎无譽。六五：黃裳元吉。……事。■上六：龖戰於墅，其血玄黃。用六：利永貞。

3. 帛書《周易》：

䷁　川：元、亨、利、牝馬之貞。君子有攸往，先迷後得主利。西南得朋。東北亡朋。安貞吉。初六：禮霜，堅冰至。六二：直方大，不習无不利。六三：合章可貞。或從王事，无〈成〉有終。六四：括囊，无咎无譽。六五：黃常元吉。尙六：龍戰于野，亓血玄黃。迥六：利永貞。

4. 今本《周易》：

䷁　坤：元、亨、利、牝馬之貞。君子有攸往，先迷後得主利。西南得朋。東北喪朋。安貞吉。初六：履霜堅冰至。六二：直方大，不習无不利。六三：含章可貞。或從王事，无成有終。六四：括囊，无咎无譽。六五：黃裳元吉。上六：龍戰于野，其血玄黃。用六：利永貞。

第三卦　屯　卦

1. 上博《周易》：【缺簡】

2. 阜陽《周易》：

䷂　肫：元、亨、利、貞。勿用有攸往，利建家。初九：般桓，利居貞，利建侯。六二：肫如邅如，乘馬班如，匪寇婚媾。女子貞不字，十年迺字。六三：叟鹿毋吴，惟入于林中。君子幾不如舍，往吝。卜有求不……六四：乘馬班如，求婚媾，往，吉，无不利……。九五：肫其膏，小貞吉，大貞兇。上六：乘馬班如，泣血漣如。

3. 帛書《周易》：

䷂　屯：元、亨、利、貞。勿用有攸往，利建矦。初九：半遠，利居貞，利建侯。六二：屯如壇如，乘馬煩如，非寇闉厚。女子貞不字，十年乃字。六

三：即鹿毋華，唯人于林中。君子幾不如舍。往吝。六四：乘馬[煩]如，求閩厚，往，吉，无不利。九五：屯其膏。小貞吉，大貞凶。尚六：乘馬煩如，汲血連如。

4. **今本《周易》：**

䷂ 屯：元、亨、利、貞。勿用有攸往，利建侯。初九：磐桓，利居貞，利建侯。六二：屯如邅如，乘馬班如，匪寇婚媾，女子貞不字，十年乃字。六三：即鹿无虞，惟入于林中，君子幾不如舍，往吝。六四：乘馬班如，求婚媾，往吉无不利。九五：屯其膏，小貞吉，大貞凶。上六：乘馬班如，泣血漣如。

第四卦 蒙 卦

1. **上博《周易》：**

䷃ 尨：亨。匪我求童尨，童尨求我。初筮告，再、三瀆，瀆則不告。利貞。初六：發尨，利用刑人，用說桎梏，以往吝。九二：包尨，吉。納婦吉，子克家。六晶：勿用取女。見金夫，不又躬，亡卤杒。六四：困尨，吝。六五：僮尨，吉。上九：墼尨，不杒爲寇，杒迎寇▨。

2. **阜陽《周易》：**

䷃ 蒙：亨。匪我求童=蒙=求我。初筮告再三償=則不告。利貞。初六：發蒙，利用刑人，用說桎梏，以往吝。九二：包蒙，吉。老婦吉，子克家。利嫁……人不吉■六三：勿用取女，見金夫，不有躬，无卤利。六四：困蒙，吝。六五：童蒙，吉。上九：擊蒙，不利爲寇，利禦寇。

3. **帛書《周易》：**

䷃ 蒙：亨。匪我求童蒙，童蒙求我。初筮吉，再參擴，擴即不吉。利貞。初六，廢蒙，利用刑人，用說桎梏，已往閵。九二：枹蒙，吉。入婦吉，子克家。六三：勿用取女，見金夫，不有躬，无攸利。六四：困蒙，閵。六五：童蒙，吉。尚九，擊蒙，不利爲寇，利所寇。

4. **今本《周易》：**

䷃ 蒙：亨。匪我求童蒙，童蒙求我。初筮告再三瀆，瀆則不告。利貞。初六：發蒙，利用刑人，用說桎梏，以往吝。九二：包蒙，吉。納婦吉，子克家。六三：勿用娶女，見金夫，不有躬，无攸利。六四：困蒙，吝。六五：

童蒙，吉。上九：擊蒙，不利爲寇，利禦寇。

第五卦　需　卦

1. 上博《周易》：

☲☵　𨅸▨：又孚，光鄉，貞吉，利涉大川。初九：𨅸于蒿，利用㱹，亡咎。九二：𨅸于壄，少又言，多吉。九晶：𨅸于垇，至寇至。六四：𨅸于血，出自穴。九五：需于酒食，貞吉。上六：入于穴，有不速之客三人來，敬之終吉▨。

2. 阜陽《周易》：

☲☵　需：有孚，光亨，貞吉，利涉大川。初九：需于郊，利用恆，无咎。九二：需于沙，小有言，終吉。九三：需于泥，致寇至。六四：需于血，出自穴。卜以……九五：需于酒食，貞吉。上六：入于穴，有不速之客三人來，敬之終吉。

3. 帛書《周易》：

☲☵　襦：有復，光亨，貞吉，利涉大川。初九：襦于茭，利用恆，无咎。九二：襦于沙，少有言，多吉。九三：襦于泥，致寇至。六四：襦于血，出自穴。六〈九〉五：襦于酒食，貞吉。尚六：人于穴，有不楚客三人來，敬之終吉。

4. 今本《周易》：

☲☵　需：有孚，光亨，貞吉，利涉大川。初九：需于郊，利用恆，无咎。九二：需于沙，小有言，終吉。九三：需于泥，致寇至。六四：需于血，出自穴。九五：需于酒食，貞吉。上六：入于穴，有不速之客三人來，敬之終吉。

第六卦　訟　卦

1. 上博《周易》：

☰☵　訟▨：又孚懥，恩，中吉，多凶。利用見大人，不利涉大川。初六：不出迎事，少又言，多吉。九二：不克訟，逯肤幵邑，人晶四戶，亡禥。六晶：飤舊悳，貞礦，多吉。或從王事，亡成。九四：不克訟，返即命愈，安貞，吉。九五：訟，元吉。上九：或賜縉繂，多朝晶襄之▨。

2. 阜陽《周易》：

訟：有孚窒，惕，中吉，終凶。利見大人，不利涉大川。初六：不永所事，小有言，終吉。九二：不克訟，歸而逋其邑，人三百戶，无眚。六三：食舊德，貞厲，多吉。或從王事，无成。九四：不克訟，復即命渝，安貞，吉。九五：訟，元吉。上九：或錫之鞶帶，終朝三褫之。

3. 帛書《周易》：

訟：有復洫，寧，克吉，冬兇。利用見大人，不利涉大川。初六：不永所事，少有言，多吉。九二：不克訟，歸而逋亓邑，人三百戶，无省。六三：食舊德，貞厲。或從王事，无成。九四：不克訟，復即命俞，安貞，吉。九五：訟，元吉。尙九：或賜之般帶，終朝三掳之。

4. 今本《周易》：

訟：有孚窒，惕，中吉，終凶。利見大人，不利涉大川。初六：不永所事，小有言，終吉。九二：不克訟，歸而逋其邑，人三百戶，无眚。六三：食舊德，貞厲，終吉。或從王事，无成。九四：不克訟，復即命渝，安貞，吉。九五：訟，元吉。上九：或錫之鞶帶，終朝三褫之。

第七卦　師　卦

1. 上博《周易》：

帀▨：貞，丈人吉，亡咎。初六：帀出以聿，不顗凶。九二：才帀审，吉，亡咎，王晶賜命。六晶：帀或舉殿，凶。六四：帀左宋，亡咎。六五：畋又盫，利埶言，亡咎。長子銜帀，弟子舉殿，貞凶。上六：大君子又命，啓邦丞豪，尖=勿用▨。

2. 阜陽《周易》：

帀：貞，丈人吉，无咎。初六：帀出以律，否臧凶。九二：在帀中，吉，无咎，王三錫命。六三：帀或輿尸，凶。六四：帀左次，无咎。六五：田有禽，利執言，无咎。長子帥帀，弟子輿尸，貞兇，……不吉。上六：大君有命，啓邦承家，小人勿用。

3. 帛書《周易》：

師：貞，丈人吉，无咎。初六：師出以律，不臧兇。九二：在師中，吉，

无咎，王三湯命。六三：師或與尿，兇。六四：師左次，无咎。六五：田有禽，利執言，无咎。長子率師，弟子興尿，貞凶。尚六：大人君有命，啟國承家，小人勿用。

4. 今本《周易》：

䷆ 師：貞，丈人吉，无咎。初六：師出以律，否臧凶。九二：在師中，吉，无咎，王三錫命。六三：師或興尸，凶。六四：師左次，无咎。六五：田有禽，利執言，无咎。長子帥師，弟子興尸，貞凶。上六：大君有命，開國承家，小人勿用。

第八卦　比　卦

1. 上博《周易》：

䷇ 比▨：备筮，元兼貞，吉，亡咎。不窬方逨，逡夫凶。初六：又孚比之，亡咎。又孚汲缶，多逨又它吉。六二：比之自內，吉。六晶：比之非人。六四：外攺之，亡不利。九五：顯比。王晶驅，遊前念。邑人不戒，吉。上六：比亡首，凶▨。

2. 阜陽《周易》：

䷇ 比：吉。原筮，元永貞，無咎。不寧方來，後夫凶。初六：有孚比之，毋咎。有孚盈缶，終來有它吉。六二：比之自內，貞吉。六三：比之匪人。六四：外比之，貞吉。……不獲。九五：㷊比。王用三驅，失前禽。邑人不誡，吉。上六：比毋首，凶。

3. 帛書《周易》：

䷇ 比：吉。原筮，元永貞，無咎。不寧方來，後夫兇。初六：有復比之，無咎。有復盈缶，多來或池吉。六二：比之自內，貞吉。六三：比之非人。六四：外比之，貞吉。九五：顯比，王用三驅，失前禽。邑人不戒，吉。尚六：比无首，兇。

4. 今本《周易》：

䷇ 比：吉。原筮，元永貞，无咎。不寧方來，後夫凶。初六：有孚比之，无咎。有孚盈缶，終來有它吉。六二：比之自內，貞吉。六三：比之匪人。六四：外比之，貞吉。九五：顯比。王用三驅，失前禽。邑人不誡，吉。上

六：比之无首，凶。

第九卦 小畜卦

1. 上博《周易》:【缺簡】

2. 阜陽《周易》：

☰☴ 小畜：亨，密雲不 雨 ，自我西鄙。卜……得 也。初九：復自道。何 其咎？
吉。有……九二：牽復，吉。九三：輿說輻，夫妻反目。六四，有復。血去
易出，无咎。九五，有復攣如，不富以其鄰，卜家……。尙九，既雨既處，
尙得戴。婦貞厲，月幾望，君子正兇。

3. 帛書《周易》：

☰☴ 少薮：亨，密雲不雨，自我西茭。初九：復自道。何其咎？吉。九二：
堅復，吉。九三：車說緮，夫妻反目。六四：有復。血去湯出，无咎。九五：
有復攣如，富以其鄰。尙九：既雨既處，尙得載。女貞厲，月幾望，君子正
兇。

4. 今本《周易》：

☴☰ 小畜：亨，密雲不雨，自我西郊。初九：復自道。何其咎？吉。九二：牽
復，吉。九三：輿說輻，夫妻反目。六四：有孚。血去惕出，无咎。九五：有
孚攣如，富以其鄰。上九：既雨既處，尙德載。婦貞厲，月幾望，君子征凶。

第十卦 履 卦

1. 上博《周易》:【缺簡】

2. 阜陽《周易》：

☰☱ 履虎尾，不咥人，亨。初九：素履往，无咎。九二：履道坦=，幽人貞
吉。六三：眇能視，跛能履，履虎尾，實人兇，武人爲于大君。九四：履虎
尾，愬愬終吉。九五：夬履，貞厲。上九：視履考祥，其旋元吉。

3. 帛書《周易》：

☱☰ 禮虎尾，不眞人，亨。初九：錯禮往，无咎。九二：禮道亶=，幽人貞吉。
六三：眇能視，跛能利，禮虎尾，眞人兇，武人迵于大君。九四：禮虎尾，
朔朔終吉。九五：夬禮，貞厲。尙九：視禮巧翔，其寰元吉。

4. 今本《周易》：

　　　　履虎尾，不咥人，亨。初九：素履往，无咎。九二：履道坦坦，幽人貞吉。六三：眇能視，跛能履，履虎尾，咥人凶，武人爲于大君。九四：履虎尾，愬愬終吉。九五：夬履，貞厲。上九：視履考祥，其旋元吉。

第十一卦　泰　卦

1. 上博《周易》：【缺簡】

2. 阜陽《周易》：

　　　　泰：小往大來，吉亨。初九：拔茅茹，以其彙，征吉。九二：包荒，用馮河，不遐遺，朋亡，得尚于中行。九三：无平不陂，无往不復，艱貞，无咎，勿恤其孚，于食有福。六四：翩翩，不富以其鄰，不戒以孚。六五：帝乙歸妹，以祉元吉。上六：城復于隍，勿用師，自邑告命，貞吝。

3. 帛書《周易》：

　　　　泰：小往大來，吉亨。初九：犮茅茹，以其胃，征吉。九二：枹妄，用馮河，不暇遺，弗忘，得尚于中行。九三：无平不波，无往不復，根貞，无咎，勿恤其復，于食有福。六四：翩翩，不富以其鄰，不戒以孚。六五：帝乙歸妹，以齒元吉。尚六：城復于湟，勿用師，自邑告命，貞闐。

4. 今本《周易》：

　　　　泰：小往大來，吉亨。初九：拔茅茹，以其彙，征吉。九二：包荒，用馮河，不遐遺，朋亡，得尚于中行。九三：无平不陂，无往不復，艱貞，无咎，勿恤其孚，于食有福。六四：翩翩，不富以其鄰，不戒以孚。六五：帝乙歸妹，以祉元吉。上六：城復于隍，勿用師，自邑告命，貞吝。

第十二卦　否　卦

1. 上博《周易》：【缺簡】

2. 阜陽《周易》：

　　　　否之匪人，不利君子貞，大往小來。卜……初六：拔茅茹，以其彙，貞吉亨……吉大人不……六二：包承，小人吉，大人否，亨。以卜大人不吉小人吉。■六三：枹羞。卜雨……九四：有命无咎，疇離祉。九五：休否，大

人吉，其亡其亡，繫于苞桑。上九：傾否，先怀後喜。卜……

3. **帛書《周易》：**

䷀ 婦之匪人，不利君子貞，大往小來。初六：犮茅茹，以其蒈，貞吉亨。
六二：枹承，小人吉，大人不，亨。六三：枹憂。九四：有命无咎，禱羅齒。
九五：休婦，大人吉，其亡其亡，擊于枹桑。尙九：頃婦，先不後喜。

4. **今本《周易》：**

䷀ 否之匪人，不利君子貞，大往小來。初六：拔茅茹，以其彙，貞吉亨。
六二：包承，小人吉，大人否，亨。六三：包羞。九四：有命无咎，疇離祉。
九五：休否，大人吉，其亡其亡，繫于苞桑。上九：傾否，先否後喜。

第十三卦　同人卦

1. **上博《周易》：【缺簡】**

2. **阜陽《周易》：**

䷀ 　　同人于壄，亨，利涉大川，利君子之貞。初九：同人于門，无咎。六二：
同人于宗，吝。卜子產不孝吏……九三：伏戎于莽，升其高陵，三歲不興。
卜有罪者兇……戰鬥逆強不得志。卜病者，不死乃瘁。九四：乘高唐，弗
克攻，吉……有爲不成。九五：同人先號咷而後笑，大帀克相徧。卜馘囚……
上九：同人于鄗，无咎。卜居官法免……

3. **帛書《周易》：**

䷀ 同人于野，亨，利涉大川，利君子貞。初九：同人于門，无咎。六二：
同人于宗，闌。九三：服容于莽，登其高陵，三歲不興。九四：乘其庸，弗
克攻，吉。九五：同人先號桃而後芙，大師克相遇。尙九：同人于茭，无悔。

4. **今本《周易》：**

䷀ 同人于野，亨，利涉大川，利君子貞。初九：同人于門，无咎。六二：
同人于宗，吝。九三：伏戎于莽，升其高陵，三歲不興。九四：乘其墉，弗
克攻，吉。九五：同人先號咷而後笑，大師克相遇。上九：同人于郊，无悔。

第十四卦　大有卦

1. **上博《周易》：**

☲ 大有：元亨。初九：无交害。匪咎，艱則无咎。九二：大車以載。有攸往，无咎。九三：公用亨于天子，小人弗克。九四：匪其彭亡咎。六五：孚孚洨女、蕙女，吉。上九：自天右之，吉，亡不利。

2. 阜陽《周易》：

☲ 大有：元亨。卜雨不雨……初九：无交書。非咎，艱則无咎。九二：大車以載。有攸往，无咎。九三：公用亨于天子，小人弗克。九四：匪其彭，无咎。六五：厥孚交如、威如，吉。上九：自天祐之，吉，无不利。

3. 帛書《周易》：

☲ 大有：元亨。初九：无交禽，非咎。根則无咎。九二：泰車以載，有攸往，无咎。九三：公用芳于天子，小人弗克。九四：匪其彭，无咎。六五：闕復交如，委如，終吉。尚九：自天右之，吉，无不利。

4. 今本《周易》：

☲ 大有：元亨。初九：无交害。匪咎，艱則无咎。九二：大車以載。有攸往，无咎。九三：公用亨于天子，小人弗克。九四：匪其彭，无咎。六五：厥孚交如、威如，吉。上九：自天祐之，吉，无不利。

第十五卦 謙 卦

1. 上博《周易》：

☶ 嶜■：鄉。君子又祭。初六：嶜君子，甬涉大川，吉。六二：鳴嶜。貞吉。九三：勞謙君子，有終吉。六四：亡不稱，舊嶜。六五：不賵昌丌舍。稱用戕伐，亡不稱。上六：鳴嶜，可用行市，征邦■。

2. 阜陽《周易》：【缺簡】

3. 帛書《周易》：

☶ 嗛：亨，君子有終。初六：嗛嗛君子，用涉大川，吉。六二：鳴嗛，貞吉。九三：勞嗛君子有終，吉。六四：无不利，譌嗛。六五：不富以亓鄰，利用侵伐，无不利。尚六：鳴嗛，利用行師，征邑國。

4. 今本《周易》：

☶ 謙：亨。君子有終。初六：謙謙君子，用涉大川，吉。六二：鳴謙，貞吉。九三：勞謙君子，有終吉。六四：无不利，撝謙。六五：不富以其鄰。

利用侵伐，无不利。上六：鳴謙。利用行師，征邑國。

第十六卦　豫　卦

1. 上博《周易》：

䷏　　夅▓：利建厇行自。初六：鳴夅，凶。六二：矞于石，不多日，貞吉。
六晶：可夅，戁，迬又戁。九四：猷夅，大又㝵。母頒，塱欼逮。六五：貞
疾，歽不死。上六：楺夅，成又愈，亡咎▓。

2. 阜陽《周易》：

䷏　豫：利建侯行師。初六：鳴豫，兇。卜求有得也，後必……。六二：介
于石，不終日，貞吉。六三：歌豫，夅夷……□有鬲卜□……。九四：由豫，
大有得。勿疑，朋盍簪。六五：貞疾，恆不死。上六：冥豫，成有渝，无咎。

3. 帛書《周易》：

䷏　餘：利建疢行師。初六：鳴餘，凶。六二：疠于石，不終日，貞吉。六
三：杅餘，悔，遲有悔。九四：允〈尤〉餘，大有得，勿疑，偏甲讒。六五：
貞疾，恆不死。尙六：冥餘，成或諭，无咎。

4. 今本《周易》：

䷏　豫：利建侯行師。初六：鳴豫，凶。六二：介于石，不終日，貞吉。六
三：盱豫，悔，遲有悔。九四：由豫，大有得。勿疑，朋盍簪。六五：貞疾，
恆不死。上六：冥豫，成有渝，无咎。

第十七卦　隨　卦

1. 上博《周易》：

䷐　陵▓：元、鄉、秒、貞，亡咎。初九：官又愈，貞吉。出門交又工。六
二：係少子，遊丈夫。六晶：係丈夫，遊少子。陵求又㝵，秒尻貞。九四：
陸又臅，貞工。又孚才道已明，可咎？九五：孚于嘉吉。上六：係而敏之，
從乃曮之。王用亯于西山▓。

2. 阜陽《周易》：

䷐　隨：元、亨、利、貞，无咎。卜病者……。初九：官有渝，貞吉。出門
交有功。……吉。六三〈二〉：係小子，失丈夫。卜……。六三：係丈夫，

失小子。隋有求得，利虛貞。卜家……。九四：隨有獲，貞凶。有孚在道以明，何咎？……罪。九五：復嘉吉。卜……有患難者解上六：拘係之，乃從維之。王用亨于支山。卜有求……。

3. 帛書《周易》：

䷐　隋：元、亨、利、貞，无咎。初九：官或諭，貞吉。出門交有功。六二：係小子，失丈夫。六三：係丈夫，失小子。隋有求得。利居貞。九四：隋有獲，貞凶。有復在道已明，何咎。九五：復于嘉吉。尚九〈六〉：枸係之，乃從驢之。王用芳于西山。

4. 今本《周易》：

䷐　隨：元、亨、利、貞，无咎。初九：官有渝，貞吉。出門交有功。六二：係小子，失丈夫。六三：係丈夫，失小子。隨有求得，利居貞。九四：隨有獲，貞凶。有孚在道以明，何咎？九五：孚于嘉吉。上六：拘係之，乃從維之。王用亨于西山。

第十八卦　蠱　卦

1. 上博《周易》：

䷑　蠱■：元鄉，利涉大川。選甲晶日，逡甲晶日。初六：榦父之蠱，又子，攷亡咎，礪冬吉。九二：榦母之蠱，不可貞。九晶：榦父之蠱，少又晦，无大咎。六四：裕父之蠱，往見咨。六五：幹父之蠱，用譽。上九：不事王侯，高尚其事。

2. 阜陽《周易》：

䷑　蠱：元亨，利涉大川。先甲三日，後甲三日。初六：榦父之蠱，有子，考无咎，屬多吉。卜有……九二：榦母之蠱，不可貞。九三：幹父之蠱，小有毋，无大咎。六四：裕父之蠱，往見咨。六五：幹父之蠱，用譽。上九：不事王矦，高上其事。卜史……。

3. 帛書《周易》：

䷑　箇：元亨。利涉大川。先甲三日，後甲三日。初六：榦父之箇，有子巧，无咎，屬終吉。九二，榦母之箇，不可貞。九三：榦父之箇，少有悔，无大咎。六四：浴父之箇，往見闓。六五：榦父之箇，用輿。尚九：不事王矦，

高尚亓德。兇。

4. 今本《周易》：

䷑ 蠱：元亨，利涉大川。先甲三日，後甲三日。初六：幹父之蠱，有子，考无咎，厲終吉。九二：幹母之蠱，不可貞。九三：幹父之蠱，小有晦，无大咎。六四：裕父之蠱，往見吝。六五：幹父之蠱，用譽。上九：不事王侯，高尚其事。

第十九卦　臨　卦

1. 上博《周易》：【缺簡】

2. 阜陽《周易》：

䷒ 林：元亨，利貞，至于八月有凶。初九：咸臨，貞吉。九二：咸臨，吉，无不利。六三：甘臨，无攸利，既憂之，无咎。六四：至臨，无咎。六五：知臨，大君之義，吉。上六：敦臨吉，无咎。

3. 帛書《周易》：

䷒ 林：元亨，利貞，至于八月有凶。初九：禁林，貞吉。九二：咸林，吉，无不利。六三：甘林，无攸利，既憂之，无咎。六四：至林，无咎。六五：知林，大君之宜，吉。上六：敦林吉，无咎。

4. 今本《周易》：

䷒ 臨：元亨，利貞，至于八月有凶。初九：咸臨，貞吉。九二：咸臨，吉，无不利。六三：甘臨，无攸利，既憂之，无咎。六四：至臨，无咎。六五：知臨，大君之宜，吉。上六：敦臨吉，无咎。

第二十卦　觀　卦

1. 上博《周易》：【缺簡】

2. 阜陽《周易》：

䷓ 觀：盥而不薦，有孚顒若。初六：童觀，小人无咎，君子吝。卜次……六二：闚觀，利女子貞。六三：觀我產進退。吏君先進而後退復……六四：觀國之光，利用賓于王。九五：觀我產，君子无咎。上九：觀其生，君子无咎。

3. 帛書《周易》：

 ䷓ 觀：盥而不尊，有復顚若。初六：童觀，小人无咎，君子閵。六二：現觀，利女貞。六三：觀我生進退。六四：觀國之光，利用賓于王。九五：觀我生，君子无咎。尙九：觀其生，君子无咎。

4. 今本《周易》：

 ䷓ 觀：盥而不薦，有孚顒若。初六：童觀，小人无咎，君子吝。六二：闚觀，利女貞。六三：觀我生進退。六四：觀國之光，利用賓于王。九五：觀我生，君子无咎。上九：觀其生，君子无咎。

第二十一卦　噬嗑卦

1. 上博《周易》：【缺簡】

2. 阜陽《周易》：

 ䷔ 筮闞：亨，利用獄。訟者……初九：屢校威趾，无咎。……毄囚者桎梏吉不兇。六二：筮膚威鼻，无咎。六三：筮腊肉，遇毒，小吝无咎，九四：噬乾肺，得金矢，利黮貞吉。卜有求也。求……後吉。六五：筮乾肉，得黃金，貞屬无咎。上九：何校威耳，凶。

3. 帛書《周易》：

 ䷔ 筮嗑：亨，利用獄。初九：句校滅止，无咎。六二：筮膚滅鼻，无咎。六三：筮腊肉，愚毒，少闣无咎，九四：筮乾瓂，得金矢，根貞吉。六五：筮乾肉，愚毒，貞屬无咎。尙九：荷校滅耳，兇。

4. 今本《周易》：

 ䷔ 噬嗑：亨，利用獄。初九：屨校滅趾，无咎。六二：噬膚滅鼻，无咎。六三：噬腊肉，遇毒，小吝无咎，九四：噬乾肺，得金矢，利艱貞吉。六五：噬乾肉，得黃金，貞屬无咎。上九：何校滅耳，凶。

第二十二卦　賁　卦

1. 上博《周易》：【缺簡】

2. 阜陽《周易》：

 ䷕ 賁：亨，小利有卣往。卜……初九：賁其止，舍車而徒。六二：賁其

須。九三：賁如濡如，永貞吉。六四：賁如皤如，白馬翰如，非寇婚媾。六五：賁于丘園，束帛戔戔，吝，終吉。……後吉。上九：白賁，无咎。

3. 帛書《周易》：

☷☲ 蘩：亨，小利有攸往。初九：蘩其趾，舍車而徒。六二：蘩其須。九三：蘩茹濡茹，永貞吉，六四：蘩茹番茹，白馬幹茹，非寇閩詬。六五：蘩于丘園，束白戔戔，閩，終吉。尚九：白蘩，无咎。

4. 今本《周易》：

☷☲ 賁：亨，小利有攸往。初九：賁其趾，舍車而徒。六二：賁其須。九三：賁如濡如，永貞吉。六四：賁如皤如，白馬翰如，匪寇婚媾。六五：賁于丘園，束帛戔戔，吝，終吉。上九：白賁，无咎。

第二十三卦　剝　卦

1. 上博《周易》：【缺簡】

2. 阜陽《周易》：

☶☷ 剝：不利有攸往。……冬得不喜，罪人不吉。初六：僕牀以足，蔑貞，兇。卜……六二：僕牀以辨，蔑貞，凶。六三：剝之无咎。六四：僕牀以父，兇。□……六五：貫魚，以宮人寵，无不利。上九：碩果不食，君子得輿，小人剝廬。

3. 帛書《周易》：

☶☷ 剝：不利有攸往。初六：剝臧以足，蔑貞，兇。六二：剝臧以辯，載貞，兇。六三：剝无咎。六四：剝臧以膚，兇。六五：貫魚，食宮人寵，无不利。尚九：食果不食，君子得車，小人剝廬。

4. 今本《周易》：

☶☷ 剝：不利有攸往。初六：剝牀以足，蔑貞，凶。六二：剝牀以辨，蔑貞，凶。六三：剝之无咎。六四：剝牀以膚，凶。六五：貫魚，以宮人寵，无不利。上九：碩果不食，君子得輿，小人剝廬。

第二十四卦　復　卦

1. 上博《周易》：

☰☷ 復：亨。出入无疾，朋來无咎。反復其道，七日來復，利有攸往。初九：不遠復，无祗悔，元吉。六二：休復，吉。六三：頻復，厲，无咎。六四中行獨復。六五：臺復，亡愍。上六：迷復，凶，有災眚。用行師，終有大敗；以其國君，凶。至于十年，不克征。

2. 阜陽《周易》：

☰☷ 復：亨。出入无疾，馮來无咎。反復其道，七日來復，利有攸往。初九：不遠復，无智悔，元吉。卜……。六二：休復，吉。卜……出妻皆復……。六三：頻復，厲，无咎。六四：中行獨復。六五：敦復，无卹。……得。上六：迷復，兇，有災眚。用行師，終有大敗；以其國君，凶。至于十年，不克征。

3. 帛書《周易》：

☰☷ 復：亨。出入无疾，堋來无咎。反復亓道，七日來復。利有攸往。初九：不遠復，无提愍，元吉。六二：休復，吉。六三：編復，厲，无咎。六四：中行獨復。六五：敦復，无愍。尚六：迷復，兇。有茲省，用行師，終有大敗。以亓國君，凶。至十年弗克正。

4. 今本《周易》：

☰☷ 復：亨。出入无疾，朋來无咎。反復其道，七日來復，利有攸往。初九：不遠復，无祗悔，元吉。六二：休復，吉。六三：頻復，厲，无咎。六四：中行獨復。六五：敦復，无悔。上六：迷復，凶，有災眚。用行師，終有大敗；以其國君，凶。至于十年，不克征。

第二十五卦　无妄卦

1. 上博《周易》：

☰☳ 亡忘■：元鄉，秒貞。丌非逡又褆，不秒又卣逴。初九：亡忘，吉。六二：不耕而穫不畜之，則利有攸往。六三：无妄之災。或繫之牛，行人之夏，邑人之炎。九四：可貞，亡咎。九五：亡忘又疾，勿藥又茱。上九：亡忘，行又褆，亡卣秒■。

2. 阜陽《周易》：

☰☳ 无亡：元亨，利貞。其非延有眚，不利有卣往。卜雨不雨不……。齊=

不吏君，不吉，田魚不得。初九：无亡，往，吉。卜田魚得而……。六二：不耕獲，不菑畬，則利有攸往。六三：无妄之災。或繫之牛，行人之得，邑人之災。九四：可貞，无咎。九五：无妄之疾，勿藥有喜。上九：无妄，行有眚，无攸利。

3. 帛書《周易》：

䷘　无孟：元亨，利貞。非正有省，不利有攸往。初九：无孟，往，吉。六二：不耕穫，不菑餘，利有攸往。六三：无妄之災，或擊之牛，行人之得，邑人之茲。九四：可貞，无咎。九五：无孟之疾，勿樂有喜。尚九：无孟之行，有省，无攸利。

4. 今本《周易》：

䷘　无妄：元亨，利貞。其匪正有眚，不利有攸往。初九：无妄，往，吉。六二：不耕穫，不菑畬，則利有攸往。六三：无妄之災。或繫之牛，行人之得，邑人之災。九四：可貞，无咎。九五：无妄之疾，勿藥有喜。上九：无妄，行有眚，无攸利。

第二十六卦　大畜卦

1. 上博《周易》：

䷙　大坿■：秒貞。不豙而飤，吉，秒涉大川。初九：又礍，秒巳。九二：車敓复。九晶：良馬由，秒堇貞；曰班車，幾，秒又卤迣。六四：僮牛之樨，元吉。六五：芬豕之臿，吉。上九：阿？天之朵，鄉亡。

2. 阜陽《周易》：

䷙　大畜：利貞。不家食，吉，利涉大川。初九：有屬，利巳。九二：輿說輹。……。九三：良馬遂，利艱貞；曰閑輿，衛，利有攸往。六四：童牛之牿，元吉。六五：豶豕之牙，吉。上九：何？天之衢，亨。

3. 帛書《周易》：

䷙　泰蓄：利貞。不家食，吉。利涉大川。初九：有屬，利巳。九二：車說緮。九三：良馬遂，利根貞。曰闌車衛，利有攸往。六四：童牛之鞠，元吉。六五：嬰豨之牙，吉。尚九：何天之瞿，亨。

4. 今本《周易》：

䷙ 大畜：利貞。不家食，吉，利涉大川。初九：有厲，利己。九二：輿說輹。九三：良馬逐，利艱貞；日閑輿，衛，利有攸往。六四：童牛之牿，元吉。六五：豶豕之牙，吉。上九：何？天之衢，亨。

第二十七卦 頤 卦

1. 上博《周易》：

䷚ 頤▨：貞吉。觀頤，自求口實。初九：豫尒霝龜，觀我敓頤，凶。六二：日遺頤，懇經，于北洍，征凶。六晶：懇頤，貞凶。十年勿用，亡卣秒。六四：遺頤，吉。虎視矗＝，丌猷攸＝，亡咎。六五：懇經，尸貞，吉。不可涉大川。上九：緜頤，礪，吉，秒涉大川▨。

2. 阜陽《周易》：

䷚ 頤：貞吉。觀頤，自求口實。……吉。初九：舍而靈龜，觀我端頤，兒。濟……吏。六二：奠頤，弗經，于丘頤，政兒。求不得……。六三：弗頤，貞兒。十年勿用，无攸利。……十年之後乃復。六四：顛頤，吉。虎視眈，其猷逐＝，无咎。卜此大……。六五：不經，居貞，吉。不可涉大川。上九：由頤，厲，吉，利涉大川。

3. 帛書《周易》：

䷚ 頤：貞吉。觀頤，自求口實。初九：舍而靈龜，觀我掘頤，凶。六二：日顛頤，柫經，于北頤，正凶。六三：柫頤，貞凶。十年勿用，无攸利。六四：顛頤，吉。虎視沈沈，亓容笛笛，无咎。六五：拂經，居貞，吉，不可涉大川。尚九：由頤，厲吉，利涉大川。

4. 今本《周易》：

䷚ 頤：貞吉。觀頤，自求口實。初九：舍爾靈龜，觀我朵頤，凶。六二：顛頤，拂經，于丘頤，征凶。六三：拂頤，貞凶。十年勿用，无攸利。六四：顛頤，吉。虎視眈眈，其欲逐逐，无咎。六五：拂經，居貞，吉。不可涉大川。上九：由頤，厲，吉，利涉大川。

第二十八卦 大過卦

1. 上博《周易》：【缺簡】

2. 阜陽《周易》：

䷛ 大過：橦橈，利用囪往，亨。卜病者不死，妻夫不相去……不死。初六：藉用白茅，无咎。……得之。九二：枯楊生弟，老夫得其女妻，无不利。卜病者不死，戰斲……適強而有勝，有罪而翳徙……九三：棟橈，凶。九四，棟隆，吉，有它吝。卜邑及……九五：枯楊生華，老婦得其士夫，无咎无譽。……上六：過涉滅頂，凶，无咎。

3. 帛書《周易》：

䷛ 泰過：棟𡎴，利有攸往，亨。初六：籍用白茅，无咎。九二：楛楊生黃，老夫得其女妻，无不利。九三：棟橈，凶。九四，棟𡎴，吉，有它闔。六〈九〉五：楛楊生華，老婦得其士夫，无咎无譽。尚九〈六〉：過涉滅釘，凶，无咎。

4. 今本《周易》：

䷛ 大過：棟撓，利有攸往，亨。初六：藉用白茅，无咎。九二：枯楊生稊，老夫得其女妻，无不利。九三：棟橈，凶。九四，棟隆，吉，有它吝。九五：枯楊生華，老婦得其士夫，无咎无譽。上六：過涉滅頂，凶，无咎。

第二十九卦　坎　卦

1. 上博《周易》：【缺簡】

2. 阜陽《周易》：

䷜ 習坎：有復，嵩心亨，行有尚。初六：習坎，入于坎窞，凶。九二：坎有險，求小得。六三：來之坎坎，險且枕，入于坎窞，勿用。六四：樽酒簋貳，用缶，納約自牖，多无咎。卜病……九五：坎不盈，祇既平，无咎。卜百吏盡吉。上六：係用徽纆，寘于叢棘，三歲不得，兇。卜齊不齊。卜田不得利中……

3. 帛書《周易》：

䷜ 習贛：有復，嵩心亨，行有尚。初六：習贛，人于贛閻，凶。九二：贛有訧，求少得。六三：來之贛贛，嗛且訧，入〔于〕贛閻，勿用。六四：奠酒巧詠，用缶，入藥自牖，終无咎。九五：贛不盈，塭既平，无咎。尚六：系用諱纆，親之于總勒，三歲弗得，兇。

4. 今本《周易》：

䷜ 習坎：有孚，維心亨，行有尚。初六：習坎，入于坎窞，凶。九二：坎有險，求小得。六三：來之坎坎，險且枕，入于坎窞，勿用。六四：樽酒簋貳，用缶，納約自牖，終无咎。九五：坎不盈，祗既平，无咎。上六：係用徽纆，寘于叢棘，三歲不得，凶。

第三十卦　離　卦

1. 上博《周易》：【缺簡】

2. 阜陽《周易》：

䷝ 離：利貞，亨，畜牝牛，吉。……居官及家不吉，罪人不解。初九：履昔然，敬之，无咎。卜臨官立眾，敬其下乃吉。六二：黃離元吉。……之上吉非則凶。九三：日昃之離，不鼓缶而歌，則大耋之嗟，凶。九四：其出如、其來如，焚如，棄如。六五：出涕沱若，戚差若，吉。卜……上九：王用出征，有嘉折首，獲匪其醜，无咎。

3. 帛書《周易》：

䷝ 羅：利貞，亨，畜牝牛，吉。初九：禮昔然，敬之，无咎。六二：黃羅元吉。九三：口褻之羅，不鼓垊而歌，即大経之眡，凶。九四：出如來如，紛如，死如，棄如。六五：出涕沱若，戚眡若，吉。尚九：王出正，有嘉折首，獲不戠，无咎。

4. 今本《周易》：

䷝ 離：利貞，亨，畜牝牛，吉。初九：履錯然，敬之，无咎。六二：黃離元吉。九三：日昃之離，不鼓缶而歌，則大耋之嗟，凶。九四：突如其來如，焚如，死如，棄如。六五：出涕沱若，戚嗟若，吉。上九：王用出征，有嘉折首，獲匪其醜，无咎。

第三十一卦　咸　卦

1. 上博《周易》：

䷞ 欽匚：鄉，牦貞，取女吉。初六：欽亓拇。六二：欽亓腓，凶，尻吉。九晶：欽亓腓，埶亓陵，吝。九四：貞吉，亡悬。僮僮往來，朋從爾志。九五：欽亓拇，亡悬。上六：欽頌、夾、貼▨。

−33−

2. 阜陽《周易》：

咸：亨，利貞，取女吉。初六：咸其拇。六二：咸其腓，凶，居吉。九三：咸其股，執其隨，往吝。九四：貞吉，悔亡。憧憧往來，朋從爾思。九五：咸其脢，无悔。上六：咸其父、頰、舌。

3. 帛書《周易》：

欽：亨，利貞。取女吉。初六：欽亓栂。六二：欽亓腥，凶。居吉。九三：欽亓腥，執亓隨，閵。九四：貞吉，悔亡。童童往來，俑從璽思。九五：欽亓股，无悔。尚六：欽亓胶、陝、舌。

4. 今本《周易》：

咸：亨，利貞，取女吉。初六：咸其拇。六二：咸其腓，凶，居吉。九三：咸其股，執其隨，往吝。九四：貞吉，悔亡。憧憧往來，朋從爾思。九五：咸其脢，无悔。上六：咸其輔、頰、舌。

第三十二卦　恆　卦

1. 上博《周易》：

死：鄉，秒貞，亡咎。初六：斈死，貞凶，亡卣秒。九二：愍亡。九晶：不經亓惪，或承亓臆，貞吝。九四：畋亡盦。六五：絚亓惪貞，婦人吉，夫子凶。上六：斈死，貞凶。

2. 阜陽《周易》：【缺簡】

3. 帛書《周易》：

恆：亨，无咎，利貞。利有攸往。初六：夐恆，貞凶，无攸利。九二：悔亡。九三：不恆亓德，或承之羞，貞閵。九四：田无禽。六五：恆亓德，貞，婦人吉，夫子凶。尚六：夐恆，兇。

4. 今本《周易》：

恆：亨，无咎，利貞。利有攸往。初六：浚恆，貞凶，无攸利。九二：悔亡。九三：不恆其德，或承之羞，貞吝。九四：田无禽。六五：恆其德，貞。婦人吉，夫子凶。上六：振恆，凶。

第三十三卦　遯　卦

1. 上博《周易》：

☱☲ 豚▨：鄉，少秒貞。初六：豚亓尾，礪，勿用又卣迲。六二：玔用黃牛
之革，莫之勬妥。九晶：係豚，又疾礪。畜臣妾，吉。九四：好豚，君子吉，
尖=否。九五：嘉豚，吉。上九：肥豚，亡不秒▨。

2. 阜陽《周易》：

☱☲ 椽：亨，小利貞。……之以吉居事不吉。初六：椽……屬，勿用有𢀈往。
六二：執之用黃牛之革，莫之勝說。九三：係椽，有疾屬。畜臣妾，吉。九
四：好椽，君子吉，小人否。……吉。九五：嘉椽，貞吉。卜病不死行作之……。
上九：肥椽，无不利。

3. 帛書《周易》：

☰☶ 掾：亨，小利貞。初六：掾尾，屬，勿用有攸往。六二：共之用黃牛之
勒，莫之勝奪。九三：爲掾，有疾，屬。畜僕妾，吉。九四：好掾，君子吉，
小人不。九五：嘉掾，貞吉。尙九：肥掾，先不利。

4. 今本《周易》：

☰☶ 遯：亨，小利貞。初六：遯尾，屬，勿用有攸往。六二：執之用黃牛之
革，莫之勝說。九三：係遯，有疾屬。畜臣妾，吉。九四：好遯，君子吉，
小人否。九五：嘉遯，貞吉。上九：肥遯，无不利。

第三十四卦　大壯卦

1. 上博《周易》：【缺簡】

2. 阜陽《周易》：

☳☰ 大壯：利貞。初九：壯于趾，征凶有復。卜……。九二：貞吉。九三：
小人用壯，君子用罔，貞屬，羝羊觸藩，羸其角。九四：貞吉，悔亡，藩決
不羸，壯于大輿之輹。六五：喪羊于易，无悔。上六：羝羊觸藩，不能退，
不能遂，无攸利，艱則吉。

3. 帛書《周易》：

☳☰ 泰壯：利貞。初九：壯于止，正凶有復。九二：貞吉。九三：小人用壯，
君子用亡，貞屬，羝羊觸藩，羸其角。九四：貞吉，悔亡，藩块不羸，壯于
泰輿之緮。六五：亡羊于易，无悔。尙六：羝羊觸藩，不能退，不能遂，无

攸利，根則吉。

4. 今本《周易》：

䷡ 大壯：利貞。初九：壯于趾，征凶有孚。九二：貞吉。九三：小人用壯，君子用罔，貞厲，羝羊觸藩，羸其角。九四：貞吉，悔亡，藩決不羸，壯于大輿之輹。六五：喪羊于易，无悔。上六：羝羊觸藩，不能退，不能遂，无攸利，艱則吉。

第三十五卦　晉　卦

1. 上博《周易》：【缺簡】

2. 阜陽《周易》：

䷢ 晉：康侯用錫馬蕃庶，晝日三接。初六：晉如、摧如，貞吉。罔孚，裕，无咎。六二：晉如，愁如，貞吉。受茲介福，于其王母。六三：眾允，悔亡。九四：晉如鼫鼠，貞厲。六五：悔亡，失得勿恤，往吉，无不利。上九：晉其角，維用伐邑，厲吉无咎，貞吝。

3. 帛書《周易》：

䷢ 溍：康疾用錫馬蕃庶，晝日三綏。初九〈六〉：溍如、浚如，貞吉。悔，亡復，浴，无咎。六二：溍如，愁如，貞吉。受茲介福，于其王母。六三：眾允，悔亡。九四：溍如炙鼠，貞厲。六五：悔亡，矢得勿血，往吉，无不利。尙九：溍其角，維用伐邑，厲吉无咎，貞闔。

4. 今本《周易》：

䷢ 晉：康侯用錫馬蕃庶，晝日三接。初六：晉如、摧如，貞吉。罔孚，裕，无咎。六二：晉如，愁如，貞吉。受茲介福，于其王母。六三：眾允，悔亡。九四：晉如鼫鼠，貞厲。六五：悔亡，失得勿恤，往吉，无不利。上九：晉其角，維用伐邑，厲吉无咎，貞吝。

第三十六卦　明夷卦

1. 上博《周易》：【缺簡】

2. 阜陽《周易》：

䷣ 明夷：利艱貞。初九：明夷于飛，垂其翼；君子于行，三日不食。有攸

往，主人有言。六二：明夷，夷于左股，用拯馬，壯吉。九三：明夷于南狩，得其大首；不可疾貞。六四：入于左腹，獲明夷之心，于出門庭。六五：箕子之明夷，利貞。上六：不明，晦；初登于天，後入于地。

3. 帛書《周易》：

䷣ 明夷：利根貞。初九：明夷于蚩，垂其左翼；君子于行，三日不食。有攸往，主人有言。六二：明夷，夷于左股，用撜馬，牀吉。九三：明夷，夷于南守，得其大首；不可疾貞。六四：明夷，夷于左腹，獲明夷之心，于出門廷。六五：箕子之明夷，利貞。尚六：不明，海；初登于天，後人于地。

4. 今本《周易》：

䷣ 明夷：利艱貞。初九：明夷于飛，垂其翼；君子于行，三日不食。有攸往，主人有言。六二：明夷，夷于左股，用拯馬，壯吉。九三：明夷于南狩，得其大首；不可疾貞。六四：入于左腹，獲明夷之心，于出門庭。六五：箕子之明夷，利貞。上六：不明，晦；初登于天，後入于地。

第三十七卦　家人卦

1. 上博《周易》：【缺簡】

2. 阜陽《周易》：

䷤ 家人：利女貞。初九：閑有家，悔亡。……六二：无攸遂，在中貴，貞吉。九三：家人嗃嗃，悔厲吉。婦子嘻嘻，終吝。六四：富家，大吉。九五：王假有家，勿恤吉。上九：有孚，威如，冬吉。卜……。

3. 帛書《周易》：

䷤ 家人：利女貞。初九：門有家，悔亡。六二：无攸遂，在中貴，貞吉。九三：家人燊燊，悔厲吉。婦子裹裹，終闌。六四：富家，大吉。九五：王叚有家，勿血吉。尚九：有復，委如，終吉。

4. 今本《周易》：

䷤ 家人：利女貞。初九：閑有家，悔亡。六二：无攸遂，在中饋，貞吉。九三：家人嗃嗃，悔厲吉。婦子嘻嘻，終吝。六四：富家，大吉。九五：王假有家，勿恤吉。上九：有孚，威如，終吉。

第三十八卦　睽　卦

1. 上博《周易》：

䷥　楑⊠：少事吉。初九：慦喪馬勿由，自復。見啞人，亡咎。九二：遇宔于衢，亡咎。六晶：見車𨍏。丌牛放，丌人天𡨚劓，亡初又冬。九四：楑㼅，遇元夫，交孚，礪，亡咎。六五：慦亡，陞宗噬肤，敳可咎。上九：楑㼅，見豕僨坐，載鬼一車，先張之弧，後說之弧，匪寇昏佝，迬，遇雨則吉⊠。

2. 阜陽《周易》：

䷥　睽：小事吉。大事敗。初九：毎亡。喪馬勿逐，自復。見惡人，无咎。九二：遇主于巷，无咎。……厲不得。六三：見車渫，其牛絜。其人天且劓，无初有終。九四：睽孤，遇元夫。交孚，厲，无咎。六五：悔亡，厥宗筮膚，往何咎。上九：睽孤，見豕負塗，載鬼一車，先張之弧，後兌之壺，非寇昏冓，往，遇雨則吉。

3. 帛書《周易》：

䷥　乖：小事吉。初九：悔亡，亡馬勿遂，自復。見亞人，无咎。九二：愚主于巷，无咎。六三：見車恝，亓牛讘，其人天且劓，无初，有終。九四：乖苽，愚元夫，交復，厲无咎。六五：悔亡，登宗筮膚，往何咎。尚九：乖苽，見豨負塗，載鬼一車，先張之柧，後說之壺，非寇，閩厚，往愚雨即吉。

4. 今本《周易》：

䷥　睽：小事吉。初九：悔亡。喪馬勿逐，自復。見惡人，无咎。九二：遇主于巷，无咎。六三：見輿曳，其牛掣。其人天且劓，无初有終。九四：睽孤，遇元夫。交孚，厲，无咎。六五：悔亡，厥宗噬膚，往何咎。上九：睽孤，見豕負塗，載鬼一車，先張之弧，後說之弧，匪寇婚媾，往，遇雨則吉。

第三十九卦　蹇　卦

1. 上博《周易》：

䷦　訐▣：秎西南，不秎東北，秎見大人。初六：迲訐，銮譽。六二：王臣訐=，非今之古。九晶：迲訐，銮反。六四：迲訐，銮連。九五大訐，不槰。上六：迲訐，銮碩吉。秎見大人▣。

2. 阜陽《周易》：

　　䷦　蹇：利西南，不利東北，利見大人，貞吉。卜……初六：往蹇，來譽。
六二：王臣蹇蹇，匪躬之故。九三：往蹇，來反。卜病不死……六四：往
蹇，來連。九五：大蹇，朋來。上六：往蹇，來碩吉。利見大人。

3. 帛書《周易》：

　　䷦　蹇：利西南，不利東北，利見大人。貞吉。初六：往蹇來輿。六二：王
僕蹇蹇，非今之故。九三：往蹇來反。六四：往蹇來連。九五：大蹇俏來。
尚六：往蹇來石，吉，利見大人。

4. 今本《周易》：

　　䷦　蹇：利西南，不利東北，利見大人，貞吉。初六：往蹇，來譽。六二：
王臣蹇蹇，匪躬之故。九三：往蹇，來反。六四：往蹇，來連。九五：大蹇，
朋來。上六：往蹇，來碩吉。利見大人。

第四十卦　解　卦

1. 上博《周易》：

　　䷧　繲卦䷧：杒西南。亡所造，兀坒遝，吉。又卤造，佲吉。初六：亡咎。
九二：畋豦晶貁，貝黃矢，貞吉。六晶：偝䙆輚，至寇至。九四：繲亓拇，
朋至斯孚。六五：君子維有解，吉。有孚于小人。上六：公用射隼，于高墉
之上，獲之，无不利。

2. 阜陽《周易》：

　　䷧　解：利西南。无所往，其來復，吉。有卣往，夙吉。初六：无咎。九二：
田獲三狐，得黃矢，貞吉。六三：負且乘，致寇至，貞吝。九四：解而拇，
朋至斯孚。六五：君子維有解，吉。有孚于小人。上六：公用射隼于高墉之
上，獲之，无不利。

3. 帛書《周易》：

　　䷧〈䷧〉　解：利西南，无所往，亓來復吉。有攸往，宿吉。初六：无咎。
九二：田獲三狐，得黃矢，貞吉。六三：負且乘，致寇至，貞閵。九四：解
亓栂，倘至此復。六五：君子唯有解，吉。有復于小人。尚六：公用射曼于
高庸之上，獲之，无不利。

4. 今本《周易》：

䷧ 解：利西南。无所往，其來復，吉。有攸往，夙吉。初六：无咎。九二：田獲三狐，得黃矢，貞吉。六三：負且乘，致寇至，貞吝。九四：解而拇，朋至斯孚。六五：君子維有解，吉。有孚于小人。上六：公用射隼于高墉之上，獲之，无不利。

第四十一卦　損　卦

1. 上博《周易》：【缺簡】

2. 阜陽《周易》：

䷨ 損：有孚，元吉，无咎可貞，利有攸往，曷之用？二簋可用享。初九：已事遄往，无咎，酌損之。九二：利貞，征凶，弗損，益之。六三：三人行，則損一人，一人行，則得其友。六四：損其疾，使遄有喜，无咎。六五：或益之，十朋之龜，弗克違，元吉。上九：弗損，益之，无咎，貞吉，利有攸往，得臣无家。

3. 帛書《周易》：

䷨ 損：有復，元吉，无咎可貞，利有攸往，离之用？二巧可用芳。初九：已事端往，无咎，酌損之。九二：利貞，正凶，弗損，益之。六三：三人行，則損一人，一人行，則得其友。六四：損其疾，事端有喜，无咎，六五：或益之，十備之龜，弗克回，元吉。尚九：弗損，益之，无咎，貞吉，利有攸往，得僕无家。

4. 今本《周易》：

䷨ 損：有孚，元吉，无咎可貞，利有攸往，曷之用？二簋可用享。初九：已事遄往，无咎，酌損之。九二：利貞，征凶，弗損，益之。六三：三人行，則損一人，一人行，則得其友。六四：損其疾，使遄有喜，无咎，六五：或益之，十朋之龜，弗克違，元吉。上九：弗損，益之，无咎，貞吉，利有攸往，得臣无家。

第四十二卦　益　卦

1. 上博《周易》：【缺簡】

2. 阜陽《周易》：【缺簡】

3. 帛書《周易》：

䷩　益：利用攸往，利涉大川。初九：利用爲大作，元吉，无咎。九〈六〉二：或益之十備之龜，弗亨回，永貞吉。王用芳于帝，吉。六三：益之，用工事，无咎，有復中行，告公用閏。六四：中行，告公從，利用爲家遷國。九五：有復惠心，勿問元吉，有復，惠我德，尙九：莫益之，或擊之，立心勿恆，凶。

4. 今本《周易》：

䷩　益：利有攸往，利涉大川。初九：利用爲大作，元吉，无咎。六二：或益之十朋之龜，弗克違，永貞吉。王用享于帝吉。六三：益之，用凶事，无咎，有孚中行，告公用圭。六四：中行，告公從，利用爲依遷國。九五：有孚惠心，勿問元吉，有孚，惠我德，上九：莫益之，或擊之，立心勿恆，凶。

第四十三卦　夬　卦

1. 上博《周易》：

䷪　夬：揚丁王庭，孚號有屬。告自邑，不利即戎。利有攸往。初九：壯于前趾，往不勝，爲咎。九二啻啻，莫譽又戎，勿卹。九晶：藏于亮，又凶。君子夬＝，蜀行，遇雨女雩，又礍，亡咎。九四：諏亡肤，厅行緁疋。喪羊愍亡，餌言不多。九五：莧芞夬＝，中行亡咎。上六：忘啻，中又凶▨。

2. 阜陽《周易》：【缺簡】

䷪　夬：揚于王庭，孚號有屬。告自邑，不利即戎。利有攸往。初九：壯于前趾，往不勝，爲咎。九二：惕號，莫夜有戎，勿恤。九三：壯于頄，有凶。君子夬夬，獨行，遇雨若濡，有慍，无咎。九四：臀无膚，其行次且。牽羊悔亡，聞言不信。九五：莧陸夬夬，中行无咎。上六：无號，終有凶。

3. 帛書《周易》：

䷪　夬：陽于王廷。復號有屬。告自邑，不利節戎。利有攸往。初九：牀于前止，往不勝，爲咎。九二：傷號，夢夜有戎，勿血。九三：牀于頯，有凶。君子缺缺獨行，愚雨如濡。有溫，无咎。九四：脤无膚，亓行郗胥，牽羊悔亡，聞言不信。九五：莧黦缺缺，中行无咎。尙六：无號，多有兇。

4. 今本《周易》：

䷪夬：揚于王庭，孚號有厲。告自邑，不利即戎。利有攸往。初九：壯于前趾，往不勝，為咎。九二：惕號，莫夜有戎，勿恤。九三：壯于頄，有凶。君子夬夬，獨行，遇雨若濡，有慍，无咎。九四：臀无膚，其行次且。牽羊悔亡，聞言不信。九五：莧陸夬夬，中行无咎。上六：无號，終有凶。

第四十四卦　姤　卦

1. 上博《周易》：

䷫敏▨：女藏，勿用取女。初六：繫于金柅，貞吉。又卤迻，見凶。羸豕孚是蜀。九二：囊又魚，亡咎，不秎方。九晶：訊亡肤，亓行緁疋，礦，亡大咎。九四：囊亡魚，巳凶。九五：昌芑囊苽，歆章，又慜自天。上九：敏亓角，吝，亡咎▨。

2. 阜陽《周易》：【缺簡】

3. 帛書《周易》：

䷫狗：女壯，勿用取女。初六：擊于金梯，貞吉。有攸往，見兇。羸豨復適屬。九二：枹有魚，无咎，不利賓。 九三：臀无膚，其行次且。屬，无大咎。九四：枹无魚，正兇。五〈九〉五：以忌枹苽，含章，或填自天。尚九：狗亓角，閵，无咎。

4. 今本《周易》：

䷫姤：女壯，勿用取女。初六：繫于金柅，貞吉，有攸往，見凶。羸豕孚蹢躅。九二：包有魚，无咎，不利賓。九三：臀无膚，其行次且，厲，无大咎。九四：包无魚，起凶。九五：以杞包瓜，含章，有隕自天。上九：姤其角，吝，无咎。

第四十五卦　萃　卦

1. 上博《周易》：

䷬啐▨：王叚于廟，秎見大人，鄉，秎貞。用大牲，秎又卤迻。初六：又孚不冬，乃夒囟啐。若嚞，一斛于芙，勿卹，迮亡咎。 六二：引吉，无咎。 孚乃利用禴。六三：萃如嗟如，无攸利，往无咎，小吝。九四：大吉，无咎。

九五：萃有位，无咎。匪孚，元永貞，悔亡。上六：齎咨涕洟，无咎。

2. 阜陽《周易》：

萃：亨。王假有廟，利見大人，亨，利貞。用大牲，吉。利有攸往。……
吉。初六：有孚不終，乃亂乃萃。若號，一握爲笑，勿恤，往无咎。六二：
引吉，无咎。孚乃利用禴。六三：萃如嗟如，无攸利，往无咎，小吝。九四：
大吉，无咎。九五：萃有位，无咎。匪孚，元永貞，悔亡，上六：齎咨涕洟，
无咎。

3. 帛書《周易》：

卒：王叚于廟，利見大人，亨，利貞。用大生，吉。利有攸往。初六：
有復不終，乃乳乃卒，若亣號。一屋于芺，勿血，往无咎。六二：引吉，无
咎。復乃利用濯。六三：卒若旽若，无攸利。往无咎，少閵。九四：大吉，
无咎。九五：卒有立，无咎，非復。元永貞，悔亡。尙六：粲軟涕洦，无咎。

4. 今本《周易》：

萃：亨。王假有廟，利見大人，亨，利貞。用大牲，吉。利有攸往。初
六：有孚不終，乃亂乃萃。若號，一握爲笑，勿恤，往无咎。六二：引吉，
无咎。孚乃利用禴。六三：萃如嗟如，无攸利，往无咎，小吝。九四：大吉，
无咎。九五：萃有位，无咎。匪孚，元永貞，悔亡，上六：齎咨涕洟，无咎。

第四十六卦　升　卦

1. 上博《周易》：【缺簡】

2. 阜陽《周易》：

升：元亨。用見大人，勿恤，南征吉。初六：允升，大吉。九二：孚乃
利用禴，无咎。九三：登虛邑。卜病……六四：王用亨于枝山，吉无咎。六
五：貞吉升階。上六：冥升，利于不息之貞。

3. 帛書《周易》：

登：元亨。用見大人，勿血，南正吉。初六：允登，大吉。九二：復乃
利用濯，无咎。九三：登虛邑。六四：王用亨于岐山，吉无咎。六五：貞吉
登階。尙六：冥登，利于不息之貞。

4. 今本《周易》：

䷭ 升：元亨。用見大人，勿恤，南征吉。初六：允升，大吉。九二：孚乃利用禴，无咎。九三：升虛邑。六四：王用亨于岐山，吉无咎。六五：貞吉升階。上六：冥升，利于不息之貞。

第四十七節　困　卦

1. 上博《周易》：

䷮ 困：亨。貞，大人吉，无咎。有言不信。初六：臀困于株木，入于幽谷，三歲不覿。九二：困于酒食，朱紱方來，利用享祀。征凶，无咎。六三：困于石，據于蒺藜，入于其宮，不見其妻，凶。九四：來徐徐，困于金車，吝，有終。九五：劓刖，困于赤紱。乃徐有說，杓用祭祀。上六：困于葛藟，于劓脆，曰：达愍，又愍，征吉▨。

2. 阜陽《周易》：

䷮ 困：亨。貞，大人吉，无咎。有言不信。初六：臀困于株木，入于幽谷，三歲不覿。九二：困于酒食，朱紱方來，利用享祀。征凶，无咎。六三：困于石，據于蒺藜，入于其宮，不見其妻，凶。九四：來徐徐，困于金車，吝，有終。九五：劓刖，困于赤紱。乃徐有說，利用祭祀。上六：困于葛藟，于脆脆。曰：動悔，有悔，征吉。

3. 帛書《周易》：

䷮ 困：亨。貞，大人吉，无咎。有言不信。初六：辰困于株木，人于要浴，三歲不攬，凶。九二：困于酒食，絑發方來，利用芳祀，正凶，无咎。六三：困于石，號于疾莉，人于亓宮，不見亓妻，凶。九四：來徐，困于金車，閵，有終。九五：貳椽，困于赤發，乃徐有說。利用芳祀。尙六：困于褐纍，于貳掾，曰：悔夷，有悔，貞吉。

4. 今本《周易》：

䷮ 困：亨。貞，大人吉，无咎。有言不信。初六：臀困于株木，入于幽谷，三歲不覿。九二：困于酒食，朱紱方來，利用享祀。征凶，无咎。六三：困于石，據于蒺藜，入于其宮，不見其妻，凶。九四：來徐徐，困于金車，吝，有終。九五：劓刖，困于赤紱。乃徐有說，利用祭祀。上六：困于葛藟，于脆脆。曰：動悔，有悔，征吉。

第四十八節　井　卦

1. 上博《周易》：
   ䷯　㤕▨：改邑不改㤕，亡喪亡㵘，迣坓㤕=。气至，亦母㷼㤕，羸丌鉼，凶。
   初六：㤕替不飤，舊㤕亡盒。九二：㤕浴㦚犴，隹補縷。九晶：㤕杊不飤，
   爲我心㥶。可㠯汲，王明，並受丌福。六四：㤕䲰，亡咎。九五：㤕㝮寒㵼，
   飤。上六：㤕杊。勿寞又孚，元吉▨。

2. 阜陽《周易》：
   ䷯　井：改邑不改井，无喪无得，往來井井。汔至，亦未繘井，羸其瓶，凶。
   初六：井泥不食，舊井无禽。九二：井谷射鮒，甕敝屢。卜羋及家彼羋……。
   九三：井渫不食，爲我心惻。可用汲，王明，並受其福。六四：井甃，无咎。
   九五：井屬寒泉，食。上六：井收。勿幕有孚，元吉。

3. 帛書《周易》：
   ䷯　井：茊邑不茊井，无亡无得。往來井井，氾至，亦未汲井，纍其刑垪，
   凶。初六：井泥不食，舊井无禽。九二：井瀆射付，唯敝句。九三：井苴不
   食，爲我心塞，可用汲，王明並受其福。六四：井椒，无咎。九五：井戻寒
   㵼，食。尚六：井收，勿幕有復，元吉。

4. 今本《周易》：
   ䷯　井：改邑不改井，无喪无得，往來井井。汔至，亦未繘井，羸其瓶，凶。
   初六：井泥不食，舊井无禽。九二：井谷射鮒，甕敝漏。九三：井渫不食，
   爲我心惻。可用汲，王明，並受其福。六四：井甃，无咎。九五：井洌寒泉，
   食。上六：井收。勿幕有孚，元吉。

第四十九卦　革　卦

1. 上博《周易》：
   ䷰　革▨：改日囟孚，元羕貞，秱貞，㗸亡。初九：婜用黃牛之革。六二：
   改日乃革之，征吉，亡咎。九晶：征凶。革言晶就，又孚。九四：悔亡，有
   孚改命，吉。九五：大人虎變，未占有孚。上六：君子豹變，小人革面。征
   凶，居貞吉。

2. 阜陽《周易》：

䷰ 革：巳日乃孚，元亨利貞，悔亡。初九：鞏用黃牛之革。六二：巳日乃革之，征吉，无咎。九三：征凶，貞厲。革言三就，有孚。九四：悔亡，有孚改命，吉。九五：大人虎變，未占有孚。上六：君子豹變，小人革面。征凶，居貞吉。

3. 帛書《周易》：

䷰ 勒：巳日乃復。元亨，利貞，悔亡。初九：共用黃牛之勒。六二：巳日乃勒之，正吉，无咎。九三：征凶，貞厲。革言三就，有復。九四：悔亡，有復芲命，吉。九五：大人虎便，未占有復。尚六：君子豹便，小人勒面，征凶。居，貞吉。

4. 今本《周易》：

䷰ 革：巳日乃孚，元亨利貞，悔亡。初九：鞏用黃牛之革。六二：巳日乃革之，征吉，无咎。九三：征凶，貞厲。革言三就，有孚。九四：悔亡，有孚改命，吉。九五：大人虎變，未占有孚。上六：君子豹變，小人革面。征凶，居貞吉。

第五十卦　鼎　卦

1. 上博《周易》：【缺簡】

2. 阜陽《周易》：

䷱ 鼎：元吉，亨。初六：鼎顛趾，利出否，得妾以其子，无咎。九二：鼎有實，我仇有疾，不我能即，吉。九三：鼎耳革，其行塞，雉膏不食，方雨虧悔，終吉。九四：鼎折足，覆公餗，其形渥，凶。六五：鼎黃耳金鉉，利貞。……大事凶。上九：鼎玉鉉，大吉，无不利。

3. 帛書《周易》：

䷱ 鼎：元吉，亨。初六：鼎塡止，利出不，得妾以其子，无咎。九二：鼎有實，我救有疾，不我能節，吉。九三：鼎耳勒，其行塞，雉膏不食，方雨虧悔，終吉。九四：鼎折足，覆公茊，其刑屋，凶。六五：鼎黃耳金鉉，利貞。上九：鼎玉鉉，大吉，无不利。

4. 今本《周易》：

䷱ 鼎：元吉，亨。初六：鼎顛趾，利出否，得妾以其子，无咎。九二：鼎

有實，我仇有疾，不我能即，吉。九三：鼎耳革，其行塞，雉膏不食，方雨虧悔，終吉。九四：鼎折足，覆公餗，其形渥，凶。六五：鼎黃耳金鉉，利貞。上九：鼎玉鉉，大吉，无不利。

第五十一卦 震 卦

1. 上博《周易》：【缺簡】

2. 阜陽《周易》：【缺簡】

3. 帛書《周易》：

䝊 辰：亨，辰來朔朔，芙言亞亞，辰敬百里，不亡釛觴。初九：辰來朔朔，後芙言啞啞，吉。六二：辰來厲，意！亡貝，齎于九陵，勿逐，七日得。六三：辰疏疏，辰行無省。九四：辰遂泥，六五：辰往來厲，意，无亡，有事。尙六：辰昔昔，視懼懼，正凶，辰不于其軀，于其鄰，往无咎，閫詬有言。

4. 今本《周易》：

䷃ 震：亨，震來虩虩，笑言啞啞，震驚百里，不喪匕鬯。初九：震來虩虩，後笑言啞啞，吉。六二：震來厲，億！喪貝，躋于九陵，勿逐，七日得。六三：震蘇蘇，震行无眚。九四：震遂泥，六五：震往來厲。意，无喪，有事。上六：震索索，視矍矍，征凶，震不于其躬，于其鄰，无咎，婚媾有言。

第五十二卦 艮 卦

1. 上博《周易》：

䷄ 艮▨：兀佴，不䐼兀身，行兀廷，不見其人，无咎。初六：艮兀止，亡咎，称兼貞。六二：艮兀足，不陞兀陵，兀心不悸。九晶：艮兀瞳，圀兀徹，礄夈心。六四：艮兀䯂。六五：艮兀頌，言又會，恳亡。上九：寷艮，吉▨。

2. 阜陽《周易》：

艮：其背，不獲其身，行其庭，不見其人，无咎。初六：艮其趾，无咎，利永貞。六二：艮其腓，不拯其隨，其心不快。九三：艮其限，列其夤，厲薰心。六四：艮其身，无咎。六五：艮其父，言有序，悔亡。上九：敦艮：吉。

3. 帛書《周易》：

☶ 根：根亓北，不漮亓身，行亓廷，不見亓人，无咎。初六：根亓止，无咎，利永貞。六二：根亓肥，不登亓隨，亓心不快。九三：艮其限，戻亓肥，厲薰心。六四：根亓頜。六五：根亓胶，言有序，悔亡。尙九：敦根，吉。

4. 今本《周易》：

☶ 艮：其背，不獲其身，行其庭，不見其人，无咎。初六：艮其趾，无咎，利永貞。六二：艮其腓，不拯其隨，其心不快。九三：艮其限，列其夤，厲薰心。六四：艮其身，无咎。六五：艮其輔，言有序，悔亡。上九：敦艮：吉。

第五十三卦　漸　卦

1. 上博《周易》：

☴ 漸◨：女逞吉，秒貞。初六：鴗漸于鵤，少子磧，又言，不多。六二：鴗漸于墜，畬飮矗＝，吉。九晶：鴗漸于陸，夫征不遌，婦孕而育，凶。利禦寇。六四：鴻漸于木，或得其桷，无咎。九五：鴻漸于陵，婦三歲不孕，終莫之勝，吉。上九：鴻漸于陸，其羽可用爲儀，吉。

2. 阜陽《周易》：【缺簡】

3. 帛書《周易》：

☶ 漸：女歸吉，利貞。初六：鴗漸于淵，小子癗，有言，无咎。六二：鴗漸于坂，酒食衍衍，吉。九三：鴗漸于陸，夫征不復，婦繩不育，凶。利所寇。六四：鴗漸于木，或直亓寇敵，无咎。九五：鴗漸于陵，婦三歲不繩，終莫之勝，吉。尙九：鴗漸于陸，亓羽可用爲宜，吉。

4. 今本《周易》：

☶ 漸：女歸吉，利貞。初六：鴻漸于干，小子厲，有言，无咎。六二：鴻漸于磐，飲食衎衎，吉。九三：鴻漸于陸，夫征不復，婦孕不育，凶。利禦寇。六四：鴻漸于木，或得其桷，无咎。九五：鴻漸于陵，婦三歲不孕，終莫之勝，吉。上九：鴻漸于陸，其羽可用爲儀，吉。

第五十四卦　歸妹卦

1. 上博《周易》：【缺簡】

2. 阜陽《周易》：

䷵　歸妹：征凶，无攸利。初九：歸妹以娣。跛能履，征吉。九二：眇能視，利幽人之貞。六三：歸妹以須，反歸以娣。九四：歸妹愆期，遲歸有時。六五：帝乙歸妹，其君之袂，不如其娣之袂良。月幾望，吉。上六：女承筐，无實，士刲羊，无血，无攸利。

3. 帛書《周易》：

䷵　歸妹：正凶，无攸利。初九：歸妹以弟。跛能利，正吉。九二：眇能視，利幽人貞。六三：歸妹以嬬，反歸以弟。九四：歸妹衍期，遲歸有時。六五：帝乙歸妹，其君之袂，不如其弟之快良。日月既望，吉。尚六：女承筐，无實，士刲羊，无血，无攸利。

4. 今本《周易》：

䷵　歸妹：征凶，无攸利。初九：歸妹以娣。跛能履，征吉。九二：眇能視，利幽人之貞。六三：歸妹以須，反歸以娣。九四：歸妹愆期，遲歸有時。六五：帝乙歸妹，其君之袂，不如其娣之袂良。月幾望，吉。上六：女承筐，无實，士刲羊，无血，无攸利。

第五十五節　豐　卦

1. 上博《周易》：

䷶　豐：亨，王假之。勿憂，宜日中。初九：遇其配主，雖旬无咎，往有尙。六二：豐其蔀，日中見斗，往得疑疾。有孚發若，吉。九晶：豐丌芾，日中見茇，折丌右肱，亡咎。九四：豐丌坿，日中見斗，遇丌层宝，吉。六五：蓙章，又慶惥，吉。上六：豐丌芾，坿丌豙。闚丌屍，嗀丌亡人，晶戠不覿，凶。

2. 阜陽《周易》：【缺簡】

3. 帛書《周易》：

䷶　豐：亨，王叚之，勿憂，宜日中。初九：禺亓肥主，唯旬无咎，往有尙。六二：豐亓剖，日中見斗，往得疑疾，有復洫若。九三：豐亓蒛，日中見茉，折亓右弓，无咎。九四：豐亓剖，日中見斗，禺亓夷主，吉。六五：來章有慶舉，吉。尙六：豐亓屋，剖亓家，闚亓戶，嫠亓无人，三歲不逐，兇。

4. 今本《周易》：

䷶ 豐：亨，王假之。勿憂，宜日中。初九：遇其配主，雖旬无咎，往有尚。
六二：豐其蔀，日中見斗，往得疑疾，有孚發若，吉。九三：豐其沛，日中
見沫，折其右肱，无咎。九四：豐其蔀，日中見斗，遇其夷主，吉。六五：
來章，有慶譽，吉。上六：豐其屋，蔀其家。闚其戶，闃其无人，三歲不覿，
凶。

第五十六卦　旅　卦

1. 上博《周易》：

䷷ 遊▨：少鄉，遊貞吉。初六：遊贏＝，此丌所取愳。六二：遊既宋，襄
丌次，㝴僮儊之貞。九晶：遊焚丌宋，喪丌僮儊貞＝礍。九四：遊于處，得
其資斧，我心不快。六五：射雉一矢，亡。終以譽命。上九：鳥焚其巢，旅
人先笑後號咷。喪牛于易，凶。

2. 阜陽《周易》：

䷷ 旅：小亨，旅貞吉。初六：旅瑣瑣，斯其所取災。六二：旅即其次，懷
其資，得童僕貞。九三：旅焚其次，喪其童僕貞，屬。九四：旅于處，得其
資斧，我心不快。六五：射雉一矢，亡。終以譽命。上九：鳥焚其巢，旅人
先笑後號咷。喪牛于易，凶。

3. 帛書《周易》：

䷷ 旅：少亨。旅，貞吉。初六：旅瑣瑣，此其所取火。六二：旅既次，壞
其茨，得童剟，貞。九三：旅焚其次，喪其童僕，貞屬。九四：旅于處，得
其瀆斧，我心不快。六五：射雉一矢，亡，多以舉命。尙九：鳥棼其巢，旅
人先芺後掠桃，亡牛于易，兒。

4. 今本《周易》：

䷷ 旅：小亨，旅貞吉。初六：旅瑣瑣，斯其所取災。六二：旅即次，懷其
資，得童僕貞。九三：旅焚其次，喪其童僕貞，屬。九四：旅于處，得其資
斧，我心不快。六五：射雉一矢，亡。終以譽命。上九：鳥焚其巢，旅人先
笑後號咷。喪牛于易，凶。

第五十七卦　巽　卦

1. 上博《周易》：【缺簡】

2. 阜陽《周易》：【缺簡】

3. 帛書《周易》：

　　☴　筭：小亨，利有攸往，利見大人。初六：進內，利武人之貞。九二：筭在牀下，用使巫，忿若吉，无咎。九三：編筭，閵。六四：悔亡，田獲三品。九五：貞吉，悔亡，无不利。无初有終。先庚三日，後庚三日，吉。尙九：筭在牀下，亡其潸斧，貞凶。

4. 今本《周易》：

　　☴　巽：小亨，利有攸往，利見大人。初六：進退，利武人之貞。九二：巽在牀下，用史巫，紛若吉，无咎。九三：頻巽，吝。六四：悔亡，田獲三品。九五：貞吉，悔亡，无不利。无初有終。先庚三日，後庚三日，吉。上九：巽在牀下，喪其資斧，貞凶。

第五十八卦　兌　卦

1. 上博《周易》：【缺簡】

2. 阜陽《周易》：【缺簡】

3. 帛書《周易》：

　　☱　奪：亨，小利貞。初九：休奪，吉。九二：諍吉，悔亡。九〈六〉三：來奪，凶。九四：章奪未寧，介疾有喜。九五：孚于剝，有屬。上六：景奪。

4. 今本《周易》：

　　☱　兌：亨，利貞。初九：和兌，吉。九二：孚兌，吉，悔亡。六三：來兌，凶。九四：商兌未寧，介疾有喜。九五：孚于剝，有屬。上六：引兌。

第五十九卦　渙　卦

1. 上博《周易》：

　　☴　𣽈：鄉。王叚于廟，秒見大人，秒涉大川。初六：㩴馬藏，吉，愳亡。九二：𣽈走丌尻，愳亡。六晶：𣽈丌躬，亡咎。六四：𣽈丌群，元吉。𣽈丌丘，非丂所思。九五：𣽈丌大虗，𣽈丌尻，亡咎。上九：𣽈丌血，欿易出。

2. 阜陽《周易》：【缺簡】

3. 帛書《周易》：

☲☴ 渙：亨，王叚于廟。利涉大川，利貞。初六：撜馬，吉。悔亡。九二：渙賁亓階，悔亡。六三：渙亓躬，无咎。九〈六〉四：渙亓群，元吉。渙有丘，匪娣所思。九五：渙亓肝大號，渙王居，无咎。尙九：渙亓血，去湯出。

4. 今本《周易》：

☴☵ 渙：亨。王假有廟，利涉大川，利貞。初六：用拯馬壯，吉。九二：渙奔其机，悔亡。六三：渙其躬，无悔。六四：渙其群，元吉。渙有丘，匪夷所思。九五：渙汗其大號，渙王居，无咎。上九：渙其血，去逖出，无咎。

第六十卦　節　卦

1. 上博《周易》：【缺簡】

2. 阜陽《周易》：

☵☱ 節，亨。苦節不可貞。初九：不出戶庭，无咎。九二：不出門庭，凶。六三：不節若，則嗟若，无咎。六四：安節，亨。九五：甘節，吉。往有尙。上六：苦節，貞凶，悔亡。

3. 帛書《周易》：

☵☱ 節，亨。枯節不可貞。初九：不出戶牖，无咎。九二：不出門廷，凶。六三：不節若，則嗟若，无咎。六四：安節，亨。九五：甘節，吉。往得尙。尙六：枯節，貞凶，悔亡。

4. 今本《周易》：

☵☱ 節，亨。苦節不可貞。初九：不出戶庭，无咎。九二：不出門庭，凶。六三：不節若，則嗟若，无咎。六四：安節，亨。九五：甘節，吉。往有尙。上六：苦節，貞凶，悔亡。

第六十一卦　中孚卦

1. 上博《周易》：【缺簡】

2. 阜陽《周易》：

䷑中孚，豚魚吉，利涉大川，利貞。……大谷。初九：吳吉，有它不燕。九二：鶴鳴在陰，其子和之。我有好爵，吾與爾靡之。六三：得敵，或鼓或罷。或泣或歌。六四：月幾望，馬匹亡，无咎。九五：有孚攣如，无咎……取婦嫁女不吉田不得。上九：翰音登于天，貞凶。

3. 帛書《周易》：

䷑ 中復，豚魚吉，和涉大川，利貞。初九：杅吉，有它不寧。九二：鶴鳴在陰，其子和之。我有好爵，吾與爾嬴之。六三：得敵，或鼓或皮。或汲或歌。六四：月既望，馬必亡，无咎。九五：有復論如，无咎。尙九：鸂音登于天，貞凶。

4. 今本《周易》：

䷑ 中孚，豚魚吉，利涉大川，利貞。初九：虞吉，有它不燕。九二：鶴鳴在陰，其子和之。我有好爵，吾與爾靡之。六三：得敵，或鼓或罷。或泣或歌。六四：月幾望，馬匹亡，无咎。九五：有孚攣如，无咎。上九：翰音登于天，貞凶。

第六十二卦　小過卦

1. 上博《周易》：

䷽ 小過：亨，利貞。可小事，不可大事。飛鳥遺之音，不宜上，宜下，大吉。初六：飛鳥以凶。六二：過其祖，遇其妣，不及其君，遇其臣，无咎。九三：弗過防之，從或戕之，凶。九四：无咎，弗過遇之。往屬必戒，勿用永貞。六五：密雲不雨，自我西郊，公弋取皮才坎。上六：弗遇佐之，飛鳥羅之，凶，是胃亦夾褐䷽。

2. 阜陽《周易》：

䷽ 小過：亨，利貞。可小事，不可大吏。飛鳥遺音，不宜上，宜下，大吉。初六：非鳥以凶。六二：過其祖，遇其妣，不及其君，遇其臣，无咎。九三：弗過防之，從或戕之，凶。九四：无咎，弗過遇之，往屬必戒，勿用永貞。六五：密雲不雨，自我西郊。公弋取彼在穴。上六：弗遇過之，飛鳥離之，凶，是謂災眚。

3. 帛書《周易》：

䷽ 少過：亨，利貞。可小事，不可大事。翡鳥遺之音，不宜上，宜下，泰吉。初六：翡鳥以凶。六二：過亓祖，愚亓比，不及亓君，愚亓僕，无咎。九三：弗過仿之，從或臧之，凶。九四：无咎，弗過愚之，往屬必革，勿用永貞。六五：密雲不雨，自我西茭。公射取皮在穴。尙六：弗愚過之，翡鳥羅之，凶，是謂茲省。

4. **今本《周易》：**

䷽ 小過：亨，利貞。可小事，不可大事。飛鳥遺之音，不宜上，宜下，大吉。初六：飛鳥以凶。六二：過其祖，遇其妣，不及其君，遇其臣，无咎。九三：弗過防之，從或戕之，凶。九四：无咎，弗過遇之。往屬必戒，勿用永貞。六五：密雲不雨，自我西郊。公弋取彼在穴。上六：弗遇過之，飛鳥離之，凶，是謂災眚。

第六十三卦　既濟卦

1. **上博《周易》：**

> ䷾ 既濟：亨小，利貞，初吉終亂。初九：曳其輪，濡其尾，无咎。六二：婦喪其茀，勿逐，七日得。九三：高宗伐鬼方，三年克之，小人勿用。六四：需又衣紮，冬日戒。九五：東箸殺牛，不女西箸之酌祭，是受福吉。上六：需亓首，礪▨。

2. **阜陽《周易》：【缺簡】**

3. **帛書《周易》：**

䷾〈䷾〉既濟：亨小，利貞，初吉多乳。初六〈九〉：抴亓綸，濡亓尾，无咎。六二：婦亡亓發，勿遂，七日得。九三：高宗伐鬼方，三年克之，小人勿用。六四：襦有衣茹，冬日戒。九五：東鄰殺牛以祭，不若西鄰之濯祭，實受亓福吉。尙六：濡亓首，屬。

4. **今本《周易》：**

䷾ 既濟：亨小，利貞，初吉終亂。初九：曳其輪，濡其尾，无咎。六二：婦喪其茀，勿逐，七日得。九三：高宗伐鬼方，三年克之，小人勿用。六四：繻有衣袽，終日戒。九五：東鄰殺牛，不如西鄰之禴祭，實受其福。上六：濡其首，屬。

第六十四卦 未濟卦

1. 上博《周易》：

☲☵ 未濟：亨。小狐汔濟，濡其尾，无攸利。初六：濡其尾，吝。九二：屑汙輪，貞吉，杨涉大川。六晶：未淒，征凶，杨涉大川。九四：貞吉，悔亡，震用伐鬼方，三年有賞于大國。六五：貞吉，无悔。君子之光，有孚，吉。上九：有孚于飲酒，无咎。濡其首，有孚，失是。

2. 阜陽《周易》：

☲☵ 未濟：亨。小狐汔濟，濡其尾，无攸利。初六：濡其尾，吝。九二：曳其輪，貞吉。六三：未濟，征凶，利涉大川。九四：貞吉，悔亡，震用伐鬼方，三年有賞于大國。六五：貞吉，无悔。君子之光，有孚，吉。上九：有孚于飲酒，无咎。濡其首，有孚，失是。

3. 帛書《周易》：

☲☵ 未濟：亨，小狐气涉，濡亓尾，无攸利。初六：濡亓尾，闔。九二：抴亓綸，貞。六三：未濟，正凶。利涉大川。九四：貞吉，悔亡，震用伐鬼方，三年有商于大國。六五：貞吉，悔亡，君子之光。有復，吉。尚九：有復，于飲酒，无咎。濡亓首，有復，失是。

4. 今本《周易》：

☲☵ 未濟：亨。小狐汔濟，濡其尾，无攸利。初六：濡其尾，吝。九二：曳其輪，貞吉。六三：未濟，征凶，利涉大川。九四：貞吉，悔亡，震用伐鬼方，三年有賞于大國。六五：貞吉，无悔。君子之光，有孚，吉。上九：有孚于飲酒，无咎。濡其首，有孚，失是。

第二章 出土與今本《周易》六十四卦經文考釋·上經三十卦

第一節 乾 卦

一、卦名釋義

《說文》：「乾，上出也。」（頁 747）〈說卦〉：「乾，健也。」（頁 184）玉姍案：「乾」、「健」上古音皆爲群紐元部，可通假；當以「健」爲本義，即〈象〉曰：「天行健，君子以自強不息」（頁 9）之義。李鼎祚以爲：「案：〈說卦〉：『乾，健也』。言天之體，以健爲用，運行不息，應化無窮，故聖人則之。欲使人法天之用，不法天之體，故名『乾』，不名天也。」〔註 1〕《周易集解》引虞翻：「精剛自勝，動行不休，故健也。」又引《易緯·乾坤鑿度》：「乾訓健，壯健不息。」（頁 27）皆取「乾訓健」，指天道壯健不息。

乾卦今本卦畫作「☰」，上乾天，下乾天。〈象〉曰：「天行健，君子以自強不息。」（頁 9）孔穎達《正義》：「此乾卦本以象天，天乃積諸陽氣而成天，故此卦六爻皆陽畫成卦也。此既象天，何不謂之天而謂之乾者？天者，定體之名。乾者，體用之稱。故〈說卦〉云『乾，健也』。言天之體，以健爲用。聖人作易本以教人，欲使人法天之用，不法天之體，故名『乾』，不名『天』也。天以健爲用者，運行不息，應化无窮，此天之自然之理，故聖人當法此

〔註 1〕（清）李道平撰，潘雨廷點校：《周易集解纂疏》（北京：中華書局，2004 年 4 月），頁 27。

自然之象而施人事，亦當應物成務，云爲不已，終日乾乾，无時懈倦，所以因天象以教人事，於物象言之，則純陽也、天也；於人事言之則君也、父也，以其居尊，故在諸卦之首，爲易理之初。」（頁 9）玉姍案：乾卦六爻皆爲陽爻，象天之積諸陽氣，君子觀之而體悟天之體以健爲用，運行不息，應化无窮；故當法自然之象而施於人事，終日乾乾，无時懈怠。

二、卦爻辭考釋

（一）卦辭考釋

1. 上博《周易》：【缺簡】
2. 阜陽《周易》：乾：元、亨、利、貞。
3. 帛書《周易》：鍵：元、享、利、貞。
4. 今本《周易》：乾：元、亨、利、貞。

【文字考釋】

阜陽本卦辭殘，據今本補。

（一）今本作「乾」，帛書本作「鍵」。

劉大鈞〈帛書《易經》異文校釋（乾－履）〉：

鍵，《說文》：「鍵，鉉也。鉉，所以舉鼎也。」引申爲關鍵。……案〈繫辭〉：「是故闔戶謂之坤，闢戶謂之乾，一合一闢謂之變，往來不窮謂之通。」又說「乾坤，其易之門邪？乾，陽物也；坤，陰物也。陰陽合德而剛柔有體，以體天地之撰。」此恐亦十翼釋乾爲鍵之證。說卦更明確指出：「乾，健也。」「鍵」、「健」同爲建聲，同聲通假，故今本之「乾」與帛本之「鍵」，義實相同。〔註2〕

玉姍案：今本卦名「乾」，帛書本作「鍵」。「健」、「鍵」、「乾」上古音皆爲群紐元部，可以通假。劉大鈞引〈繫辭〉以爲「鍵」有關鍵之義，開合之間能夠窮通天地之理。帛書〈易之義〉中亦有與今本〈繫辭〉相合之傳文：「子曰：『易之要，可得而知矣。鍵、川也者，易之門戶也』」〔註3〕據此，「鍵」

〔註 2〕劉大鈞：〈帛書《易經》異文校釋（乾－履）〉，《周易研究》1994 年第 2 期，頁 1。
〔註 3〕鄧球柏：《帛書周易校釋》（長沙：湖南人民出版社，2002 年 6 月），頁 563。

似乎可與「易之門戶」產生連結，然於九三爻辭「君子終日鍵鍵」中，「鍵鍵」
仍當釋爲「健健」，「易之門戶」之說無法解釋「鍵鍵」。故此仍依傳統易學以
「健」爲本義，即〈象〉曰：「天行健，君子以自強不息」之義；「鍵」、「乾」
爲通假字。

（二）今本「元亨」之「亨」，帛書本作「享」。

　　季師旭昇《說文新證》以爲「亨」、「享」初文皆爲「亯」，即「祭祀場所。
引申爲祭享、享用、亨通」：

> 甲骨文、金文象宗廟祭享的建築（吳大澂《說文古籀補》29 頁說）。上象
> 屋頂，下象臺形。秦文字下加「又」形，後漸與上部合併訛爲从子。
> 後世分化「享」爲祭享、享用；「亨」爲亨通。《說文》篆文或體作
> 「亯」，即承自秦文字，而字頭作「亯」則爲自甲骨以來至戰國古文
> 的字形，釋爲古文，亦無不可，此即《說文》以古文爲字頭，以篆
> 文爲或體之例。〔註4〕

亯 1. 商‧京津 1046《甲》	亯 2. 西周‧盂鼎《金》	亯 3. 戰國‧楚‧包 2.182《楚》
亯 4. 秦‧雲‧日甲 863 反‧《秦》	亨 5. 西漢‧武威‧特牲 10《篆》	亨 6. 東漢‧熹‧易‧困《篆》

　　玉姍案：據此，可知「享」、「亨」，皆爲「亯」字之分化。依卦辭文義而
論乃言乾爲天體，對萬物有彰顯亨通之作用，故帛書本「享」當釋作「亨通」
之義。

【卦辭釋讀】

孔穎達（549－648）《正義》：

> 「元、亨、利、貞」者，是乾之四德也。〈子夏傳〉云：「元，始也。
> 亨，通也。利，和也。貞，正也。」言此卦之德有純陽之性，自然
> 能以陽氣始生萬物，而得元始亨通；能使物性和諧，各有其利；又
> 能使物堅固貞正，得終此卦。自然令物有此四種，使得其所，故謂
> 之「四德」。（頁 8）

〔註4〕季師旭昇：《說文新證‧上》（台北：藝文印書館，2002 年 10 月），頁 453。
　　　古文字圖表節錄自同頁字形表。

李鼎祚（唐，生卒年不詳）《周易集解》：

〈子夏傳〉云：「元，始也。亨，通也。利，和也。貞，正也。」言乾秉純陽之性，故能首出庶物，各得元始、開通、和諧、貞固，不失其宜。是以君子法乾而行此四德，故曰「元、亨、利、貞」矣。（頁27）

南懷瑾（1918～）、徐芹庭（1941～）註譯《周易今註今譯》：

乾卦，具有原始的偉大的、亨通的、祥和的、貞潔的德性。（頁1～2）

玉姍案：卦辭「元亨利貞」，歷代共有四種斷句方式。根據黃師慶萱《乾坤經傳通釋》分類，可分為：

1. 四德說：元、亨、利、貞為四德，都有獨立意義。

2. 三分說：元、亨，利貞。這是〈彖傳〉的說法。

3. 兩段說：「元亨」是一個單位、「利貞」是一個單位。屈萬里《周易集釋初稿》：「言大亨而利於守其常也。」即屬此類。

4. 一貫說：合「元亨利貞」四字為一句。這是〈文言傳〉的說法。

黃師並以為：「卦爻辭原為占筮之辭，喜用模稜語。本質上就含有多元解析之可能，在不必局限於一種斷句或一種詮釋。」〔註5〕四種斷句方式皆可通，而《左傳·襄公九年》：「穆姜薨於東宮。始，往而筮之，遇艮之八。史曰：『是謂艮之隨，隨其出也，君必速出。』姜曰：『亡，是於《周易》曰：「隨：元、亨、利、貞，无咎。」元，體之長也。亨，嘉之會也。利，義之和也。貞，事之幹也。體仁足以長人，嘉德足以合禮，利物足以和義，貞固足以幹事，然故不可誣也。是以雖隨无咎。今我婦人而與於亂，固在下位，而有不仁，不可謂元。不靖國家，不可謂亨。作而害身，不可謂利。弃位而姣，不可謂貞。有四德者，隨而無咎，我皆無之，豈隨也哉？』」〔註6〕《左傳》保存了「四德說」斷句方式，而穆姜為一婦人，亦能順口引用，可見四德說在當時應為春秋時代相當流行普及之說法，於典有據，故此處依四德說斷句。

「元」有原始義，乾為天道，為萬物之根源，其德被及萬物，〈彖傳〉：「大哉乾元」，故亦有盛大義，「貞」之原義為卜問，「正」為其引申義。〔註7〕乾

〔註5〕黃師慶萱：《乾坤經傳通釋》（台北：三民書局，2007年8月），頁2～6。

〔註6〕（晉）杜預注，（唐）孔穎達正義：《春秋左傳正義》（台北：藝文印書館，1989年），頁526

〔註7〕李師旭昇：《說文新證·上》（台北：藝文印書館，2002年10月），頁236。

卦爲純陽之卦，自然能以陽氣始生萬物，代表一切事物的元始根源，以物象而言是天；於人事言之，則象徵君、父，以其居尊，剛健不息。「元、亨、利、貞」爲乾卦之德，表示乾卦具有元始、亨通的、和諧的、貞正的德行。自然有此四德，則萬物和諧。聖人亦當法此卦而行剛健不息之善道。

今本「乾：元、亨、利、貞」意思是：乾卦，具有初始的、亨通的、和諧的、貞正的德行。

帛書本作「鍵：元、亨、利、貞。」「鍵」若通假爲「健」，其義與今本同。「鍵」若釋爲「關鍵」，意思是：鍵卦有如易之門戶關鍵，開合之間能夠窮通天地之理。具有初始的、亨通的、和諧的、貞正的德行。

（二）爻辭考釋

1. 上博《周易》：【缺簡】
2. 阜陽《周易》：初九：潛龍勿用。
3. 帛書《周易》：初九：濳龍勿用。
4. 今本《周易》：初九：潛龍勿用。

【文字考釋】

阜陽本初九爻辭殘，據今本補。

（一）今本「潛龍勿用」之「潛」，帛書本作「濳」。

鄧球柏《帛書周易校釋》以爲「濳」即「浸」字：

浸，通行本作「潛」，潛、浸旁紐疊韻，古通用。〔註8〕

劉大鈞〈帛、今本《易經》今、古文字考（乾－履）－兼及帛、今本卦爻辭異文辨析〉：

案《漢書・成帝紀》：「冬，廣漢鄭躬等黨與濅廣。」顏師古《注》：「濅，古浸字。浸，漸也。」同篇：「吏民慕效，濅以成俗。」……而濅字省爲「濳」，如《漢書・哀帝紀》：「末年濳劇，饗國不永。」顏師古《注》：「濳，漸也。」……由顏注知帛本作「浸」、今本作「潛」皆是今文。〔註9〕

〔註8〕鄧球柏：《帛書周易校釋》（長沙：湖南人民出版社，2002年6月），頁70～71。

〔註9〕劉大鈞：〈帛、今本《易經》今、古文字考（乾－履）－兼及帛、今本卦爻辭異文辨析〉，《周易研究》2003年第6期，頁4。

玉姍案：帛書《周易》「浸龍」之「浸」作 [字形]，從水、從宀、右下部件雖較模糊，但與馬王堆帛書中其它「浸」字如 [字形]（星.022）、[字形]（星.018）相比對，[字形]（周.001）字右下部件應爲「帚」。[字形]字當隸定爲「濤」，爲「浸」之古文。與 [字形]（秦.官印 0015）、[字形]（秦.集證 135.47）字形同。《說文》：「潛，涉水也。一曰藏也。」（頁 561）「潛」上古音從紐侵部，「浸」上古音精紐侵部，兩字聲紐皆爲齒頭音，聲近韻同，可以通假。如大盂鼎：「古（故）天異（翼）臨子。」于省吾《澤螺居詩經新證》說子（精紐之部）應讀爲慈（從紐之部），意爲「故天覆翼臨保之以慈惠。」又《禮記・樂記》：「易直子諒之心生而樂。」《韓詩外傳》引「子諒」作「慈良」。

【爻辭釋讀】

孔穎達《正義》：

> 居第一之位，故稱「初」。以其陽爻，故稱「九」。潛者，隱伏之名。龍者，變化之物。言天之自然之氣，起於建子之月，陰氣始盛，陽氣潛在地下，故言「初九，潛龍」也。此自然之象，聖人作法，言於此潛龍之時，小人道盛，聖人雖有龍德，於此時唯宜潛藏，勿可施用，故言「勿用」。（頁 8）

《周易集解》引崔憬（唐，生卒年不詳）曰：

> 九者，老陽之數，動之所占，故陽稱焉。潛，隱也。龍下隱地，潛德不彰，是以君子韜光待時，未成其行。故曰「勿用」。

又引干寶（？～336）曰：

> 位始，故稱初。陽重，故稱九。陽在初九，十一月之時，自複來也。初九，甲子天正之位，而乾元所始也。陽處三泉之下，聖德在愚俗之中，此文王在羑里之爻也。雖有聖明之德，未被時用，故曰「勿用」。（頁 28）

朱熹（1130～1200）《易本義》：

> 潛，藏也。龍，陽物也。初陽在下，未可施用，故其象爲「潛龍」，其占爲「勿用」。（頁 29）

王引之（1766～1834）《經義述聞》：

> 謹案：用者，施行也。勿用者，無所施行也。〈文言〉曰：「潛之爲言也，隱而未見，行而未成，是以君子弗用也。」正謂君子不施行也。孔穎達《正義》：「聖人雖有龍德，於此時唯宜潛藏，勿可施用。」引

張氏曰：「以道未可行，故稱『勿用』，以誡之。」其說是也。〔註10〕

南懷瑾、徐芹庭《周易今註今譯》：

〈子夏傳〉曰：「龍所以象陽也。」潛龍，便是潛伏隱藏的龍……「變化莫測，隱現無常」便是龍的德性。……「潛龍勿用」的「勿」字，是代表了「不可用」、「不必用」、「不能用」等的意義。（頁4～5）

玉姍案：「勿用」一詞，孔穎達以為「唯宜潛藏，勿可施用」，王引之以為「勿用者，無所施行也」，崔憬以為「君子韜光待時，未成其行」，朱熹以為「初陽在下，未可施用」，屈萬里以為「勿用，無所施行」；〔註11〕上述說法皆為主動式，也就是君子待時，目前因時機未到而暫無任何表現。干寶以為是「雖有聖明之德，未被時用」則為被動句，指君子未被擢用，與上述其他說法剛好完全相反。南懷瑾則綜合主動式與被動是兩種說法，而推衍出「不可用」、「不必用」、「不能用」等義。

今本《周易》除乾卦初九「潛龍勿用」爻辭外，卦爻辭中有「勿用」一詞者尚有十處，今列表於下：

出　處	卦／爻辭	譯　釋
屯‧卦辭	勿用有攸往	目前太過脆弱，尚不宜施用。未來日益茁壯則能有所往進
蒙‧六三	勿用取女	六三陰柔不正，有不宜娶此女的象徵
師‧上六	小人勿用	小人不宜有所施行（有所施行，必至於亂邦）
泰‧上六	勿用師	（此時君道已傾，）不宜再用兵師。
頤‧六三	十年勿用	十年都不宜有所作為
坎‧六三	入于坎窞，勿用	陷入於坎窞重險之中，此時不宜作為，以免徒勞
遯‧初六	勿用有攸往	此時不宜躁進而有所前往
姤‧卦辭	勿用取女	不宜娶這個女子
小過‧九四	勿用永貞	此時不宜固執地長行其貞正
既濟‧九三	小人勿用	小人不宜有所施行（有所施行，必至於喪亂）

由上述十處卦爻辭觀之，師卦上六與既濟卦九三：「小人勿用」當以「小人」為主語；其餘者卦爻辭則省略主詞「我」。干寶以為「未被時用」之說無

〔註10〕（清）王引之：《經義述聞》（台北：廣文書局，1979 年 2 月），頁 3。
〔註11〕屈萬里：《讀易三種》（台北：聯經出版公司，1983 年），頁 6。

法適用於所有卦爻辭中，例如蒙卦六三與姤卦卦辭：「勿用取女」是以婚媾爲喻；泰卦上六「勿用師」以軍事爲喻，若套入「未被時用」的說法並不適當。而如果將「勿用」作爲主動式，釋爲「不宜」，則文義皆相當通順。故筆者以爲《周易》卦爻辭「勿用」應爲主動式，釋爲「不宜」。「潛龍勿用」意謂君子目前因時機未到而不宜有所表現。此不從干寶之說，南懷瑾之說應只取主動式部份。

「初九」爲乾卦第一爻，「潛龍」即潛藏之龍，象徵初九此時尚在蟄伏蓄銳階段，因此暫無任何施行表現。

今本「初九，潛龍勿用」的意思是：乾卦的第一爻（初九）象徵潛伏中的龍，此時尚在蟄伏階段，故不宜貿然施用力量以求表現。

帛書本作「初九，濳龍勿用。」其義與今本同。

1. 上博《周易》：【缺簡】
2. 阜陽《周易》：九二：見龍在田，利見大人。
3. 帛書《周易》：九二：見龍在田，利見大人。
4. 今本《周易》：九二：見龍在田，利見大人。

【文字考釋】

阜陽本九二爻辭殘，據今本補。

【爻辭釋讀】

王弼（226－249）《注》：

出潛離隱，故曰「見龍」；處於地上，故曰「在田」。德施普濟，居中不偏，雖非君位，君之德也。初則不彰，三則乾乾，四則或躍，上則過。利見大人，唯二五焉。（頁 8）

孔穎達《正義》：

見龍在田是自然之象，利見大人以人事託之。言龍見在田之時，猶似聖人久潛稍出，雖非君位，而有君德，故天下眾庶利見九二之大人。……案：〈文言〉云：「九二德博而化。」又云：「君德也。」王輔嗣注云：「雖非君位，君之德也。」是九二有人君之德，所以稱大人也。輔嗣又云：「利見大人，唯二五焉。」是二之與五，俱是大人，爲天下所「利見」也。（頁 8～9）

朱熹《易本義》：

九二剛健中正，出潛離隱，澤及於物，物所利見，故其象爲「見龍在田」，其占爲「利見大人」。九二雖未得位，而大人之德已著，常人不足以當之。故執此爻之變者，但爲利見此人而已，蓋亦謂在下之大人也。此與爻與占者相爲主賓，自成一例。若有見龍之德，則爲利見九五在上之大人矣。（頁29）

李道平（清，生卒年不詳）《周易集解纂疏》：

二居下中，故云「居中不偏」。居下，故「非君位」。得中，故有「君人之德也」。初隱、三懼，四疑、上亢。二五得中，故皆「利見大人」。《乾鑿度》曰「大人者，聖明德備也」。孟喜曰：「大人者，聖人德備也」。二爲在下之聖人。先儒云「若夫子交於洙泗，利益天下，有人君之德，故稱大人」是也。（頁30）

張立文《周易帛書今注今譯》：

大人，釋文云：「王肅云：聖人在位之目。」古稱有位者。〔註12〕

陳鼓應、趙建偉《周易注譯與研究》：

「利見大人」，即見大人有利。「大人」猶後世算命先生所謂的「貴人」。「利見大人」於經文中屢見，皆是得貴人相助之義。〔註13〕

鄧球柏《帛書周易校釋》：

見，讀爲出現之現。利見：適合去見。大人：與小人相對的稱謂。……大人，德位兼備的人。或以爲易中的「大人」是天子的別稱。〔註14〕

南懷瑾、徐芹庭註譯《周易今註今譯》：

古代所謂大人的意思，多半是用於對於在上位的人而言。……九二爻和九五爻相應，五爻是卦中的主體。本卦九五爻是陽剛之主，比擬它是有德、有才。得時、得位。又中、又正。與其才德時位完全具備，所以稱它作大人。（頁5～7）

　　玉姍案：今本《周易》經文中出現「大人」一詞者共十二處，包括《乾卦・九二》：「利見大人」、《乾卦・九五》：「利見大人」、《訟卦・卦辭》：「利

〔註12〕張立文（張憲江）：《周易帛書今注今譯》（台北：臺灣學生書局，1991年），頁47～48。

〔註13〕陳鼓應、趙建偉合著：《周易注譯與研究》（台北：臺灣商務，1999年7月），頁4。

〔註14〕鄧球柏：《帛書周易校釋》（長沙：湖南人民出版社，2002年6月），頁71～72。

見大人」、《否卦·六二》:「大人否」、《否卦·九五》:「大人吉」、《蹇卦·卦辭》:「利見大人」、《蹇卦·上六》:「利見大人」、《萃·卦辭》:「利見大人」、《升卦·卦辭》:「用見大人」、《困卦·卦辭》:「大人吉」、《革卦·九五》:「大人虎變」、《巽卦·卦辭》:「利見大人」。

在上述卦、爻辭中,最常見「利見大人」一詞,共出現七次,佔一半比例以上,其次為「大人+(吉/否)」,出現三次,佔四分之一比例。「大人虎變」、「用見大人」則只各出現一次。據此可知「利見大人」與「大人+(吉/否)」的用法應是《周易》經文中之常見句型。

「大人」一詞,孔穎達前後說法略有不同,一說為「(九二)有人君之德,故稱大人」,又以為「(九五是)居王位之大人」。程頤以為是「大德之君」,指大德與君位兼備之人。朱熹以為「九二雖未得位,而大人之德已著,蓋亦謂在下之大人也。」又以為「剛健中正以居尊位,如以聖人之德,居聖人之位。」雖未明確點出「大人」之義,但二說均扣緊「德」字。李道平以為:「孟喜曰:『大人者,聖人德備也。』二為在下之聖人。」張立文引王肅云「『聖人在位之目』。古稱有位者。」陳鼓應、趙建偉以為:「『大人』猶後世算命先生所謂的『貴人』」。鄧球柏以為「大人,德位兼備的人。或以為易中的『大人』是天子的別稱。」認為兩種說法皆可。南懷瑾以為「九五爻是陽剛之主,其才德時位完全具備,所以稱它作大人。」故亦指德位兼備之人。且孔穎達、程頤、朱熹、李道平都曾將「大人」釋為「聖人」,但「聖人」一詞,雖可指品德完美之人,亦是對天子的敬稱;如《禮記·大傳》:「聖人南面而治天下,必自人道始矣。」〔註15〕如此,則又回到一開始所提出的所謂「大人(或聖人)」,究竟是取其「有德」或取其「有位」呢?

筆者以為《周易》為先秦典籍,故應當追本溯源,由先秦典籍中所保留之「大人」一詞之用法來探討比對。

「大人」一詞常見於先秦典籍,通常是指道德至高者,如〈文言〉:「夫大人者,與天地合其德,與日月合其明,與四時合其序,與鬼神合其吉凶。」(頁17)又《論語·季氏》:「孔子曰:『君子有三畏。畏天命,畏大人,畏聖人之言。』」《注》:「大人即聖人,與天地合其德。」〔註16〕故不論「大人」或「聖人」,其

〔註15〕 （魏）鄭玄注,（唐）孔穎達疏:《禮記注疏》（台北:藝文印書館,1989年）,頁617。

〔註16〕 （魏）何晏集解,（宋）邢昺疏:《論語注疏》（台北:藝文印書館,1989年）,

本義均指道德崇高之人；而道德崇高者居尊位則能安民，故「大人」、「聖人」又可引伸出「居尊位者」、「居尊位之君主」或「尊長」等義，如《禮記・禮運》：「大人世及以爲禮，城郭溝池以爲固。」《注》：「大人，諸侯也。」〔註17〕《禮記・表記》：「子曰大人之器威敬。」《疏》：「大人謂天子。」〔註18〕

據此，可以看出先秦典籍中「大人」確實可以釋爲「道德崇高者」，亦可釋爲「天子」、「地位尊貴者」，多數學者說法均有其立論根據，程頤、南懷瑾以爲「大人爲德位兼備之人」之說則是結合「道德崇高者」及「地位尊貴者」二說而產生的新說法。眾說中惟有陳鼓應、趙建偉以爲「大人」爲貴人，即占卜者所謂命中應有的扶助人，但這種說法並無法在先秦典籍中找到可相對應之文字證據，故筆者認爲「命中貴人」之說有待商榷而不予採用。

那麼，在「道德崇高者」或「地位尊貴者」這兩大說法中，又以何者最能切合《周易》本義呢？筆者以爲若要在「德高」與「位高」中擇其一，「德高」當比「位高」更重要。

例如孔穎達《正義》中，雖然將九五爻辭之「大人」定義爲「居王位之大人」，乍看之下似乎「王位」是定義「大人」之重點，然仔細審視文義後就可發現，這是因爲《周易》六十四卦中每一卦的第五爻皆指君道，第二爻皆指臣道，即朱熹《周易五贊・稽類》：「二臣五君，出始上終。」〔註19〕故孔穎達所謂「居王位」，應是指九五位於乾卦第五爻，本身就是君位，因此「居王位之大人」應釋爲「居於九五爻（君位）的大人」，「大人」還是與九二爻辭中之「（雖非君位，而）有君德之人」意思相同，重點在其「德」而非其「位」。此外，「大人」一詞分散出現於卦、爻辭中，當「大人」一詞出現於卦辭、六二爻、上六爻時，很顯然並非居於「九五尊位」，「位高」一說就不適用。但不論居於任何處境，「德高者」均能泰然處之或化險爲夷，因此「德高者」之說法要比「位高者」之說法更加周延完整，不論在任何卦、爻辭解釋時都能維持其一貫性。

而「大人」之重點既在其「德」而非其「位」，那麼「利見大人」又該如

　　　　頁 149。

〔註17〕　（魏）鄭玄注，（唐）孔穎達疏：《禮記注疏》（台北：藝文印書館，1989 年），頁 413。

〔註18〕　（魏）鄭玄注，（唐）孔穎達疏：《禮記注疏》（台北：藝文印書館，1989 年），頁 921。

〔註19〕　（宋）朱熹：《周易本義》（台北：大安出版社，1999 年），頁 6。

何解釋呢？孔穎達以爲「天下眾庶利見（有德之）大人。」程頤以爲「聖人既得天位，則利見在下大德之人，與共成天下之大事，天下故利見夫大德之君也。」朱熹以爲「九二：見龍在田，利見大人」是「九二利見九五在上之大人。」「九五：飛龍在天，利見大人」則是「九五利見九二在下之大人。」鄧球柏以爲「適合去見德位兼備的人。」其餘學者則未詳細解說「利見大人」之義。

在上述比較詳細的四種說法中，鄧球柏的說法很明顯缺乏主詞，是誰「適合去見德位兼備的人」呢？是天下眾庶？是九二？還是九五呢？雖然乍看之下解釋是通順的，但這個句子的精準度也因缺乏主詞而顯得曖昧不清，故筆者不予採用。

程頤與朱熹的說法比較接近，他們皆是以當爻爲主詞，爻辭若爲「九二：見龍在田，利見大人」，那麼「利見大人」的主詞就是九二，九二利見的是九五大人。爻辭若爲「九五：飛龍在天，利見大人」，那麼「利見大人」的主詞就是九五，九五利見的是九二大人。九二代表臣道而無尊位，九二既可稱爲「大人」，則足證「無尊位者」亦可稱「大人」，也呼應孔穎達《正義》：「二之與五，俱是大人，爲天下所利見也。」之說，間接證明之前所提出「大人」之「德」要比其「位」更重要的條件。而程頤所謂「聖人既得天位，則利見在下大德之人，與共成天下之大事，天下故利見夫大德之君也。」表現的是一種「君臣相得之美」，似乎也很合理。然而此說卻有兩個瑕疵，其一，當「利見大人」一詞並非出現於爻辭，而是出現於卦辭時，如《蹇·卦辭》：「利見大人，貞吉」或《訟·卦辭》：「利見大人，不利涉大川」，又當以何者爲主詞呢？其二，當「利見大人」並非出現於第二爻、第五爻，如《蹇·上六》：「往蹇來碩吉，利見大人」時，倘若「大人」不必專指「九五」，凡是有德者就可稱爲「大人」，那麼上六所「利見」的「大人」究竟是九二、九五或其他爻呢？程頤與朱熹之說到此就會遇到瓶頸，因此仍有未臻完美之處。

而孔穎達將「利見大人」釋爲「天下眾庶利見有德之大人」，主詞爲「天下眾庶」。天下眾庶因見有德大人而得利，若在爻辭中，「九二：見龍在田，利見大人」之「大人」則指九二；「九五：飛龍在天，利見大人」之「大人」則指九五。在卦辭中「大人」亦可泛指有德之大人而不必專指，則可避免程頤與朱熹之說中所遇到的瓶頸，故筆者以爲諸說相較下，當以孔穎達之說最佳，故可從之。

今本「九二：見龍在田，利見大人」的意思是說：乾卦九二出潛離隱，象徵龍已出現於田地之上；天下眾庶都利於見到有德的九二「大人」。

帛書本作「九二：見龍在田，利見大人。」其義與今本同。

1.上博《周易》：【缺簡】

2.阜陽《周易》：<u>九三：君子終日乾乾，夕惕若厲，无咎。</u>

3.帛書《周易》：九三：君子終日鍵鍵，夕沂若厲，无咎。

4.今本《周易》：九三：君子終日乾乾，夕惕若厲，无咎。

【文字考釋】

阜陽本九三爻辭殘，據今本補。

（一）今本「君子終日乾乾」。帛書本作「君子終日鍵鍵」。

張立文《周易帛書今注今譯》：

> 「鍵鍵」假借爲「乾乾」。古鍵、乾通。乾乾，廣雅釋訓：「健也。」
> 呂氏春秋士容論第六曰：「乾乾乎取捨不悅。」高誘《注》：「乾乾，進不倦也。」形容前進不倦的意思[註20]

鄧球柏《帛書周易校釋》：

> 鍵鍵：自強不息，進取不已。[註21]

玉姍案：「鍵」古音群紐元部，「乾」古音群紐元部，兩字可以通假。「乾」，健也。「乾乾」應爲剛健不息之意。

（二）今本「夕惕若厲」之「惕」。帛書本作「𢡘」。

張立文《周易帛書今注今譯》：

> 帛書周易作「𢥘」，右偏旁下部不清，可能爲「湯」。師九二：王三湯（錫）命，小畜六四：「血去湯（惕）出」之「湯」帛書均作「湯」。「湯」與「惕」同聲系，古相通。說詳師九二、小畜六四解。若釋作「泥」，則「泥」借爲「怩」。……說文曰：「怩怩，慙也。從心尼聲。」孟子「怩怩」趙岐《注》：「慚色也。」怩，古文作「𢙇」，「惕」古文作「𢞫」。形近而訛。「惕」，釋文曰：「怵惕也。鄭玄云：懼也。」廣雅同。……說文云：「惕，敬也。」敬懼義近，與慚義亦近。形容

〔註20〕張立文：《周易帛書今注今譯》（台北：臺灣學生書局，1991年），頁48。
〔註21〕鄧球柏：《帛書周易校釋》（長沙：湖南人民出版社，2002年6月），頁73。

懼、慚的樣子。〔註22〕

劉大鈞〈帛書《易經》異文校釋（乾－履）〉：

泥，《論語・子張篇》：「致遠恐泥。」鄭《注》：「泥謂陷滯不通也。」
余疑「泥」或「怩」字之借，《廣韻》《韻會》皆釋「怩」爲「愧」
也。但若以「怩」爲「愧」而釋「夕泥若屬」，似不如今本之「惕」
于義更勝。按：「惕」爲錫部字，「泥」爲脂部字，「惕」在透母，「泥」
在泥母，若非筆誤或書寫習慣所致，或古得通假。〔註23〕

廖名春〈《周易》乾坤兩卦卦爻辭五考〉：

從字形上看，兩字（玉姍案：指「泥」、「惕」二字）形體相距太遠。
從字音上看，「泥」古音屬脂部泥母，「惕」屬錫部透母，不存在通借
的可能性。〔註24〕而「沂」字古音屬微部疑母，從「斤」之字如析、
晰、薪、浙、蜥與從「易」之字錫、裼古音皆爲錫部心母。〔註25〕
文獻中從「斤」之字與從「易」之字時有通借。如《詩經・小雅・正
月》：「胡爲虺蜴。」陸德明《經典釋文》云：「蜴字又作蜥。」……
帛書裏的「沂」，本字應爲「析」。……析，字亦作惁。《玉篇・心部》：
「惁，憂也。」「惕，憂也。」……析與惁通，而「惁」、「惖（惕）」
實爲一字的異寫，故今本皆作「夕惕若」。〔註26〕

侯乃峰《《周易》文字彙校集釋》：

如果「𡰪」字在帛書中字形確實如此作，而非筆誤或殘缺的話，則
可以考慮此字爲「尺」。馬王堆「尺」字形如下：𡰪 尺 尺 尺 尺
〔註27〕

「尺」，古音透紐鐸部；惕，古音透紐錫部。二字聲同，韻部錫鐸旁
轉，較惕、泥二字的讀音更近；而且在字形上與「𡰪」也基本吻合。

〔註22〕張立文：《周易帛書今注今譯》（台北：臺灣學生書局，1991 年），頁 48～49。

〔註23〕劉大鈞：〈帛書《易經》異文校釋（乾－履）〉，《周易研究》1994 年第 2 期，
頁 1。

〔註24〕廖氏原注：見唐作藩《上古音手冊》第 89、128 頁，南京：江蘇人民出版社，
1982。

〔註25〕廖氏原注：見唐作藩《上古音手冊》第 154、138 頁

〔註26〕廖名春：〈《周易》乾坤兩卦卦爻辭五考〉，《周易研究》1999 年第 1 期，頁 39
～40。

〔註27〕原注：陳松長：《馬王堆簡帛文字編》第三五七頁，北京市：《文物》，2001
年六月第一版。

當然，若是此字右下部實有殘缺，則可以依《二三子問》與《辰（震）》卦中出現的字形爲據，釋此字爲「泥」。〔註28〕

玉姍案：今本「夕惕若厲」之「惕」，帛書本作「𤞤」。〔註29〕張立文、劉大鈞依馬王堆漢墓帛書整理小組隸定爲「泥」，〔註30〕廖名春則依于豪亮隸定爲「沂」。〔註31〕侯乃峰則提出「𤞤」當隸定爲「沢」之說法。

馬王堆帛書《周易》第31簡「九四，辰遂𤞤」，而帛書《周易》31簡文「辰遂𤞤」與今本《周易》經文「震遂泥」亦相合，因此整理者直接將「𤞤」隸定爲「泥」，〔註32〕研究者多無異議。𤞤、𤞤二字寫法相似，應可一併討論。

首先，我們可檢驗侯乃峰則所提出「𤞤」可隸定爲「沢」之說法。目前馬王堆帛書中未見「沢」字，只見「尺」字如尺（養126）、尺（戰112）、尺（療011）、尺（星012）、尺（經005）。而「尸」字下方寫作「丶」或「乀」，均與「𤞤」字右下部件作「乛」、「乛」並不相似，故侯乃峰之說有待商榷，此不從之。

《說文》：「㞾，從後近之。段注：『㞾訓近，故以爲親暱字。』」（頁404）何琳儀以爲：「甲骨文從反人，從尸，會二人相背嬉戲親暱。典籍通作暱。」〔註33〕季師《說文新證》以爲：

> 于省吾：「甲骨文無㞾字，而有從㞾的㞾、㞾二字。……甲骨文從㞾之字作𦓋，……正象人之坐或騎於另一人的背上，故《爾雅・釋詁》訓㞾爲『止』」爲『定』；人既坐於另一人背上，則上下兩人相接近，故典籍多訓『㞾』爲『近』。」（《甲骨文字釋林・釋㞾》，303～305頁）于說明確有據，應可從。〔註34〕

目前所見古文字中「㞾」字或從「㞾」之字，列表如下：

〔註28〕侯乃峰：《《周易》文字彙校集釋》（台北：臺灣古籍出版有限公司，2009年3月），頁10。

〔註29〕見陳松長編：《馬王堆簡帛文字編》（北京：文物出版社，2001年），頁437。

〔註30〕馬王堆漢墓帛書整理小組：〈馬王堆帛書《六十四卦》釋文〉，《文物》1984年第3期，頁1。

〔註31〕于豪亮：〈帛書《周易》〉，《文物》1984年第3期，頁22。

〔註32〕馬王堆漢墓帛書整理小組：〈馬王堆帛書《六十四卦》釋文〉，《文物》1984年第3期，頁4。

〔註33〕何琳儀：《戰國古文字典》（北京：中華書局，1998年），頁1229。

〔註34〕季師旭昇：《說文新證・下》（台北：藝文印書館，2004年11月），頁41。

（稅） A 甲.商乙 3212	 B 楚.上博三.仲弓.10	 C 楚.上博三.仲弓.8	 D 慶尼節
 E 秦.陶彙 5.48	 F 晉.侯馬盟書	（泥） G 秦.泥陽矛	（泥） H 楚.二十九年戈

　　多數的「尼」字從尸從反人，但亦有「人」形筆劃略爲拉直而訛變者，如 F、G、H 等形，尤其是 H 形「泥」字作，右下部件寫法與帛書本右下部件非常相似，唯一的區別是〈二十九年戈〉「泥」字的右下部件作，而帛書本二字的右下部件則分別作、。

　　至於「斤」字，《說文》：「斤，斫木斧也。象形。」（頁 723）關於目前所見古文字中「斤」字或從「斤」之字，列表如下：

A 商.前 8.7.1	B 周早.天君鼎	C 戰.齊.仕斤戈	D 戰.燕貨系 3138	E 戰.晉貨系 524
F 戰.楚貨系 4184	G 秦.廿六年詔權	（新） H 楚.包.183	（斯） I 子璋鐘	（新） J 璽彙 0837
（所） K 秦.石鼓	（新） L 秦.詛楚文	（新） M 秦.新郪虎符	（斤） N 漢.新鈞權	

　　「斤」字甲文作（前 8.7.1），象砍木之斧形，戰國文字多寫作、形，但是篆刻在鐘鼎或玉石之銘文中的「斤」字，左半部件卻有故意強調彎曲的趨勢，漸漸訛如「尸」形寫法；例如（璽彙 0837）、（子璋鐘）之「斤」，左邊的筆劃已經非常像「尸」形，秦系新郪虎符「新」字特別明顯；小篆之「斤」字寫作「斤」，應爲這種趨勢下的結果。因此在秦漢之際直至漢代，「斤」字的寫法主要分兩種，一種是（漢.上林鼎）、（漢.居延甲 2540A），另一種則是（漢.新鈞權）、（漢.漢印徵）。馬王堆帛書中同時也存在這兩種寫法，其一如（遣一.295）、（遣三）、（養 141）；其二則作（稱 158）。第一種寫法的數量較多，在馬王堆帛書中的「斤」或從「斤」之字總數佔九成以上。

　　由於漢初「斤」字兩種寫法並存，帛書中也見到如此現象，因此帛書本

中的 ![字], ![字] 究竟當隸訂爲「泥」或「沂」，就有了以下幾種可能的推論：

（1）![字], ![字] 爲「泥」字，右邊爲「尼」，寫法與楚系〈二十九年戈〉「![字]（泥）」寫法同，皆爲「尼」字拉直筆劃後之訛變。

若此二字皆爲「泥」，則帛書《周易》簡31「九四，辰遂![字]」即讀爲「九四，辰（震）遂泥」，與今本《周易》「九四，震遂泥」完全相符。帛書本「夕![字]若厲」則讀爲「夕泥若厲」，但「泥」字屬泥紐脂部，今本作「夕惕若厲」之「惕」則爲透紐錫部，透紐、泥紐皆屬舌頭音，可通假，如帛書《周易》狗（姤）卦初六「擊於金梯」之「梯」（透紐脂部），今本作「梯」（泥紐脂部）；但脂、錫韻部較遠，若言二字可通假似乎太牽強；而就字形上，「尼」與帛書中之「易」字（![字]（陽乙005）、![字]（易003））寫法相差亦遠，似乎也沒有訛誤之可能，因此「夕![字]若厲」若讀爲「夕泥若厲」，與今本《周易》「夕惕若厲」則會形成兩種版本，如何由帛書本演變成今本，則有待研究者近一步考證。

（2）![字], ![字] 爲「沂」字。因爲秦漢時代「斤」的左邊部件亦寫成如「尸」形，例如秦代新郪虎符「新」作「![字]」，漢代新鈞權「斤」作「![字]」，與帛書![字], ![字] 右半部寫法相似。

若此二字皆爲「沂」，則帛書《周易》「夕![字]若厲」則讀爲「夕沂若厲」，今本《周易》作「夕惕若厲」，「惕」字古音屬錫部透母，「沂」屬微部疑母，廖名春舉證提出「文獻中從『斤』之字與從『易』之字時有通借」之說，[註35]因此「沂」、「惕」通假應爲合理現象。

而帛書本簡31「九四，辰遂![字]」讀爲「九四，辰（震）遂沂」，今本《周易》則作「九四，震遂泥」。「沂」小篆寫作![字]，「泥」小篆寫作![字]，二字小篆寫法之差異僅在右下角部件。筆者以爲「沂」、「泥」小篆字形相似，傳抄的過程中，應有可能互相混淆。

由於目前流傳的戰國楚簡及漢初簡帛中，並未見「泥」字資料，在資料缺乏的狀況下，筆者就聲韻通假與字形演變的兩種可能性作推斷，以爲將![字]隸定爲「沂」在聲韻上應該比隸定爲「泥」更爲合理；故將帛書本「夕![字]若厲」讀爲「夕沂若厲」，「沂」假借爲「惕」，今本《周易》則作「夕惕若厲」。

（三）「夕惕若厲无咎」的斷句問題

有關乾卦九三「夕惕若厲无咎」，目前所見有三種斷句方式，一爲「夕惕

〔註35〕廖名春：〈《周易》乾坤兩卦卦爻辭五考〉，《周易研究》1999年第1期，頁39～40。

若厲，无咎」，如王弼《注》：

> 至于夕惕猶若厲也，居上不驕，在下不憂，因時而惕，不失其幾，
> 雖危而勞，可以无咎。（頁9）

第二種則如《易程傳》作：「夕惕若，厲无咎。」〔註36〕屈萬里《讀易三種》：

> 根據文言，仍當讀「夕惕若」一句，「厲，无咎」一句。文言所謂雖
> 危无咎也。……按：彖象傳文言皆訓厲為危。經傳釋詞：「若猶然也。」
> 〔註37〕

第三種如潘雨廷點校《周易集解纂疏》，將此句斷為「夕惕若，厲，无咎」（頁30）。

　　玉姍案：漢代典籍如《淮南子·人間訓》：「故君子終日乾乾，夕惕若厲，无咎。終日乾乾，以陽動也；夕惕若厲，以陰息也。因日而動，因夜以息，唯有道者能行之。」《漢書·王莽傳》：「易曰：『終日乾乾，夕惕若厲。』公之謂也。」《說文·夤》：「夤，敬惕也。从夕寅聲。易曰：『夕惕若厲』。」段注：「凡漢人引『夕惕若厲』，不暇枚舉。……『夕惕』者，火滅修容之謂也。」（頁318）《說文·骼》：「骼，骨閒黃汁也。從骨易聲。讀若易曰：『夕惕若厲』。」（頁168）張衡〈思玄賦〉：「夕惕若厲以省愆兮，懼余身之未敕。」王弼《注》：「故終日乾乾，至于夕惕猶若厲也。」皆以「夕惕若厲」斷句，可見漢代時「夕惕若厲」一詞應為相當普及之成語，而頻繁出現於子書、史書、字書及詩賦之中；也可見《周易》「夕惕若厲，无咎」的斷句並無問題，這是漢代普遍讀法。

　　而「夕惕若，厲无咎」的斷讀方式則遲至宋代才出現。宋儒斷句應是受到〈文言〉影響。〈文言〉：

> 九三曰：「君子終日乾乾，夕惕若厲无咎。」何謂也？子曰：「君子
> 進德脩業；忠信，所以進德也。脩辭立其誠，所以居業也。知至至
> 之，可與幾也。知終終之，可與存義也。是故居上位而不驕，在下
> 位而不憂。乾乾因其時而惕，雖危无咎矣。」（頁9）

由上述引言可知，宋儒應是由〈文言〉：「乾乾因其時而惕，雖危无咎矣」而斷句為「夕惕若，厲无咎。」但〈文言〉：「乾乾因其時而惕，雖危无咎矣。」其實也是由經文「（君子終日）乾乾，夕惕若厲，无咎。」所推衍出的，「乾乾因

〔註36〕（宋）程頤：《易程傳》（河洛出版社，1974年），頁12。
〔註37〕屈萬里：《讀易三種》（台北：聯經出版公司，1983年），頁7。

其時而惕」即經文「乾乾，夕惕若屬」；「雖危无咎矣」即經文「无咎」。〈文言〉在原始經文加上「雖危」二字，應有增強語氣的用意，表示過程中有艱難，但本句重點仍應歸在「无咎」二字，也就是「一切既依正道而行，即使過程有驚險，最後仍能避免過錯。」與經文仍緊密相扣。宋儒解經時過度強調「危」字，以為「屬」字當解為「危」，故斷句為「夕惕若，屬无咎。」與漢儒所斷不同，成為另一版本，潘雨廷「夕惕若，屬，无咎」應亦由宋儒版本衍伸而出。但追本溯源，仍以「夕惕若屬，无咎」的斷讀方式更符合《周易》原貌。

【爻辭釋讀】

王弼《注》：

處下體之極，居上體之下，在不中之位，履重剛之險。上不在天，未可以安其尊也；下不在田，未可以寧其居也。純脩下道，則居上之德廢；純脩上道，則處下之禮曠；故終日乾乾，至于夕惕猶若屬也。居上不驕，在下不憂，因時而惕，不失其幾，雖危而勞，可以无咎。處下卦之極，愈於上九之亢，故竭知力而後免於咎也。（頁 9）

孔穎達《正義》：

以陽居三位，故稱九三。以居不得中，故不稱大人。陽而得位，故稱君子。在憂危之地，故終日乾乾。言每恒終竟此日，健健自強勉力，不有止息。「夕惕」者，謂終竟此日，後至向夕之時，猶懷憂惕。「若屬」者，若，如也。屬，危也。言尋常憂懼恒如傾危，乃得无咎。謂既能如此戒慎，則无罪咎。如其不然，則有咎。（頁 9）

朱熹《周易本義》：

九，陽爻。三，陽位。重剛不中，居下之上，乃危地也。然性體剛健，有能乾乾惕屬之象，故其占如此。君子，指占者而言。言能憂懼如是，則雖處危地而無咎也。（頁 29）

阮元（1764－1849）《校勘》：

〈文言〉云：「因時而惕」又云「知至至之，可與幾也」。是因時而惕，不失其幾也。「雖危而勞」者，「若屬」是「雖危」；「終日乾乾」，是「而勞」也。故竭知力而後免於咎者。王以九三與上九相並，九三處下卦之極，其位猶卑，故竭知力而得免咎也。〔註38〕

〔註38〕　（魏）王弼、（晉）韓康伯注，（唐）孔穎達疏：《周易正義》（台北：藝文印書館，1989 年），頁 9。

廖名春〈《周易》乾坤兩卦卦爻辭五考〉：

> 帛書本「夕沂若」，沂即析（愒），由解除引申爲安閒休息。……這一理解在《淮南子·人間》的解釋中也可得到印證：「故“君子終日乾乾，夕惕若厲，无咎。”“終日乾乾”，以陽動也。“夕惕若厲”，以陰息也。因日而動，因夜以息，唯有道者能行之也。」〔註39〕……“夕惕若厲”，以陰息也。與《帛書易傳·二三子》“時盡止之以置身，置身而靜。”《帛書易傳·衷》“夕沂若，厲无咎，息也。”說同。……「惕」就是「息」。〔註40〕

南懷瑾、徐芹庭註譯《周易今註今譯》：

> 惕：小心謹慎的意思。厲：嚴謹而危正的德行。……咎：有災患與過錯的雙重意思。乾卦的第三爻，象徵需要效法乾元九三爻如日經天的精神。一天到晚剛健中正的前進。雖然到了夜晚，還要像白天一樣的警惕自己。爲學爲道的君子，只要有這種惕厲的精神，就不會有過患了。(頁7～8)

玉姍案：經文「君子終日乾乾，夕惕若厲，无咎。」傳統易學多釋「惕」爲「警惕」之義，以爲君子當晝夜自我警惕，這是典型儒家自強不息的傳統觀念。而廖名春引《淮南子·人間》：「終日乾乾，以陽動也。夕惕若厲，以陰息也。因日而動，因夜以息，唯有道者能行之也。」故廖氏將帛書本「夕沂若」之「沂」釋爲「析（愒）」，由「解除」引申爲「安閒休息」之義。《淮南子》現今被歸類於道家典籍，「因日而動，因夜以息，唯有道者能行之也。」正是道家順應自然之思想。由此可以看出，同一段經文，透過不同解經人加以發揮闡揚之後，也可以有完全不同的解釋。此處筆者仍依傳統易學釋「惕」爲「警惕」之義。

「厲」之本義爲「磨刀石」，《說文》：「厲，旱石也。」《段注》：「旱石者，剛於柔石者也。……《大雅》：『取厲取鍛。』引申之義爲作也。」(頁451)《書經·禹貢》：「礪砥砮丹。」孔安國《傳》：「砥細於礪，皆磨石也。」並由「磨石」引申出「磨鍊」、「嚴正」、〔註41〕「矜厲」、〔註42〕「嚴厲」、「猛烈」、「危

〔註39〕廖氏原注：見張双棣《淮南子校注》第1916頁。

〔註40〕廖名春：〈《周易》乾坤兩卦卦爻辭五考〉，《周易研究》1999年第1期，頁39～40。

〔註41〕《論語·子張》：「子夏曰：『君子有三變。望之儼然，即之也溫，聽其言也厲』。」

險」、〔註43〕「災害」、「病」〔註44〕等意思，先秦典籍中保存用法頗多。

「夕惕若厲，无咎」之「厲」，古今學者多釋爲「危」，並各有其據。但筆者以爲，此處「厲」字或可解作「砥礪」；「砥」、「礪」都是磨刀石，細者爲「砥」、粗者爲「礪」，引申爲「磨鍊、磨礪文章道德」之意。如《孔叢子・公儀》：「砥節礪行，樂道好古。」〔註45〕「夕惕若厲，无咎。」意思則爲「即使是夜晚，也要時時砥節礪行，警惕自己，方能避免過錯。」亦能符合〈象〉：「天行健，君子以自強不息」之道理。九三以陽剛處下體之極，居不得中而在憂危之地，故當終日乾乾，自強不息，以免於災咎。縱使是夜晚也要時時警惕自己，不可放鬆而掉以輕心，如此方能避免過錯。

今本「九三：君子終日乾乾，夕惕若厲，无咎。」「厲」若釋爲「危」，意思是：九三君子處在憂危之地，一整日都要秉持剛健中正之道而行。即使是夜晚，也必須以危懼之心警惕自己，以免於災咎。「厲」若釋爲「砥礪」，意思則是：九三君子處在憂危之地，一整日都要秉持剛健中正之道而行。即使是夜晚，也必須時時砥節礪行、自我警惕，以免於災咎。

帛書本作「九三，君子終日鍵鍵，夕沂若厲，无咎。」其意與今本同。

1. 上博《周易》：【缺簡】
2. 阜陽《周易》：九四：或躍在淵，无咎。
3. 帛書《周易》：九四：或鼉在淵，无咎。
4. 今本《周易》：九四：或躍在淵，无咎。

【文字考釋】

阜陽本九四爻辭殘，據今本補。

（一）今本「或躍在淵」之「躍」，帛書本作「鼉」。

玉姍案：今本「或躍在淵」之「躍」，帛書本作躍，〔註46〕〈馬王堆帛書

鄭曰：「厲，嚴正。」
〔註42〕《論語・陽貨》：「子曰色厲而內荏。」孔曰：「荏，柔也。爲外自矜厲，而內柔佞。」
〔註43〕《尚書・周書・金縢》：「史乃冊祝曰：『惟爾元孫某遘厲虐疾』」注：「厲，危。」
〔註44〕《論語・子張》：「子夏曰：『君子信而後勞其民。未信，則以爲厲己也』。」王曰：「厲猶病也。」
〔註45〕（秦）孔鮒、（宋）宋咸注：《孔叢子》（台北：臺灣商務印書館，1988 年 5 月），頁 49。
〔註46〕引用自陳松長編著：《馬王堆簡帛文字編》（北京：北京文物出版社，2001 年），

《六十四卦》釋文〉〔註47〕釋爲「鯩」。馬王堆帛書中從龠之「籲」作![籲](老乙.222)，「翟」字作![翟](德.455)，從翟之「趯」作![趯](.星 032)，與![鯩]右半部相比對，右半部明顯爲「翟」而非「龠」，左下雖殘，但由上半仍可看出爲「魚」字，故當隸定爲「鱰」。〈馬王堆帛書《六十四卦》釋文〉〔註48〕釋爲「鯩」有誤，當隸定爲「鱰」。

「鱰」未見於《說文》。《說文》中僅見「躍」、「趯」及「蠸」字。《說文‧躍》：「迅也。從足、翟聲。」（頁 62）、《說文‧趯》：「躍也。從走、翟聲。」（頁 64）《說文‧蠸》：「禹屬。從虫、翟聲。」（頁 679）以此類推，筆者以爲「鱰」應爲從魚、翟聲之形聲字。根據帛書《周易》上下文義判斷，「鱰」應是動詞，其義應該與「躍」、「趯」相近，有「迅、躍」之意。從「魚」爲意符，故有「魚躍」之意。「鱰」字今雖不傳，但可能是漢初所造，專指「魚躍」的字；後來皆以「躍」字代之，故「鱰」字不傳，僅保存於帛書《周易》之中。但兩字相較，「鱰」比「躍」字更能凸顯「魚龍之躍」之意涵。

【爻辭釋讀】

王弼《注》：

去下體之極，居上體之下，乾道革之時也。上不在天，下不在田，中不在人，履重剛之險，而无定位所處，斯誠進退无常之時也。（頁9）

孔穎達《正義》：

或，疑也。躍，跳躍也。言九四陽氣漸進，似若龍體欲飛。猶「疑或」也。躍於在淵，未即飛也。此自然之象，猶若聖人位漸尊高，欲進於王位，猶豫遲疑。在於故位，未即進也。云「无咎」者，以其遲疑進退，不即果敢以取尊位，故无咎也。若其貪利務進，時未可行而行，則物所不與，故有咎也。（頁9～10）

《周易集解》引崔覲曰：

言君子進德修業，欲及于時。猶龍自試躍天，疑而處淵。上下進退，非邪離群。故「無咎」。（頁 32）

頁 468。

〔註47〕馬王堆漢墓帛書整理小組：〈馬王堆帛書《六十四卦》釋文〉，《文物》1984年第 3 期，頁 1。

〔註48〕馬王堆漢墓帛書整理小組：〈馬王堆帛書《六十四卦》釋文〉，《文物》1984年第 3 期，頁 1。

程頤（1033－1107）《易程傳》：

> 淵，龍之所安也。或，疑辭，謂非必也。躍不躍，唯及時以就安耳，
> 聖人之動，無不時也，舜之歷試，時也。〔註49〕

朱熹《易本義》：

> 或者，疑而未定之辭。躍者，無所緣而絕於地，特未飛爾。淵者，
> 上空下洞，深昧不測之所。龍之在是，若下於田，或躍而起，則向
> 乎天矣。九陽四陰，居上之下，改革之際，進退未定之時也，故其
> 象如此。其占能隨時進退，則無咎也。（頁29）

南懷瑾、徐芹庭註譯《周易今註今譯》：

> 本卦這一爻（九四）的重點，在這個「或」字，「或」是一個不定辭，
> 它也許再向內收，再向下沉。或者，它有跳躍超出水面，問津江海
> 的可能。因爲它保有「進退有據」，「潛躍由心」，足夠的自主和自由。
> 所以在它的意向和行動沒有確定之先，它仍然具有不可限量、不可
> 捉摸的價值和作用。（頁8～9）

　　玉姍案：九四在外卦之下，象徵乾道變革之時。此時陽氣漸進，似若龍
體躍於在淵，欲飛而未飛。此時下不在田，但又非直上至中天，雖近九五尊
位，但所處爲進退无常之時。比擬於人事，猶若聖人位漸尊高，欲進於王位，
但猶豫遲疑而未即進也。以其遲疑，不果敢以取尊位，故能无咎。若貪利務
進，時未可行而行，則有咎。如南懷瑾所謂「它有跳躍超出水面，問津江海
的可能。因爲它保有『進退有據』，『潛躍由心』，足夠的自主和自由」，雖然
擁有可退可進的無限可能，但因時未可行，故意向和行動都不確定，故執守
謹慎則能無過咎。

　　今本「九四，或躍在淵，无咎」的意思是：乾卦九四爻象徵深淵中的遊
龍，隨時可能躍出深淵；此時因謹慎而無過咎。

　　帛書本作「九四，或鑼在淵，无咎。」其意與今本同。

1. 上博《周易》：【缺簡】
2. 阜陽《周易》： 九五：飛龍在天，利見大人。
3. 帛書《周易》：九五：䍅龍在天，利見大人。
4. 今本《周易》：九五：飛龍在天，利見大人。

〔註49〕　（宋）程頤：《易程傳》（台北：河洛出版社，1974年），頁5。

【文字考釋】

阜陽本九五爻辭殘，據今本補。

（一）今本「飛龍在天」之「飛」，帛書本作「罪」。〔註50〕

劉大鈞〈帛書《易經》異文校釋（乾一履）〉：

字書中亦無此罪字，古「飛」、「非」、「蜚」皆以音同而通用，此例甚多，而「翻」字又可作「翻」，亦其補證。余疑此罪字即「翡翠」之「翡」，「翡」是上聲下形，此「罪」乃上形下聲。或古「罪」字與「翡」字可形聲互易書寫，而其音義不變。故此「罪」字與「飛」、「非」、「蜚」諸字皆可通用。〔註51〕

張立文《周易帛書今注今譯》：

「罪」假借爲「飛」。「罪」亦作「翡」。小過卦辭：「飛鳥遺之音。」飛字作翡……翡飛古音近而通。況且飛通作蜚。史記蘇秦列傳：「毛羽未成，不可以高蜚。」高蜚即高飛也。……罪、翡、蜚形近、聲近、義近，故古相通假。〔註52〕

鄧球柏《帛書周易校釋》：

罪，不見於字書。通行本作「飛」。疑「罪」即「飛」之異文。《長沙馬王堆帛書老子甲本卷後古佚書》引《詩》之「燕燕于飛」作「嬰嬰于罪」，銀雀山漢墓竹簡《孫臏兵法·十陣》有「罪罪」二字。……《少過》：「翡鳥遺之音」、「翡鳥以凶」、「翡鳥罪之」，三「翡」字通行本均作「飛」。〔註53〕

玉姍案：根據陳松長編著《馬王堆簡帛文字編》，今「飛翔」之「飛」，在馬王堆帛書中共見三種寫法：〔註54〕

（一）上「羽」下「非」，寫作「罪」；如《周易》035：「**罪**（飛）鳥以

〔註50〕根據馬王堆漢墓帛書整理小組：〈馬王堆帛書《六十四卦》釋文〉，《文物》1984年第3期），但此「罪」字並未著錄於陳松長編著《馬王堆簡帛文字編》中。

〔註51〕劉大鈞：〈帛書《易經》異文校釋（乾一履）〉，《周易研究》1994年第2期，頁2。

〔註52〕張立文（張憲江）：《周易帛書今注今譯》（台北：臺灣學生書局，1991年），頁52。

〔註53〕鄧球柏：《帛書周易校釋》（長沙：湖南人民出版社，2002年6月），頁74～75。

〔註54〕引用自陳松長編著：《馬王堆簡帛文字編》（北京：北京文物出版社，2001年），頁140。

凶。」

（二）上「非」下「羽」，寫作「翡」；如《周易》035：「**翡**（飛）鳥之遺音。」

（三）上「非」下「虫」，寫作「蜚」；如《相馬經》015：「鳥以**蜚**（飛）。」

「罪龍在天」之「罪」，無法看到原簡原字，根據帛書整理小組的隸定，應是寫法（一）或（二），「罪」字從羽、非聲；「罪」從「非」得聲，「非」與「飛」上古音皆幫紐微部，可通；由「罪」以「羽」爲形符來推論，應與飛翔、羽禽有關，亦可能爲「飛」之異體字。

【爻辭釋讀】

《周易集解》引鄭玄曰：

> 五于三才爲天道。天者，清明無形，而龍在焉，飛之象也。（頁33）

王弼《注》：

> 不行不躍而在乎天，非飛而何？故曰「飛龍」也。龍德在天，則大人之路亨也。夫位以德興，德以位敘，以至德而處盛位，萬物之睹，不亦宜乎？（頁10）

孔穎達《正義》：

> 言九五陽氣盛至於天，故云「飛龍在天」。此自然之象，猶若聖人有龍德，飛騰而居天位，德備天下，爲萬物所瞻。故天下利見此居王位之大人。龍德在天，則大人之路亨。謂若聖人有龍德居在天位，則大人道路得亨通。（頁10）

程頤《易程傳》：

> 近位乎天，位也。聖人既得天位，則利見在下大德之人，與共成天下之大事。天下故利見夫大德之君也。〔註55〕

朱熹《易本義》：

> 剛健中正以居尊位，如以聖人之德，居聖人之位，故其象如此。而占法與九二同，特所利見者，在上之大人爾。若有其位，則爲利見九二在下之大人也。（頁29）

南懷瑾、徐芹庭註譯《周易今註今譯》：

> 乾卦第五爻（九五），象徵飛上天空中的飛龍。……到了本卦九五的階

〔註55〕（宋）程頤：《易程傳》（河洛出版社，1974年），頁5。

段，雖然猶如九二爻一樣，都是站在至中至正的崗位上。但是它的成就，已經由內在的成功，發展到了外面，成爲大家所仰望。(頁9～10)

玉姍案：九五陽爻爲外卦之中爻，由「九四，或躍於淵」進化爲「飛龍在天」，正如王弼所謂「夫位以德興，德以位敘，以至德而處盛位，萬物之睹，不亦宜乎？」如果以龍的飛騰變化比喻，則如（龍）一飛沖天，飛騰變化不可測。不但有更大的空間可以發揮它的功能；還可以居高臨下，俯視一切事物。如以人事譬喻，則如君王位極人君，能掌統天下。「大人」，本卦九二爻辭考釋中已定義爲道德之至高者。九五其德備天下而爲萬物所瞻，故天下賢人皆利見此居王位之聖德「大人」。

今本「九五，飛龍在天，利見大人」的意思是：乾卦九五爻象徵飛上天的遊龍。此時爲天下賢人所瞻仰，故天下賢人皆利見此居王位之聖德大人。

帛書本作「九五，罪龍在天，利見大人。」其意與今本同。

1. 上博《周易》：【缺簡】
2. 阜陽《周易》：上九，亢龍有悔。
3. 帛書《周易》：尚九，抗龍有悔。
4. 今本《周易》：上九，亢龍有悔。

【文字考釋】

阜陽本上九爻辭殘，據今本補。

(一) 今本「上九」之「上」，帛書本作「尚」。

張立文《周易帛書今注今譯》：

「尚」和「上」古通用。……詩・陟岵：「上愼旃哉。」漢石經作「尚」。……「尚九」即「上九」。〔註56〕

玉姍案：今本「上九」之「上」，帛書本作「尚」。「上」、「尚」二字不同源，「上」之初文作 二 (商.乙.2243)、二 (商後1.8.7)，其義爲上下方位之上位。于省吾以爲：「按：徐灝說文解字箋注謂：『上下無形可象，故於一畫作識。加於上爲上，綴於下爲下。』證之以金甲文字，其意最爲顯明。」〔註57〕甲骨文

〔註56〕張立文（張憲江）：《周易帛書今注今譯》（台北：臺灣學生書局，1991年），頁53。
〔註57〕于省吾：《甲骨文字詁林》（北京：中華書局，1999年12月），頁1043。

「尙」作〓（周.甲.23）季師《說文新證》:「尙字早期多爲副詞，因此不太可能爲它特別造字，可能是由『向』分化，在『向』字上加分化符號『八』形而造成，陳公子〓字形（〓）明顯地可以爲證，但二字未必有聲音上的關係，上古音『向』爲曉紐陽部字，尙是禪紐陽部字，聲紐相距較遠。」〔註58〕金文中常出現於「子孫是尙」（陳公子〓）、「子子孫孫永寶是尙」（召仲考父壺）、「永爲典尙」（陳侯因〓錞）、「萬歲用尙」（爲甫人盨）等銘文中。方濬益《綴遺卷》:「經傳皆作常。國語越語:無望國常。注曰:常，典法也。詩閟宮:魯邦是長。箋曰:常，守也。蓋取典守之義。……彝器銘典常字但作尙，經傳作常者，通假字也。」〔註59〕但先秦典籍中常見「尙」、「上」通假現象，孔穎達《尙書序・疏》:「尙者，上也。言此上代以來之書，故曰『尙書』。」〔註60〕馬王堆帛書《老子》甲、乙本:「知不知，尙矣。」通行本「尙」作「上」。帛書《老子》甲、乙本皆作「不上賢」，通行本作「不尙賢」。中山王〓方壺:「外之則阤（將）速（使）堂勤於天子之廟。」「堂」爲「尙」之注音形聲字，讀爲「尙」。皆可證之。可見「尙」、「上」通用的現象，在先秦兩漢頗爲普遍。

　　今本《周易》所有「上九」、「上六」，帛書《周易》皆作「尙九」、「尙六」，以下章節不再贅敍。

（二）今本《周易》「亢龍」之「亢」，帛書本作「抗」。

　　張立文《周易帛書今注今譯》:

　　　　周禮服不氏:「賓客之事，則抗皮。」……鄭玄曰:「抗注亢同，苦浪反。」是「抗」可作「亢」。……亢，釋文曰:「子夏傳云:極也。」

　　　　廣雅云:「高也。」……亢，有過極的意思。〔註61〕

鄧球柏《帛書周易校釋》:

　　　　抗、亢古音同。《說文解字》:「忼」字下引易此爻作「忼」，忼、抗均從亢得聲，古音僅上去之異。抗、炕、亢均有高、極之義。〔註62〕

　　玉姍案:《說文・亢》:「人頸也。從大省，象頸脈形。凡亢之屬皆從亢。」

（頁 501）季師《說文新證·亢》：「釋形：從大，跨下著一斜筆，本義不詳。何琳儀謂字從大，下加斜筆表示遮攔，指事。《廣雅·釋詁》：『亢，遮也』。」〔註63〕「亢」之初文作 🅐（商·乙.6819），甲骨文中皆作為人名，如合集 10302 辭曰「令亢往於妻」，〔註64〕從大、跨下著一斜筆，本義不詳；但在先秦用法中多用為「高、大、極、仰」，如《左傳·宣公三年》：「可以亢寵。」《注》：「亢，極也。」〔註65〕《莊子·人間世》：「與豚之亢鼻者。」《莊子集釋》引司馬彪云：「高也，額折故鼻高。」又引崔譔云：「亢，仰也。」〔註66〕或假借為「對抗」之「抗」，如《左傳·宣公十三年》：「亢大國之討，將以誰任？」《注》：「亢，禦也。」〔註67〕

　　「亢龍」之「亢」，〈子夏傳〉：「亢，極也。」《周易集解》引王肅曰：「窮高曰亢。」（頁 33～34）可從。《說文解字·忼》：「忼，忼慨也。慷慨壯士不得志於心也。從心亢聲。一曰易『忼龍有悔』。」段《注》：「按『一曰易』三字乃『易曰』二字之誤，淺人所改也。『忼』之本義為慷慨。而《周易·乾·上九》『忼龍』，則假借為『亢』。『亢』之引申之義為高，〈子夏傳〉曰：『亢，極也』《廣雅》曰：『亢，高也。』是今易作『亢』，為正字；許所據孟氏易作『忼』，假借字也。」（頁 507）段說可從。帛書《周易》「抗龍有悔」之「抗」作 🅑，從「扌」部之「抗」與從「忄」部之「忼」皆為「亢」之假借字。

【爻辭釋讀】

《周易集解》引王肅曰：

>　　窮高曰「亢」。知進忘退，故「悔」也。（頁 34）

孔穎達《正義》：

>　　上九，亢陽之至大而極盛，故曰「亢龍」，此自然之象。以人事言之，似聖人有龍德，上居天位，久而亢極，物極則反，故有悔也。純陽雖極，未至大凶，但有悔吝而已。（頁 10）

朱熹《周易本義》：

>　　亢者，過於上而不能下之意也。陽極於上，動必有悔，故其象占如

〔註63〕季師旭昇：《說文新證·下》（台北：藝文印書館，2004 年 11 月），頁 126。
〔註64〕于省吾：《甲骨文字詁林》（北京：中華書局，1999 年 12 月），頁 310。
〔註65〕《十三經注疏·春秋左傳正義》，（台北：藝文印書館，1989 年），頁 368。
〔註66〕（晉）郭象注，（唐）陸德明釋文，（唐）成玄英疏，（清）郭慶藩集釋：《莊子集釋》（台北：世界書局，1959 年），頁 179。
〔註67〕《十三經注疏·春秋左傳正義》（台北：藝文印書館，1989 年），頁 404。

此。（頁 30）

李道平《周易集解纂疏》：

> 「亢，過也」者，謂陽過而亢也。乾體既備，上位既終，《繫下》曰
> 「易窮則變，變則通，通則久。」若窮不知變，則盈不久也。（頁 34）

南懷瑾、徐芹庭註譯《周易今註今譯》：

> 上九……位至極點，……孤高在上，猶如一條乘雲昇高的龍，它昇
> 到了最亢、最乾淨的地方，四顧茫然，既無再上進的位置，又不能
> 下降，所以它反而有了憂鬱悔悶了。（頁 10～11）

　　玉姍案：「亢」，高也，此指上九陽爻位居極至，亢陽之至大而極盛，以
自然現象言之，猶如龍乘雲飛昇至最高點，此時既無再往上的空間，又不能
下降，進退兩難、四顧茫然，物極則反，故有悔也。以人事言之，學者各有
立論，但皆不離「物極必反」，位居極點，悔吝必生的基本原則，並以為當此
為戒也。

　　今本「上九，亢龍有悔」的意思是：乾卦上九象徵處在極高處的龍。由
於物極則反，進退兩難，故有悔吝。

　　帛書本作「尚九，抗龍有悔。」其意與今本同。

1. 上博《周易》：【缺簡】
2. 阜陽《周易》：用九，見群龍无首，吉。
3. 帛書《周易》：迵九，見群龍无首，吉。
4. 今本《周易》：用九，見群龍无首，吉。

【文字考釋】

　　阜陽本用九辭殘，據今本補。

（一）今本「用九」之「用」，帛書本作「迵」。

　　張立文《周易帛書今注今譯》：

> 「用」假作「迵」，漢讀爲迵。說文：「迵迵，迭也。從辵，同聲。」
> 《太玄・攡》：「中冥獨達，迵迵不屈。」《注》：「迵，通也。」迵，
> 《玉篇》：「音同，達也。」〔註68〕

〔註68〕張立文（張憲江）：《周易帛書今注今譯》（台北：臺灣學生書局，1991年），
　　　　頁 56。

劉大鈞〈帛書《易經》異文校釋（乾一履）〉：

> 「迵」即「通」。廣韻：「迵，通也。」古「用」、「通」互假，《莊子‧
> 齊物論》：「庸也者，用也；用也者，通也。」即其證。〔註69〕

趙建偉《出土簡帛《周易》疏證》：

> 易中「用」字、「同」字習見，帛書均如字作，可見「迵九」、「迵六」
> 別有他義。「迵」即「通」（《太玄‧摘》《注》：「迵，通也」），謂變、
> 變通。〔註70〕

玉姍案：眾說中僅趙建偉以為「『用九』、『用六』之『用』字帛書作『迵』」，
〔註71〕其他學者皆以為「『用九』『用』，帛書作『迵』」。《馬王堆簡帛文字編》
中僅見「迵」字未見「迵」字，〔註72〕可見趙建偉援引應有誤。

《馬王堆簡帛文字編》未刊出帛書「迵九」之「迵」，只見《帛書‧春秋
事語092》：「文羌（姜）𧼛（「迵」／「通」）於齊。」及《帛書‧十六經091》：
「男女畢𨑒（「迵」／「同」）。」二例。〔註73〕兩字雖有殘剝，與《帛書‧
春秋事語037》𠔿（同）〔註74〕字對照，但仍可看出右半部為「同」字。帛
書「迵九」之「迵」字應亦為從辶、同聲的形聲字。「迵」從「同」得聲，古
音定紐東部，「用」古音喻四東部；二字韻同，聲紐喻四古歸定紐，可以通假；
如「代」（定紐月部）從「弋」（喻四質部）得聲，又「通」（定紐東部）從「甬」
（喻四東部）得聲。

關於「迵九」當作何解，學者意見相當分歧：

張立文《周易帛書今注今譯》：

> 迵，《玉篇》：「音同，達也。」意謂筮遇六爻同為九，則以「迵九」
> 爻辭斷筮之吉凶。「迵九」，猶通達九或同為九。如筮遇六爻皆七，
> 則以乾卦卦辭斷事之吉凶。六十四中，唯有乾與坤二卦會筮遇六爻
> 同為九或同為六的情況，故有「迵九」、「迵六」兩爻之設。則「用

〔註69〕劉大鈞：〈帛書《易經》異文校釋（乾一履）〉，《周易研究》1994年第2期，
頁2。
〔註70〕趙建偉：《出土簡帛《周易》疏證》（台北：萬卷樓，2000年），頁10～11。
〔註71〕趙建偉：《出土簡帛《周易》疏證》（台北：萬卷樓，2000年），頁10。
〔註72〕見陳松長編：《馬王堆簡帛文字編》（北京：文物出版社，2001年），頁62～
72。
〔註73〕見陳松長編：《馬王堆簡帛文字編》（北京：文物出版社，2001年），頁64。
〔註74〕見陳松長編：《馬王堆簡帛文字編》（北京：文物出版社，2001年），頁320。

九」作「迥九」爲佳。〔註75〕

廖名春〈《周易》乾坤兩卦卦爻辭五考〉：

> 今本〈繫辭〉「極數知來之謂占，通變之謂事」，「通」帛書本作「迥」；
> 今本〈繫辭〉「廣大配天地，變通配四時」，帛書〈繫辭〉也作「迥」；……
> 帛書〈繫辭〉和帛書《易經》的字跡相同，論者認爲當系同一書手所
> 書。〔註76〕帛書〈繫辭〉「迥」的本字都作「通」，帛書《易經》（包
> 括《帛書易傳》）中的「迥九」、「迥六」之「迥」的本字亦當作「通」。
> 今本《周易》「用九」、「用六」之「用」，本字亦當作通。……「用
> 九」、「用六」之「用」，義爲全、皆。《孟子・告子上》：「弈秋，通
> 國之善弈者也。」其「通」之用法與此同。《乾卦》六爻筮數全爲九，
> 故稱「通九」《坤卦》六爻筮數全爲六，故稱「通六」。〔註77〕

劉大鈞〈帛書《易經》異文校釋（乾－履）〉：

> 筆者以爲「乾元，『用九』，乃見天則。」一句很重要。這天則即是即
> 是下文的「大哉乾乎，剛健中正，純粹精也，六爻發揮，旁通情也……」
> 這種存在於卦體六爻之間的發揮旁通之義，在〈繫辭〉中亦多所闡述：
> 「參伍以變，錯綜其數，通其變，遂成天下之文。」又説：「往來不
> 窮謂之通」。〈説卦〉云：「天地定位，山澤通氣」這種往來不窮，變
> 動不居的變通思想，正是體現了「不可爲首」的老陽老陰必變之道。
> 故帛本作「迥九」、「迥六」其義顯然較今本更確。〔註78〕

趙建偉《出土簡帛《周易》疏證》：

> 「迥」即「通」（《太玄・摛》《注》：「迥，〔註79〕通也」），謂變、變
> 通。就實際操作而言，演卦時，遇到通卦皆可爲變的老陽、老陰時，
> 則多設此一爻象，命其爻題爲「通九」、「通六」，筮占時即占此爻。

〔註75〕張立文（張憲江）：《周易帛書今注今譯》（台北：臺灣學生書局，1991年），頁56。

〔註76〕原注：如李學勤就說「《周易》經傳……等，審其字體，也出於同一抄手」。見《論《經法・大分》及《經・十大》標題》，《簡帛佚籍與學術史》第298、299頁，台北：時報出版公司，1994。

〔註77〕廖名春，〈《周易》乾坤兩卦卦爻辭五考〉，《周易研究》，（1999年第1期），頁40～41。

〔註78〕劉大鈞：〈帛書《易經》異文校釋（乾－履）〉，《周易研究》1994年第2期，頁2。

〔註79〕玉姍案：「迥」當爲「迥」，應爲趙先生傳鈔之誤。

就哲學內蘊而言，此多出的一爻置於乾、坤的上九、上六之上，包含著「易終則變，通則久」的哲學底蘊。〔註80〕

鄧球柏《帛書周易校釋》：

《廣韻》：「迥，過也。」……鍵卦六陽爻，過此六爻則過九也，故題之曰「迥九」。九，陽數的代稱，「迥」，含有通過、超越等意義。「迥九」即「超越了陽爻」，便變成了陰爻。〔註81〕

朱冠華《〈帛書〉與今本《周易》之乾、坤二卦四題》：

《說文》：「迥，迥迭也。」帛書《太玄・達》：「中冥獨達，迥迥不屈。」……迭，有更迭義，「迥九」、「迥六」的更迭變化，與上言筮法的九、六數字，與人事進退變化，「迭用柔剛」（〈說卦傳〉）、「往來不窮謂之通」（《上繫》第十一章）、「推而行之存乎通」（《上繫》第十二章），達到條暢無滯的目標，不謀而合，則《帛書》用「迥」，亦屬古義。〔註82〕

玉姍案：因學者說法有分歧，現將上述各說列表如下：

學　者	釋「迥」	釋「迥九」
張立文	「迥」《玉篇》：「音同，達也。」	通達九或同為九
廖名春	本字當作「通」，為「全」、「皆」之意。《孟子・告子上》：「弈秋，通國之善弈者也。」其「通」之用法與此同。	《乾卦》六爻筮數全為九，故稱「通九」。
劉大鈞	《廣韻》：「迥，通也。」	存在於卦體六爻之間的發揮旁通之義
趙建偉	「通」，謂變、變通	通卦皆可為變的老陽
鄧球柏	《廣韻》：「迥，過也。」「迥」，含有通過、超越等意義。	超越了陽爻，而變成了陰爻
朱冠華	《說文》：「迥，迥迭也。」迭有「更迭」義。	「九」（數字）的更迭變化（可推衍至占卜及人事兩方面）

玉姍案：《說文・迥》：「迥，迭也。」段《注》：「迭當作达。《玉篇》云：

〔註80〕趙建偉：《出土簡帛《周易》疏證》（台北：萬卷樓，2000年），頁10～11。

〔註81〕鄧球柏：《帛書周易校釋》（長沙：湖南人民出版社，2002年6月），頁76。

〔註82〕朱冠華：《〈帛書〉與今本《周易》之乾、坤二卦四題》，《周易研究》2005年第6期，頁13～15。

『迵，通達也』。是也。水部洞：疾流也。馬部駧：馳馬洞去也。義皆相同。」（頁74）《玉篇・迵》：「徒東切。通達也。」〔註83〕《廣韻》：「迵，過也。《說文》：『迭也』。」〔註84〕劉大鈞引《廣韻》：「迵，通也。」有誤。張立文引《玉篇》：「音同，達也。」亦與原文略有差異。

　　《說文・迵》：「迵，迭也。」段注以爲「迭當作达。《玉篇》云：『迵，通達也』。是也。」《玉篇》中「迵」讀爲「同」，有「通達」義。《廣韻》中「迵」讀如「洞」，有「過」義。學者多由這三本小學著作中各自推衍成說；但其中唯有鄧球柏沿用《廣韻》：「迵，過也。」之義，其餘學者則由「通」、「達」、「迭」之義立說。

　　鄧球柏以爲「迵」，含有通過、超越等意義。「迵九」即爲超越乾卦陽爻，而變成了（《川（坤）》卦）陰爻。但坤卦亦有「迵六」，如果依鄧之說，「迵六」則又超越坤卦陰爻，變回了（乾卦）陽爻。陰爻與陽爻爲何要互相超越？乾卦與坤卦又爲何要互變，有何意義？鄧球柏皆未說明，此說法也無法與「見群龍无首，吉」緊密呼應，故筆者以爲未可從之。

　　張立文引《玉篇》：「迵，通達也。」但其釋「迵九」卻以爲「通達九或同爲九」。但事實上「通達九」與「同爲九」意思完全不同，細審其後文「唯有乾與坤二卦會筮遇六爻同爲九或同爲六的情況，故有『迵九』、『迵六』兩爻之設」〔註85〕可以看出張立文其實較偏向「同爲九」的意思，故其引用《玉篇》之說與其釋文並無緊密關係。且「六爻同爲九或同爲六的情況」不論何者皆能一眼看出，是否需要特意於卦爻辭後再增加「迵九」、「迵六」特別點明呢？「六爻同爲九或同爲六」與「見群龍无首，吉」又有何關聯呢？張立文亦無深論，故筆者以爲釋「迵九」爲「同爲九」的說法亦不夠周嚴。

　　廖名春以爲「迵」當爲「通」之假借字，爲「全」、「皆」之意。「迵九」即「通九」，也就是乾卦六爻筮數全爲九。如此說法，則與張立文釋「迵九」爲「同爲九」的說法相似，無法解釋乾卦六爻筮數全爲九與「見群龍无首，吉」有何關聯？古籍用字精簡而涵意深遠，前後文關係緊密而無累詞，這樣

〔註83〕（梁）顧野王撰《玉篇》，見《小學名著六種》（北京：中華書局，1998年11月），頁40。

〔註84〕（宋）陳彭年等重修《廣韻》，見《小學名著六種》（北京：中華書局，1998年11月），頁88。

〔註85〕張立文（張憲江）：《周易帛書今注今譯》（台北：臺灣學生書局，1991年），頁56。

的特色在《周易》中尤其明顯。筆者以爲「迵九」（或今本「用九」）必定當與「見群龍无首，吉」前後呼應，並能完整歸結乾卦的特性，故此不用張立文與廖名春之說。

趙建偉亦釋「迵」爲「通」，爲「變通」之意；以爲「就實際操作而言，演卦時，遇到通卦皆可爲變的老陽、老陰時，則多設此一爻象，命其爻題爲『通九』、『通六』，筮占時即占此爻。」此說溯源於易最早的演卦卜筮功能，但此乃趙先生之創見，尚待更多證據以支持證明之。

朱冠華引《說文》以爲「迵」有「更迭」之義。「迵九」即「九」（數字）的更迭變化可推衍至占卜及人事兩方面，「根據筮法的數字進退變化，闡述了用九、用六的爻畫變化關係；其應用在人事方面，即是教人善用此陰陽進退之道，窮而知變……」但乾卦六爻全爲陽九，爻畫與數字皆無更迭變化，故朱說有待商榷。

劉大鈞以爲「迵，通也。」「迵九」即存在於卦體六陽爻之間的發揮旁通之義。筆者以爲這種說法可能是比較合理的；「通九」，即通於九、達於九。九爲代表陽爻的數字，可以通達乾卦，六爻皆爲陽數，陽九勢極，必反變爲陰，所以全卦或任何一爻都沒有不受其變的道理。南懷瑾、徐芹庭註譯《周易今註今譯》之說法亦能支持此說：「九數是代表陽爻的數字，在乾卦而言，因爲陽極陰生，所以無論卦與爻都勢在必變。陽九勢極，必反變爲陰，所以全卦或任何一爻都沒有不受其變的可能。如果不受陽九位數的拘束，用九而不被九用，超然物外，就可以很客觀地見到六位陽爻，猶如群龍的變化，自身自然吉無不利了。倘使乾卦本身六位陽爻，也都各自善於運用陽九的潛能，誰也不爭居領導變化的首位，不作開始發動的作用，自然無以後一爻一爻有吉有凶的變化現象。那便如繫辭所謂原始反終，歸眞反璞，守定原始本位的道理，當然就大吉而無凶了。」（頁 11～12）

據此，則能說明「迵九」（或今本「用九」）與「見群龍无首，吉」之間的關係：純陽（九）可以通達乾卦之理，六爻俱九，乃共成天德；非一爻之九，即能完成天德。六陽爻剛健如同一群龍，誰也不居其首（也不必有誰強出頭而爲首），只是互相平等，自由自在地共存，群龍之義以無首爲吉；故曰「用九，見群龍無首，吉」也。黃師慶萱則以爲：「迵殆兼迵、通、用三字之義。今本作『用』，似不如作『迵』爲妥。」〔註86〕是以今本「用九」之「用」，

〔註86〕黃師慶萱：《乾坤經傳通釋》（台北：三民書局，2007 年 8 月），頁 2～6。

與帛書作「迵九」之「迵」，均應假借爲「通」。《周易》中僅乾卦有「用九（迵九）」、坤卦有「用六（迵六）」。「用九」及「迵九」皆爲「通九」之假借，意思是乾卦六爻皆爲陽數之九，可以通達往來不窮之天道。賴師貴三引述荀爽：「陰陽相易，**轉**相生也。」與李道平：「陽極生陰，陰極生陽，一消一息，**轉**易相生，故謂之易。」〔註87〕認爲「迵」爲「通轉」，亦符合於「通」之易理。〔註88〕

【釋讀】

王弼《注》：

> 九，天之德也。能用天德，乃「見群龍」之義焉。夫以剛健而居人之首，則物之所不與也。以柔順而爲不正，則佞邪之道也。故乾吉在「无首」，坤利在「永貞」矣。（頁10）

孔穎達《正義》：

> 九，天德也。若體乾元，聖人能用天德，則見群龍之義，群龍之義以無首爲吉，故曰「用九，見群龍無首，吉也。」（頁10）

朱熹《周易本義》：

> 以此卦純陽而居首，故於此發之，而聖人因繫之辭，使遇此卦而六爻皆變者，即此占之。蓋六陽皆變，剛而能柔，吉之道也，故爲羣龍无首之象，而其占爲如是，則吉也。（頁30）

南懷瑾、徐芹庭註譯《周易今註今譯》：

> 用在乾卦整體，它有如一個六個一群的龍，誰也不居其首，只是互相平等，自由自在地共存，這是大吉的現象。（頁11～12）

玉姍案：九，純陽也。「用九」，指純陽可以通達乾卦之理，善於利用陽九的潛能。六爻俱九，乃共成天德；非一爻之九，即能完成天德。六陽爻剛健如同一群龍，誰也不需居其首，只是互相平等，自由自在地共存，因此群龍之義以無首爲吉；故曰「用九，見群龍無首，吉」。

今本「用九，見群龍無首，吉」的意思是：乾卦六爻皆爲陽數之九，可以通達往來不窮之天道；在乾卦整體，就如六個一群的龍，誰也不爭其首，

〔註87〕（清）李道平撰，潘雨廷點校：《周易集解纂疏》（北京：中華書局，2004年4月），頁561。

〔註88〕賴師貴三於2009年12月17日博士論文發表會中提出。

平等自在共存，這是吉的現象。

帛書本作「週九，見群龍无首，吉。」其意與今本同。

第二節　坤　卦

一、卦名釋義

《說文》：「坤，地也。易之卦也。從土申。土位在申也。」（頁 688）玉姍案：坤卦象地，地有平、順、廣大無疆、滋生萬物、厚載萬物等引申象徵，故坤卦所代表的是為地、為順，或與陽剛相對的陰柔之德。故〈彖〉：「至哉坤元，萬物資生，乃順承天。坤厚載物，德合无疆。」（頁 18）王弼《注》：「地之所以得无疆者，以卑順行之故也。」（頁 18）〈說卦〉曰：「坤為地。」孔穎達《正義》：「乾後次坤，言地之為體，亦能始生萬物，各得亨通。」

坤卦今本卦畫作「䷁」，上坤地，下坤地。〈象〉曰：「地勢坤。君子以厚德載物。」（頁 19）孔穎達《正義》：「君子用此地之厚德，容載萬物。言君子者，亦包公卿諸侯之等，但厚德載物，隨分多少，非如至聖，載物之極也。」（頁 19）玉姍案：坤卦象上下皆為坤地，象地之深厚蘊積。君子觀之而體悟厚德能容載萬物之道。

二、卦爻辭考釋

（一）卦辭考釋

1. 上博《周易》：【缺簡】
2. 阜陽《周易》：坤：元、亨、利、牝馬之貞。君子有攸往，先迷後得主利。西南得倗，東北喪朋。安貞吉。卜□……
3. 帛書《周易》：川：元、亨、利、牝馬之貞。君子有攸往，先迷後得主利。西南得朋。東北亡朋。安貞，吉。
4. 今本《周易》：坤：元、亨、利、牝馬之貞。君子有攸往，先迷後得主利。西南得朋。東北喪朋。安貞，吉。

【文字考釋】

阜陽本卦辭殘，據今本補。

（一）今本《周易》坤卦之「坤」，帛書本作「〓〓」（川）。〔註89〕

　　張立文《周易帛書今注今譯》：

　　　　川、坤爲古今字。玉篇川部注：「巛讀川，古爲坤字。」釋文：「坤，
　　　本又作巛，坤今字也。」巛爲異形文字。……甘肅莊浪縣徐家碾寺
　　　洼文化中M28出土馬鞍形陶罐左耳上刻有〓（涇水工作隊：甘肅莊
　　　浪縣徐家碾寺洼文化墓葬發掘紀要，載考古一九六二年第六期），在
　　　〓〓八戊卣銘文有〓（商周金文錄遺二五三）。〓即巛。……如果
　　　將〓或巛變爲易中--的符號，則成〓〓坤卦。故川即爲坤。殷墟及〓〓
　　　八戊卣中的〓或巛亦沿用到漢。漢碑中坤有作巛。大戴禮保傅篇：「易
　　　之乾巛。」……則巛作川，巛與川互爲假借。巛爲坤之古文，故巛、
　　　川、坤可互相假借。〔註90〕

　　鄧球柏《帛書周易校釋》：

　　　　川，卦名。《說文》：「川，貫穿通流水也。」……「川」兼「川」、「水」
　　　二義，因而引申爲地，地上唯有通流者爲川。通流則順，「順」字從
　　　川本於通流者也。卦名以川，義取通流，……川，通行本作「坤」。
　　　川、坤，文部疊韻字。又以爲巛即古坤字（見《玉篇》），《音義》：「坤，
　　　本又作巛。巛，今字也。同，困魂反。」〈說卦〉云：「順也。」《說
　　　文》云：「坤，古巛字。象坤畫六斷」巛、巛本爲「川」字。帛書卷
　　　後佚書、〈繫辭〉、漢石經、漢碑均作「川」，明卦本以川爲名。以坤
　　　名卦蓋後人尊天地而後改之者也。實乃神權強化之標志也。〔註91〕

　　廖名春《周易經傳與易學史新論》：

　　　　坤卦原名「巛」，帛書卦名爲乾川之川乃是因抄手水平低劣誤將「巛」
　　　寫作「川」，「川」（實質是巛）是最基本的「順」，坤卦本爲巛卦，「巛」
　　　就是「順」，並同意李富孫「古坤作〓〓，此即轉橫畫爲巛耳」的說法，
　　　即認爲巛字是坤卦卦畫演變來的。〔註92〕

　　梁韋弦〈坤卦卦名說〉：

〔註89〕圖形掃描自吳辛丑，《簡帛典籍異文研究》，（廣州：中山大學出版社，2002
　　　　年10月）附圖：馬王堆帛書《周易》。
〔註90〕張立文：《周易帛書今注今譯》（台北：臺灣學生書局，1991年），頁409～410。
〔註91〕鄧球柏：《帛書周易校釋》（長沙：湖南人民出版社，2002年6月），頁259～
　　　　260。
〔註92〕廖名春：《周易經傳與易學史新論》（濟南：齊魯書社，2001年），頁26～41。

「川」字被用來書寫卦名「坤」實屬假借。〔註93〕

玉姍案：典籍中有相當多記載，以爲「巛」、「坤」爲異體字。例如《古文四聲韻·上平》「坤」字亦寫作巛（古文）、巛（王存乂切韻）；〔註94〕《玉篇·巛部注》：「川也。流也。貫穿也。通也。古爲『坤』字。」；〔註95〕《廣韻》：「坤，乾坤。巛，古文。」〔註96〕等等。這種現象可與今本坤卦之「坤」在帛書本中作「川」一同討論。

由於八卦的命名各有象徵，帛書〈易之義〉：「天地定立（位），【山澤通氣】，火水相射，雷風相榑（薄）。」今本〈說卦〉：「天地定位，山澤通氣，雷風相薄，水火不相射。」雖略有不同，但所謂「乾坤（或帛書《周易》「鍵川」）」二卦，象徵「天地」應是毫無疑問的。《說文》：「坤，地也。」從土申聲的「坤」字，應爲後起形聲字，《說文》：「川，貫穿通流水也。」「川」亦非本字。

帛書《周易》爲何將象徵大地的「坤」寫作「川」，學者提出幾種說法：

一、張立文以爲，在秦之前文字未規則化，如果將巛或巛變爲易中「--」的符號，則成☷坤卦。

二、鄧球柏以爲，「川」兼「川」、「水」二義，因而引申爲地，地上唯有通流者爲川。通流則順，「順」字從川本於通流者也。卦名以川，義取通流。

三、廖名春以爲，坤卦原名「巛」，因抄手水平低劣誤將「巛」寫作「川」，「川」（實質是巛）是最基本的「順」，坤卦本爲巛卦，「巛」就是「順」，並同意李富孫「古坤作☷，此即轉橫畫爲巛耳」的說法，認爲「巛」字是坤卦卦畫演變來的。

四、梁韋弦以爲，帛書中的「鍵川」之「川」作爲卦名還是應叫坤卦，其命名的基本取義是象地。「川（巛）」字假借爲卦名「坤」。

玉姍案：以上各家說法各有可取之處，但都未臻詳盡。筆者以爲坤卦卦畫作「☷」，抄寫過程中橫筆可能寫爲斜筆而形似「巛」，〔註97〕古文字中

〔註93〕梁韋弦，〈坤卦卦名説〉，《周易研究》，2003 第 6 期，頁 21～23。

〔註94〕李零校刊：《汗簡及古文四聲韻·古文四聲韻》（北京：中華書局，1982 年 11 月），頁 19。

〔註95〕《小學名著六種·玉篇》，（北京：中華書局，1998 年 11 月）頁 74。

〔註96〕《小學名著六種·廣韻》，（北京：中華書局，1998 年 11 月）頁 29。

〔註97〕圖形掃描自吳辛丑，《簡帛典籍異文研究》，（廣州：中山大學出版社，2002 年 10 月）附圖：馬王堆帛書《周易》。

偶見字體由橫轉向九十度而成豎的現象，例如「犬」象犬四足立地之形，如
〔圖〕（犬鼎）、〔圖〕（戌嗣子鼎），然〔圖〕（員鼎）之寫法則右轉了九十度。
又如「車」字，叔車觚作〔圖〕，孟鼎作〔圖〕，亦向右轉了九十度。因此可以假
設，「〔圖〕」亦有可能左轉九十度而寫如「〈〈〈」形，不過到此階段為止，不論
「〔圖〕」、「〈〈〈」，還是等同於「≡≡」，為坤卦的卦畫。

　　那麼，「〈〈〈」又是如何過渡到帛書本「川」呢？筆者在此提出一個假設，
即以墨書寫時難以避免墨漬暈染，有時因筆劃暈染而容易與其它字形產生混
淆，馬王堆帛書中偶見此例，如「丁」字標準寫法如〔圖〕（刑甲044），但〔圖〕（陰
甲052）上方因墨漬而略為突出，便容易與「十」字如〔圖〕（養034）產生混淆。
又如「甘」字標準寫法如〔圖〕（養.目錄），但亦有因墨漬，而使得「口」字上
方略為突出而作〔圖〕（二.030）之形，便容易與「白」字如〔圖〕（遺一.011）
產生混淆。故筆者認為「〈〈〈」形卦畫在傳抄之時，陰爻中間空白處則有可能
因墨跡沾染連結而寫如「〈〈〈」，與「〈〈〈」即「川」的異體字產生混淆，傳抄過
程中又由「〈〈〈」而寫為「川」，於是在《帛書周易》中就出現「〔圖〕（川）卦」
的寫法。演變過程如下：

　　　　〔圖〕（坤卦卦畫）→〈〈〈（《說文》古「坤」字）→〈〈〈（川字異體）
　　　　→川

因此才有「川」為「坤」之異體字、〔註98〕或「〈〈〈」為「坤」之異體字〔註99〕
的記載。這種情況在漢朝相當普遍，如漢碑石門頌〈故司隸校尉楗為楊君頌〉：
「〈〈〈靈定位。」歐陽脩《集古錄下・司隸楊君碑》：「以『〈〈〈』為『坤』，漢人
皆爾。」《大戴禮・保傅篇》：「易之乾〈〈〈。」《後漢書・輿服志下》：「黃帝堯
舜垂衣裳而天下治，蓋取諸乾〈〈〈。乾〈〈〈有文，故上衣玄，下裳黃。」都可證
明在漢代「坤」與「〈〈〈」為異體字乃普遍現象；也收錄於《古文四聲韻》、《玉
篇》及《廣韻》等字書中。目前在《馬王堆帛書周易》中也發現實例，更可
證明《古文四聲韻》及《玉篇》等字書記載無誤。而「坤」、「川」之所以成
為異體字，極可能如以上所分析，是坤卦卦畫在傳抄中訛寫如「〈〈〈」形的結
果。

〔註98〕　《古文四聲韻・上平》「坤」字亦寫作〔圖〕（古文）、〔圖〕（王存乂切韻）。見《汗
　　　　簡及古文四聲韻・古文四聲韻》（北京：中華書局，1982年11月），頁19。
〔註99〕　《廣韻・上平・坤》：「坤，乾坤。苦昆切七。〈〈〈，古文。」見《小學名著六
　　　　種・廣韻》，（北京：中華書局，1998年11月）頁29。

（二）今本「東北喪朋」，阜陽本作「□□□（倗）」，帛書本作「東北亡朋」，
　　　帛書本「朋」字依陳松長編《馬王堆簡帛文字編》周易.044「西南得朋」
　　　條當作。〔註100〕

　　玉姍案：《說文》：「喪，亡也。」段注：「亡部曰：『亡，逃也。』亡非死
之謂也。故《中庸》曰：『事死如事生，事亡如事存』。」（頁63）故今本《周
易》「東北喪朋」，帛書《周易》作「東北亡朋」，可通。

　　今本《周易》「東北喪朋」之「朋」，阜陽本作「」，帛書本作「」。

　　玉姍案：帛書本與今本「朋」字相對應之處，共出現四類字形，第一類
爲「侚」，如今本蹇卦九五：「大蹇，朋來」，帛書本「朋」作「侚」（周.024），
「侚」應爲「倗」之訛。〔註101〕第二類爲從山、從倗的「備」，如今本損卦
六五：「十朋之龜」，帛書本「朋」作「」（周.013）。豫卦九四：「勿疑朋
盍簪」，帛書本「朋」作「」（周.034）。今本益卦六二：「十朋之龜」，帛
書本「朋」作「」（周.092）。今本解九四：「朋至斯孚」，帛書本「朋」
作「」（周.039）。第三類爲「倗」省去人旁，本爻「」即屬此類。第
四類爲從土、從倗（省去人旁）的「堋」，如復卦卦辭：「朋來无咎」，帛書
本「朋」作（周.053）。除帛書本《周易》外，《戰國縱橫家書》亦出現「韓
（倗）」（戰238），今本《戰國策》作「韓朋」。《相馬經》：「肉毋（倗）」
（相051），假借爲「崩」。

　　帛書本「倗」與「朋」不同源，「朋」之甲骨文1、2形象兩串玉串在一
起，3、4形加上人形，人形後又聲化爲勹形（如形8）。戰國文字人形受到串
玉的影響，完全類畫爲上下同形。漢文字人形包在串玉之外，即成今之朋形。
〔註102〕

1. 商・後2.8.5《甲》	2. 商・甲777《甲》	3. 商・續3.47.1《甲》

〔註100〕陳松長編著：《馬王堆簡帛文字編》（北京：北京文物出版社，2001年），頁
　　　　147。

〔註101〕季師以爲：「『侚』字作『』，疑爲『倗』之訛寫，《馬王堆帛書》『倗』字
　　　　作『』（戰238），字形頗爲接近。『倗』、『朋』同音。」見季師旭昇主編：
　　　　《上海博物館藏戰國楚竹書（三）讀本》（台北：萬卷樓，2005年10月），
　　　　頁93～94。

〔註102〕季師旭昇：《說文新證・上》（台北：藝文印書館，2002年10月），頁296。

4. 商・燕 656《甲》	5. 西周早・中乍且癸鼎《金》	6. 西周中・倗尊《金》
7. 西周中・格伯簋《金》	8. 西周晚・倗伯簋《金》	9. 春秋晚・王孫鐘《金》
10. 春秋晚・嘉賓鐘《金》	11. 戰國・齊・陶彙 3.1107	12. 戰國・楚・天.策《楚》
13. 西漢・永始三年乘輿鼎	14. 東漢・尹宙碑《篆》	15. 東漢・熹・易.解《篆》

「倗」則未見於古文字，秦文字有「倗」寫如 ▨（秦.睡秦 125），馬王堆同字或用為「朋」，或用為「崩」，直到西漢成帝時的尹灣漢墓竹簡才真正出現一個「倗」字作 ▨（西漢.尹 YM6D4），《說文》釋為從人、朋聲。〔註 103〕今傳典籍中亦見「倗」、「倗」、「朋」、「崩」互相通用的現象，如《周禮・秋官・士師》：「七日為邦朋。」鄭玄注：「朋黨相阿，使政不平者，故書『朋』作『倗』。『朋』讀如『朋友』之『朋』」〔註 104〕《說文・段注》：「《周禮・士師》掌士之八成『七日為邦朋』注……蓋朋黨字正作『倗』，而『朋』其假借字。」（頁 374）銀雀山簡七四七號「友之友胃（謂）之崩，崩之崩胃（謂）之黨，黨之黨胃（謂）之群。」

阜陽本「▨（倗）」字左半部「人」形及右上「山」形略殘，字形與帛書本第二類字形同。

（三）阜陽《周易》與其他版本相較下有「卜□……」等異文。

韓自強《阜陽漢簡《周易》研究》：

> 阜陽漢簡《周易・卜辭》現存二千一百六十九字，……這些卜辭都是
> 銜接在卦辭、爻辭之後，與經文沒有明顯區別，有的僅在卜問辭前加
> 個「卜」字，如《同人・六二》：「同人于宗，吝。卜子產不孝，弗……」……
> 也有在卜問辭前加「以」字，如《否・六二》：「苞承，小人吉，大人

〔註 103〕季師旭昇：《說文新證・下》（台北：藝文印書館，2004 年 11 月），頁 4。
〔註 104〕（漢）鄭玄注，（唐）賈公彥疏：《周禮注疏》（台北：藝文印書館，1989 年），
　　　　頁 526。

否，亨。以卜大人不吉。」也有把卜辭和卦、爻辭連接在一起，成為
《周易》經文注解似的句子，如《觀‧六三》：「觀我生進退。使君先
進而後退，復……」……卜辭卜問的內容非常豐富，……張政烺先生
看了阜陽《周易‧卜辭》後說：「這是當時的實用本子，基本上保存
了作為卜筮之書阜陽漢簡《周易》的原始面貌。」〔註105〕

玉姍案：阜陽《周易》與其他版本相較下有「卜□……」等異文。此為
阜陽《周易》獨特處，在「卦、爻辭的後邊，保存了許多卜問具體事項的卜
辭。」〔註106〕但因，僅存「卜□……」三字，不知原本所卜為何事。以下考
釋卦爻辭時，阜陽本若出現卜辭則不再贅敘。

【卦辭釋讀】

〈彖〉：

> 至哉坤元！萬物資生。乃順承天，坤厚載物，德合无疆。含弘光大，
> 品物咸亨，牝馬地類，行地无疆。柔順利貞，君子攸行，先迷失道，
> 後順得常。西南得朋，乃與類行。東北喪朋，乃終有慶，安貞之吉，
> 應地无疆。（頁18）

《周易集解》引干寶曰：

> 陰氣之始，婦德之常，故稱「元」。與乾合德，故稱「亨」。行天者
> 莫若龍，行地者莫若馬，故乾以龍緐，坤以馬象也。坤，陰類，故
> 稱「利牝馬之貞」矣。（頁69）

《周易集解》引崔覲曰：

> 妻道也。西方坤兌，南方巽離，二方皆陰，與坤同類，故曰「西南
> 得朋」。東方艮震，北方乾坎，二方皆陽，與坤非類，故曰「東北喪
> 朋」。以喻在室得朋，猶迷於失道；出嫁喪朋，乃順而得常。安於承
> 天之正，故言「安貞吉」也。（頁70）

王弼《注》：

> 坤，貞之所利，利於牝馬也。馬在下而行者也，而又牝焉，順之至
> 也。至順而後乃亨，故唯利於牝馬之貞。西南致養之地，與坤同道

〔註105〕韓自強：《阜陽漢簡《周易》研究》（上海：上海古籍出版社，2004年7月），
　　　　頁95～96。

〔註106〕韓自強：《阜陽漢簡《周易》研究》（上海：上海古籍出版社，2004年7月），
　　　　頁45。

者也，故曰「得朋」。東北，反西南者也，故曰「喪朋」。陰之爲物，
必離其黨，之於反類，而後獲安貞吉。（頁 18）

孔穎達《正義》：

地之爲體，亦能始生萬物，各得亨通，故云「元、亨」，與乾同也。
「利牝馬之貞」者，此與乾異。乾之所貞，利於萬事爲貞，此唯云
「利牝馬之貞」，「坤」是陰道、當以柔順爲貞正，借柔順之象，以
明柔順之德也。……君子有攸往」者，以其柔順利貞。故君子利有
所往，「先迷後得主利」者，以其至柔，當待唱而後和。凡有所爲，
若在物之先即迷惑；若在物之後即得主利，以陰不可先唱，猶臣不
可先君，卑不可先尊故也。「西南得朋」者，此假象以明人事，西南
坤位，是陰也。今以陰詣陰，乃「得朋」。俱是陰類，不獲吉也，猶
人既懷陰柔之行，又向陰柔之方，是純陰柔弱，故非吉也。「東北喪
朋，安貞吉」者，西南既爲陰，東北反西南，即爲陽也。以柔順之
道，往詣於陽，是喪失陰朋，故得安靜貞正之吉。以陰而兼有陽故
也。若以人事言之，象人臣離其黨而入君之朝，女子離其家而入夫
之室，莊氏云：「『先迷後得主利』者，唯據臣事君也。得朋、喪朋，
唯據婦適夫也」，其褊狹，非復弘通之道。（頁 18）

南懷瑾、徐芹庭註譯《周易今註今譯》：

關於（「西南得朋」與「東北喪朋」）這兩句話的內涵，歷來各家研
究易學的解釋，大約不出兩個觀念：①以周文王的後天八卦方位來
說，認爲是由於陰陽不同類的原因而來，因爲西方是坤和兌的卦位，
南方是巽和離的卦位，都是陰卦與坤卦同類，所以便說「西南得朋」。
東方是艮、震的卦位，北方是乾、坎的卦位，都是陽卦，與陰卦不
同類，所以便說「東北喪朋」。②再加以用人事來比喻，認爲坤卦有
作人臣與作妻子的情形，陰與陽相同類，便是吉慶的象徵，陰與陽
相反，便會不順。這些理由都言之成理，自成一家之説。……坤卦
是代表地道和與太陰（月亮）系統運行的符號，……所謂「西南得
朋」，……這個朋字，也可能是古代把「朋」（玉姍案：應爲「明」）
字傳寫錯誤的關係。（頁 30～31）

　　玉姍案：根據陳廖安〈論《易・坤》之「西南得朋東北喪朋」〉整理歸納，
目前可見之「元亨利牝馬之貞」斷句方式有四種：

1. 「元亨利牝馬之貞」：劉一明《周易闡眞》、王震《周易象易》等屬此。
2. 「元、亨，利牝馬之貞」：南懷瑾《周易今注今譯》屬此。
3. 「元、亨、利、牝馬之貞」：黃宗炎《周易象辭》屬此。
4. 「元亨，利牝馬之貞」：來知德《易經圖解》、張立文《周易帛書今注今譯》、黃師慶萱《乾坤經傳通釋》等屬此。〔註107〕

　　筆者以爲，四種斷句方式皆能言之成理，因乾卦依「元、亨、利、貞」四德說方式斷句，是以此處採取「元、亨、利、牝馬之貞」的斷句方式。「牝馬之貞」即坤德之貞。因爲坤卦取法「大地」滋生萬物之道。坤亦有元、亨、利之德，貞德則如健壯的母馬，取母馬有繁衍及順馴之象徵，與「大地」滋生萬物之道相同。

　　至於「先迷後得主利西南得朋東北喪朋」一句，根據陳廖安〈論《易·坤》之「西南得朋東北喪朋」〉之整理歸納，斷句方式則有十種，〔註108〕目前學界仍無共識。本文暫依孔穎達《正義》句義斷爲「先迷後得主利。西南得朋，東北喪朋。」

〔註107〕陳廖安：〈論《易·坤》之「西南得朋東北喪朋」〉，《春風煦學集——黃師慶萱教授七秩華誕授業論集》（台北：里仁書局，2001年4月8日），頁14～15。

〔註108〕（1）「先迷後得主利。西南得朋。東北喪朋」：孫星衍《周易集解》、王震《周易象易》等屬此。

（2）「先迷後得主。利。西南得朋。東北喪朋」：來知德《易經圖解》、惠棟《周易述》等屬此。

（3）「先迷後得。主利。西南得朋。東北喪朋」：南懷瑾《周易今註今譯》屬此。

（4）「先迷。後得主利。西南得朋。東北喪朋」：毛奇齡《仲氏易》屬此。

（5）「先迷。後得主。利。西南得朋。東北喪朋」：嚴靈峰《馬王堆帛書易經斠理》屬此。

（6）「先。迷。後得。主。利。西南得朋。東北喪朋」：黃師慶萱《周易讀本》屬此。

（7）「先迷後得主。利西南得朋。東北喪朋」：黃宗炎《周易象辭》屬此。

（8）「先迷後得。主。利西南得朋。東北喪朋」：劉一明《周易闡眞》屬此。

（9）「先迷。後得主。利西南得朋。東北喪朋」：張立文《周易帛書今注今譯》屬此。

（10）「先迷後得。主利西南得朋。東北喪朋」：黃凡《周易——商周之交史事錄》屬此。

　　請詳參陳廖安：〈論《易·坤》之「西南得朋東北喪朋」〉，《春風煦學集——黃師慶萱教授七秩華誕授業論集》（台北：里仁書局，2001年4月8日），頁15～25。

至於何以「西南得朋，東北喪朋。」歷來研究者多依〈說卦〉解釋爲由於西方是坤（母）和兌（少女）的卦位，南方是巽（長女）和離（中女）的卦位，都是陰卦，與坤卦同類，所以便說「西南得朋」。東方是艮（少男）、震（長男）的卦位，北方是乾（父）、坎（中男）的卦位，都是陽卦，與陰卦不同類，所以便說「東北喪朋」。或是引申到人事，認爲坤卦有爲臣、爲妻之象，陰以陽爲主，便能和順吉慶；反之則不順。乍看雖然有理，但陳廖安提出：「至於蹇、〔註109〕解二卦亦言『利西南』，則並坤卦而不可見，欲伸卦位之說而不可得，此又如何自圓其說？」〔註110〕可見這個說法仍有瑕疵，但目前並無更好說法，故暫且從之。南懷瑾則另提出「西南得朋，東北喪朋」可能是「西南得明，東北喪明」的訛誤，但由阜陽《周易》及帛書《周易》中都可以看出是出土典籍所記爲「朋（倗、佣）」字而非「明」字，證明今本《周易》「西南得朋，東北喪朋」之內容是正確的，南懷瑾所謂「『朋』爲『明』之訛」的推測不可從。

今本作「坤：元、亨、利、牝馬之貞。君子有攸往，先迷後得主利。西南得朋。東北喪朋。安貞吉。」的意思是：坤卦，它具有元始的、亨通的，和諧的、如母馬般貞順的德行。如果君子有所往求，占卜到此卦，便有先迷失方向，最後卻能得君主之利的象徵。往西南方可以尋得同儕，往東北方則可能失去同儕。必須要安於貞正，才能得吉。

帛書本作「川：元、亨、利、牝馬之貞。君子有攸往，先迷後得主利。西南得朋。東北亡朋。安貞吉。」其義與今本同。

（二）爻辭考釋

1. 上博《周易》：【缺簡】
2. 阜陽《周易》：初六：履霜，堅冰至。
3. 帛書《周易》：初六：禮霜，堅冰至。
4. 今本《周易》：初六：履霜，堅冰至。

【文字考釋】

〔註109〕玉姍案：蹇卦坎上艮下，解卦震上坎下。皆爲陽卦。
〔註110〕請詳參陳廖安：〈論《易‧坤》之「西南得朋東北喪朋」〉，《春風煦學集——黃師慶萱教授七秩華誕授業論集》（台北：里仁書局，2001年4月8日），頁26。

阜陽本初六爻辭殘，據今本補。

（一）今本「履霜」之「履」，帛書本作「禮」。

玉姍案：「禮」與「履」古音皆爲來紐脂部。兩字聲韻皆同，可以通假。《禮記‧曲禮正義》引鄭玄：「鄭作序云：『禮者，體也、履也。統之於心曰體，踐而行之曰履。』」〔註111〕可證。

【爻辭釋讀】

〈象〉曰：

> 履霜堅冰，陰始凝也。馴致其道，至堅冰也。（頁19）

《周易集解》引干寶曰：

> 重陰，故稱六。剛柔相推，故生變。占變，故有爻。……陰氣始動乎三泉之下，言陰氣之動矣。則必至于履霜，履霜則必至于堅冰，言有漸也。藏器于身，貴其俟時，故陽有潛龍，戒以「勿用」。防禍之原，欲其先幾，故陰在三泉，而顯以履霜也。（頁76）

王弼《注》：

> 始於履霜，終於堅冰，所謂至柔而動也剛。陰之爲道，本於卑弱而後積著者也。故取「履霜」以明其始。陽之爲物，非基於始以至於著者也。故以出處明之，則以初爲潛。（頁19）

孔穎達《正義》：

> 初六陰氣之微，似若初寒之始，但履踐其霜，微而積漸，故堅冰乃至。義取所謂陰道，初雖柔順，漸漸積著，乃至堅剛。（頁19）

朱熹《周易本義》：

> 霜，陰氣所結，盛則水凍而爲冰，此爻陰始生於下，其端甚微，而其勢必盛，故其象如履霜，則知堅冰之將至也。（頁41）

鄧球柏《帛書周易校釋》：

> 《禮記‧月令》：季秋之月霜始降，季冬之月冰方盛，水澤腹堅。此爻「禮霜堅冰至」五個字言簡意賅地反映了秋冬交接之際的物候現象。〔註112〕

〔註111〕（漢）鄭玄注，（唐）孔穎達正義：《禮記正義》（台北：藝文印書館，1989年），頁10。

〔註112〕鄧球柏：《帛書周易校釋》（長沙：湖南人民出版社，2002年6月），頁261～262。

南懷瑾、徐芹庭註譯《周易今註今譯》：

> 坤卦第一爻（初六）的卦象，猶如行走在霜降的地面，便可預知凝
> 結成堅冰的時節快要到了。所以《象辭》上說：行走在有霜的地面
> 上，便知道堅冰快要來了。這是說：陰氣開始凝結，順序下去，自
> 然就會到達結成堅冰的季節。（頁33～34）

　　玉姍案：眾說皆以爲坤卦初六爻的爻辭和象辭，用履霜堅冰的象徵，說
明陰氣開始凝結的道理，是由觀察季節氣候的變化而來，並引申出人事的道
理，可從。「初六，履霜，堅冰至」的意思是坤卦第一爻（初六）象徵陰氣開
始凝結，猶如行走在霜降的地面，便可預知凝結成堅冰的時節快要到了。

　　今本作「初六：履霜，堅冰至。」的意思是：初六位居坤卦之始，象徵
陰氣開始凝結，猶如行走在霜降的地面，便可預知凝結成堅冰的時節快要到
了。

　　帛書本作「初六：禮霜，堅冰至。」其義與今本同。

1. 上博《周易》：【缺簡】
2. 阜陽《周易》：六二：直方大，不習无不利。
3. 帛書《周易》：六二：直方大，不習无不利。
4. 今本《周易》：六二：直方大，不習无不利。

【文字考釋】

　　阜陽本六二爻辭殘，據今本補。

【爻辭釋讀】

〈象〉曰：

> 六二之動，直以方也。不習无不利，地道光也。（頁19）

《周易集解》引干寶曰：

> 陰出地上，佐陽成物，臣道也，妻道也。臣之事君，妻之事夫，義
> 成者也。臣貴其直，義尚其方，地體其大，故曰「直方大」。士該九
> 德，然後可以從王事；女躬四教，然後可以配君子。道成于我，而
> 用之于彼。不妨以仕舉爲政，不妨以嫁學爲婦。故曰「不習无不利」
> 也。（頁77）

〈文言〉曰：

直其正也，方其義也。君子敬以直內，義以方外，敬義立而德不孤。
直方大，不習無不利，則不疑其所行也。（頁20）

王弼《注》：

居中得正，極於地質，任其自然而物自生，不假修營而功自成。故
不習焉而无不利。（頁19）

孔穎達《正義》：

二得其位。極地之質，故亦同地也，俱包三德，生物不邪，謂之直
也。地體安靜，是其方也。无物不載，是其大也。既有三德，極地
之美，自然而生，不假修營，故云「不習无不利」。物皆自成，无所
不利，以此爻居中得位，極於地體，故盡極地之義，此因自然之性
以明人事，居在此位，亦當如地之所爲。（頁19）

張立文《周易帛書今注今譯》：

「不習」即靜，「靜」而任其自然。程頤承其說：「不習謂其自然，
在坤道則莫之爲而爲也，在聖人則從容中道也。」〔註113〕

南懷瑾、徐芹庭註譯《周易今註今譯》：

直、方、大，完全是以坤卦代表大地的形勢現象而言。……坤卦的
第二爻，便是內卦的中爻，它的位置得中得正，恰是本卦中心的現
象，它具有直方大的三種德行，自然就不須修習而無所不利了。（頁
34～35）

玉姍案：「不習无不利」，馬王堆漢墓帛書整理小組之馬王堆帛書六十四
卦釋文斷句爲「不習，无不利」，高亨斷句爲「直方，大不習，无不利」。《周
易正義》、《周易集解》均斷爲「不習无不利」，《周易本義》亦同。今依《周
易正義》、《周易集解》斷句爲「六二，直方大，不習无不利」，文中所引皆直
接訂正。

坤卦六二是內卦的中爻，它的位置得中得正，故王弼《注》：「居中得正，
極於地質」，地具有「直、方、大」三種德行。以自然而言，大地「任其自然
而物自生，不假修營而功自成」，故曰「不習焉而无不利」。以人文而言，君
子有「敬以直內，義以方外，敬義立而德不孤」之德，故「身有敬義以接於
人，則人亦敬義以應之，是德不孤也。直則不邪，正則謙恭，義則與物無競，

〔註113〕 張立文（張憲江）：《周易帛書今注今譯》（台北：臺灣學生書局，1991年），
頁414。

方則凝重不躁，既不習无不利，則所行不須疑慮，故曰『不疑其所行』」。坤卦六二的卦象，猶如大地一般具有直、方、大的特性，萬物皆能自生，即使不經人爲修習亦無不利。

今本作「六二：直方大，不習无不利。」的意思是：坤卦六二猶如大地一般具有直、方、大的特性，萬物皆能自生，即使不經人爲修習亦無不利。

阜陽本作「六二：直方大，不習无不利。」帛書本作「六二：直方大，不習无不利。」其義均與今本同。

1. 上博《周易》：【缺簡】
2. 阜陽《周易》：六三：含章可貞。或從王事，无成有終。
3. 帛書《周易》：六三：合章可貞。或從王事，无〈成〉有終。
4. 今本《周易》：六三：含章可貞。或從王事，无成有終。

【文字考釋】

阜陽本六三爻辭殘，據今本補。

（一）今本「含章可貞」之「含」，帛書《周易》作「合」：

玉姍案：「合」字古音匣紐緝部，「含」字古音匣紐侵部，兩字聲紐相同，緝、侵陽入對轉，可以通假。《爾雅‧釋魚》：「蚌，含漿。」〔註114〕《周禮‧鼈人》：「凡祼事用概」條，鄭玄《注》：「蚌曰合漿。」〔註115〕賈公彥《疏》：「蚌蛤一名含漿。」〔註116〕《周禮注疏‧阮元校勘記》：「『蚌曰合漿』。余本、嘉靖本、閩、監、毛本同，《釋文》作『合將』云；本又作『含漿』。按賈《疏》作『含漿』，惠校本同。按今《爾雅》作『含漿』。……按『合』、『含』一語之轉。」〔註117〕可證。

（二）今本「无成有終」，帛書本作「无有終」。

玉姍案：今本「无成有終」，帛書本作「无有終」。爻辭「含章可貞」是

〔註114〕（晉）郭璞注、（宋）邢昺疏：《爾雅正義》（台北：藝文印書館，1989 年），頁 166。
〔註115〕（漢）鄭玄注、（唐）賈公彥疏：《周禮正義》（台北：藝文印書館，1989 年），頁 301。
〔註116〕（漢）鄭玄注、（唐）賈公彥疏：《周禮正義》（台北：藝文印書館，1989 年），頁 301。
〔註117〕（漢）鄭玄注、（唐）賈公彥疏：《周禮正義》（台北：藝文印書館，1989 年），頁 304。

指人臣內含美德又貞正而行，如此當有善終；帛書本「无有終」之義爲「沒有（善）終、結果」，與今本「无成有終」正好相反。故可判斷此處當爲帛書抄寫者漏抄之誤，鄧球柏以爲「成，帛書損缺。據通行本補入。」〔註118〕依文義而言，鄧說可從。

【爻辭釋讀】

〈象〉曰：

> 含章可貞，以時發也。或從王事，知光大也。（頁19）

《周易集解》引虞翻曰：

> 貞，正也。以陰包陽，故「含章」。三失位，發得正，故「可貞」也。或從王事，无成有終。（頁78～79）

王弼《注》：

> 三處下卦之極，而不疑於陽，應斯義者也；不爲事始，須唱乃應，待命乃發，含美而可正者也，故曰「含章可貞」也；有事則從，不敢爲首，故曰「或從王事」也；不爲事主，順命而終，故曰「无成有終」也。（頁19）

孔穎達《正義》：

> 「含章可貞」者，六三處下卦之極，而能不被疑於陽。章，美也。既居陰極，能自降退，不爲事始，唯內含章美之道，待命乃行，可以得正，故曰「含章可貞」。「或從王事，无成有終」者，言六三爲臣，或順從於王事，故不敢爲事之首，主成於物，故云「无成」。唯上唱下和，奉行其終，故云「有終」。（頁19）

朱熹《周易本義》：

> 六陰三陽，內含章美，可貞可守。然居下之上，不終含藏，故或時出而從上之事，則始雖無成，而後必有終。（頁42）

南懷瑾、徐芹庭註譯《周易今註今譯》：

> 坤卦第三爻（六三）的爻辭說：內有美麗的文章可以貞正而自立。或者隨從君王處世而用世，雖然沒有成功，但終有結果。（頁35～36）

玉姍案：六三處下卦之極，此爲討論爲臣之道之爻辭。爲臣之道，不爲事始，待命乃發，含美而可貞正者也。有事則從，不敢爲首，不爲事主，順

〔註118〕鄧球柏：《帛書周易校釋》（長沙：湖南人民出版社，2002年6月），頁264。

命而終。正因如此，故能不見疑於國君，是以王弼《注》：「三處下卦之極而不疑於陽」。可從。

今本「六三：含章可貞。或從王事，无成有終」的意思是說：坤卦六三爻的爻辭，含藏著爲臣之道。人臣內含美德又貞正而行。跟隨君主，待命而發；達成任務雖不居功成之勞，但事實上已順利完成使命。

帛書本作「六三：合章可貞。或從王事，无（成）有終。」其義與今本同。

1. 上博《周易》：【缺簡】
2. 阜陽《周易》：六四：括囊，无咎无譽。
3. 帛書《周易》：六四：括囊，无咎无譽。
4. 今本《周易》：六四：括囊，无咎无譽。

【文字考釋】

阜陽本、帛書本六四爻辭殘，皆據今本補。

【爻辭釋讀】

〈象〉：

括囊，无咎。愼不害也。（頁 20）

《周易集解》引干寶：

陰氣在四，八月之時，自觀來也。天地將閉，賢人必隱，懷智苟容，以觀時釁，此蓋甯戚、蘧瑗與時卷舒之爻也。不艱其身，則无咎。功業不建，故无譽也。（頁 81）

王弼《注》：

處陰之卦，以陰居陰，履非中位，无直方之質，不造陽事，无含章之美，括結否閉，賢人乃隱，施愼則可，非泰之道。（頁 19）

孔穎達《正義》：

括，結也。囊所以貯物，以譬心藏知也。閉其知而不用，故曰「括囊」；功不顯物，故曰「无譽」；不與物忤，故曰「无咎」。（頁 20）

朱熹《周易本義》：

括囊，言結囊口而不出也。譽者，過實之名，謹密如是，則无咎亦无譽矣。六四重陰不中，故其象占如此。蓋或事當縝密，或時當隱遁也。（頁 42）

南懷瑾、徐芹庭註譯《周易今註今譯》：

坤卦第四爻的爻辭說：有收束囊口的象徵。它沒有過咎，也沒有名
譽。象辭上說：收束囊口，並無過咎，是說只要謹慎，就不受害了。
（頁 36）

玉姍案：坤卦六四爻以陰爻處陰位，此時當戒慎恐懼，謹慎自己的言行，
不要有過多彰顯自己的作爲，如同袋子收束囊口一般。此時既求沒有過錯，
也不爭取更好的名譽，自然就能遠離危害。

今本「六四：括囊，无咎无譽」的意思是：坤卦六四以陰處陰，此時應
當謹慎言行，如同袋子收束囊口一般；故能免於過失，亦不求取名譽，就能
遠離危難。

1. 上博《周易》：【缺簡】
2. 阜陽《周易》：六五：黃裳元吉。……事。
3. 帛書《周易》：六五：黃常元吉。
4. 今本《周易》：六五：黃裳元吉。

【文字考釋】

阜陽本六五爻辭殘，據今本補。

（一）阜陽《周易》與其他版本相較下有「……事」異文。

玉姍案：阜陽《周易》殘，但編號五殘片在「上六」之前有「事」字及
代表文義告一段落的「■」符號，〔註119〕故「事」字當爲阜陽《周易》的六
五卜辭之最後一字。〔註120〕阜陽《周易》與其他版本相較下有「……事」等
異文。此爲阜陽《周易》在「卦、爻辭的後邊，保存了許多卜問具體事項的
卜辭。」但因缺損嚴重，僅存「……事」，不知原本所卜爲何事。

（二）今本「黃裳元吉」之「裳」，帛書本作「常」。

玉姍案：從「巾」之字亦可寫爲從「衣」，如《說文·帬》：「帬，繞領也。
從巾、君聲。裙，裙或從衣。」（頁 361～362）《說文·幝》：「幝，幒也。從

〔註119〕韓自強：《阜陽漢簡《周易》研究》（上海：上海古籍出版社，2004 年 7 月），
頁 3。

〔註120〕韓自強《阜陽漢簡《周易》研究》：「這些卜辭都是銜接在卦辭、爻辭之後，
與經文沒有明顯區別」（見韓自強《阜陽漢簡《周易》研究》，（上海：上海古
籍出版社，2004 年 7 月），頁 95。）

巾、軍聲。褌，幝或从衣。」（頁 362）皆爲例證。《說文・常》:「常，下帬也。從巾、尚聲。 ，常或从衣。」（頁 362）曾侯乙墓簡六「紫翠之 」爲從巾之「常」，包山簡作 、 爲從衣之「裳」。《集韻》:「裳本作常。」帛書本作「常」，今本作「裳」，異體字也。張立文以爲「常」假借爲「裳」，〔註121〕其說有誤。

【爻辭釋讀】

〈象〉曰:

> 黃裳元吉，文在中也。（頁 20）

《周易集解》引干寶:

> 黃，中之色。裳，下之飾。元，善之長也。中美能黃，上美爲元，下美則裳。（頁 82）

王弼《注》:

> 黃，中之色也。裳，下之飾也。坤爲臣道，美盡於下，夫體無剛健，而能極物之情，通理者也。以柔順之德處於盛位，任夫文理者也。垂黃裳以獲元吉，非用武者也。極陰之盛，不至疑陽;以文在中，美之至也。（頁 20）

孔穎達《正義》:

> 黃是中之色，裳是下之飾。坤爲臣道，五居君位，是臣之極貴者也。能以中和通於物理，居於臣職，故云「黃裳元吉」。元，大也。以其德能如此，故得大吉也。（頁 20）

南懷瑾、徐芹庭註譯《周易今註今譯》:

> 歷來許多的解釋，認爲黃色是中央的正色。六五爻的爻位，在六爻重卦來說，正是外卦的第二爻。二與五，便是內外卦的中爻，正是本卦的中正之位，所以便比擬它是中央的黃色，得中得位，因此自然是「文在中也」，當然大吉。（頁 37）

　　玉姍案:坤卦講述臣道，黃爲中色，象徵中和之道。裳爲下衣代表臣下之職。孔穎達《正義》:「坤爲臣道，五居君位，是臣之極貴者也。能以中和通於物理，居於臣職，……以其德能如此，故得大吉也。」可從。

〔註121〕張立文（張憲江）:《周易帛書今注今譯》（台北:臺灣學生書局，1991 年），頁 417。

今本「六五：黃裳元吉」的意思是說：坤卦六五象徵居高位之臣子，應以中和之道忠於職守，德能如此，故得大吉。

帛書本作「六五：黃常元吉。」其義與今本同。

1. 上博《周易》：【缺簡】

2. 阜陽《周易》：上六：䮉戰於壄，其 血 玄黃。

3. 帛書《周易》：尚六：龍戰于野，亓血玄黃。

4. 今本《周易》：上六：龍戰于野，其血玄黃。

【文字考釋】

阜陽本上六爻辭殘，據今本補。

（一）今本「龍戰于野」之「龍」，阜陽本作「䮉（䮉）」。

玉姍案：《說文》：「䮉，䮉丁蝪也。從虫、龍聲。」（頁 672）蝪，蟻也。與阜陽《周易》「䮉」字應為同形異字。戰國文字中亦有從虫、龍聲的「䮉」字，如（璽彙 2730）、（集粹）；〔註122〕以及從它、龍聲的「䮉」字，如（天星）、（天星）。〔註 123〕由於皆未有完整的上下文，故不詳其音義。阜陽《周易》「䮉（䮉）」有今本《周易》可供比對，即今本之「龍」字。《說文》：「龍為鱗蟲之長，能幽能明，能細能巨，能短能長，春分而登天，秋分而潛淵。」（頁 588）阜陽《周易》「䮉」字應是在「龍」字下加「虫」，以強調「龍為鱗蟲之長」之意。

（二）今本「龍戰于野」之「野」，阜陽本作「壄（壄）」。

玉姍案：「壄（壄）」，從田、從土、予聲，與戰國秦文字構形相同。（秦官印）、（秦陶 335）、（秦陶彙 5.156）〔註124〕皆作此形。

【爻辭釋讀】

〈象〉：

龍戰于野，其道窮也。（頁 20）

《周易集解》引《九家易》曰：

實本坤體，未離其類，故稱「血」焉。血以喻陰也。玄黃，天地之

〔註 122〕湯餘惠主編：《戰國文字編》（福州：福建人民出版社，2001 年 12 月），頁 870。
〔註 123〕湯餘惠主編：《戰國文字編》（福州：福建人民出版社，2001 年 12 月），頁 874。
〔註 124〕湯餘惠主編：《戰國文字編》（福州：福建人民出版社，2001 年 12 月），頁 895。

　　　　雜，言乾坤合居也。（頁 84）

王弼《注》：

　　　　陰之爲道，卑順不盈，乃全其美。盛而不已，固陽之地，陽所不堪，
　　　　故戰于野。（頁 20）

孔穎達《正義》：

　　　　以陽謂之龍，上六是陰之至極。陰盛似陽，故稱「龍」焉。盛而不
　　　　已，固陽之地，陽所不堪，故陽氣之龍與之交戰，即〈說卦〉云：「戰
　　　　乎乾」是也。戰於卦外，故曰「于野」；陰陽相傷，故「其血玄黃」。
　　　　（頁 20）

朱熹《周易本義》：

　　　　陰盛之極，至與陽爭，兩敗俱傷，其象如此。占者如是，其凶可知。
　　　　（頁 43）

南懷瑾、徐芹庭註譯《周易今註今譯》：

　　　　坤卦第六爻的爻辭說：龍在曠野裡戰鬥，它流的血是青黃色的。（頁
　　　　38）

　　　　玉姍案：乾卦每爻皆以「龍」的潛、現、惕、躍、飛、亢來做象徵，坤
卦僅有上六爻辭「龍戰於野」出現「龍」的象徵。孔穎達以爲：「以陽謂之龍。
上六是陰之至，極陰盛似陽，故稱『龍』焉。」極陰與陽剛相接之後產生變
化，故曰「戰」。上六爻位已至極點，孔穎達以爲：「戰於卦外，故曰『于野』。」
而陰陽相傷，天地變色，故「其血玄黃」。坤卦上六爻位已至極點，故〈象〉
曰：「龍戰于野，其道窮也。」可從。

　　　　今本「上六：龍戰于野，其血玄黃」的意思是說：坤卦上六已爲陰爻之
至，極陰與陽剛相接之後產生變化，有如兩條龍交戰於野。陰陽相傷，天地
變色，有如受傷的龍流出了血，血色爲玄爲黃。

　　　　阜陽本作「上六：龖戰於壄，其血玄黃。」帛書本作「尙六：龍戰于野，
亓血玄黃。」其義均與今本同。

　　1. 上博《周易》：【缺簡】

　　2. 阜陽《周易》：用六：利永貞。

　　3. 帛書《周易》：迵六：利永貞。

　　4. 今本《周易》：用六：利永貞。

【文字考釋】

阜陽本用六辭殘，據今本補。

【釋讀】

〈象〉曰：

用六，永貞以大終也。（頁 20）

李道平《周易集解纂疏》：

「陰體其順」者，六也。「臣守其柔」者，用六也。「秉義之和」者，
利也。「履貞之幹」者，貞也。六十四卦皆出于乾坤，始於乾，成于
坤，乾坤相須爲用者也。乾用九者，用其變陰以濟陽；坤用六者，
用其變陽以濟陰。用九者，用其始于乾之元，然元自貞來，故用九
之吉在「無首」。用六者，用其成于坤之貞，然貞下起元，故用六之
利在「永貞」。（頁 86）

孔穎達《正義》：

用六，利永貞者，此坤之六爻總辭也。言坤之所用，用此眾爻之六，
六是柔順，不可純柔，故利在永貞。永，長也。貞，正也。言長能
貞正也。（頁 20）

朱熹《周易本義》：

蓋陰柔而不能固守，變而爲陽，則能永貞矣。故戒占者以利永貞，
即乾之利貞也。（頁 43）

南懷瑾、徐芹庭註譯《周易今註今譯》：

坤卦的用六，猶如大地承受順從天道的情形，它雖然載育萬物，但
與天道是有所對待的。是純陰柔順的，所以它有臣道、母道、順承
的象徵。因此用六的利，利在要有永恆堅貞的德性，大而化之，才
能得到偉大的結果。（頁 38～39）

玉姍案：今本「用六」，帛書本作「迵六」。「迵六」與「用六」皆爲「通
六」之假借（請詳見本論文第三章第一節乾卦用九），「通六」，即通於六、達
於六。六爲代表陰爻的數字，可以通達坤卦，坤卦六爻皆爲陰數，陰六勢極，
必有變化，所以全卦或任何一爻都受其變之影響；應善於運用坤卦六爻的變
化，而不被變化所拘。孔穎達《正義》：「永，長也。貞，正也。言長能貞正
也。」「利永貞」即德行能永恆堅正時，才能有利並顯現成果。

今本「用六：利永貞」的意思是：坤卦六爻皆爲陰數之六，可以通達大地載育萬物，純陰柔順之道；必須具備永恆堅貞的德行，才能有利並顯現成果帛書本作「迵六：利永貞。」其義與今本同。

第三節　屯　卦

一、卦名釋義

《說文》：「屯，難也。屯象屮木之初生屯然而難。從屮貫一屈曲之也。一，地也。易曰：『屯，剛柔始交而難生』。」（頁22）季師《說文新證・屯》：「本義：草木初生。《說文》：釋爲「難」也，應該是引申義，植物初生嫩弱，要長大還有一段很困難的路。釋形：甲骨文1、2形象植物種子發芽，有子葉之形，所以甲骨文的「春」字從屯得聲，並兼會意。師訇鼎 4 形、段簋蓋 5 形訛變，小篆、隸楷則大體繼承2、3等形。六書：象形。

【字形表】〔註125〕

1. 商・甲 2815《甲》	2. 商・掇 1.385《金》	3. 西周中・墻盤《金》
4. 西周中・師訇鼎《金》	5. 西周中・段簋蓋《金》	6. 春秋・秦公鐘《金》
7. 戰國・齊・陳逆匿	8. 戰國・晉・古幣 38	9. 戰國・晉・古幣 38
10. 戰國・楚・鄂君啓舟節《金》	11. 戰國・楚・包 2.147《楚》	12. 戰國・楚・信 2.24《楚》
13. 戰國・楚・鄂 1.1.9《張》	14. 漢・老子乙前 112 上《篆》	15. 漢末・魯峻碑《篆》

玉姍案：季師以爲「屯」之初文象植物種子發芽、草木初生之形，「難」

〔註125〕季師旭昇：《說文新證・上》（台北：藝文印書館，2002 年 10 月），頁 55。

為引申義。可從。〈序卦〉曰：「屯者，萬物之始生也。」（頁 187）取「屯」之本義；〈彖〉曰：「屯，剛柔始交而難生。」（頁 21）取其引申義。

〈序卦〉：「有天地，然後萬物生焉。盈天地之間者唯萬物，故受之以屯。屯者，盈也。屯者，萬物之始生也。」（頁 187）《周易集解》引崔憬云：「此仲尼序文王次卦之意也。不序乾坤之次者，以一生二，二生三，三生萬物。則天地之次第可知，而萬物之先後宜序也。萬物之始生者，言剛柔始交，故萬物資始于乾，而資生于坤。」（頁 147）乾坤陰陽交合而萬物始生，故屯卦在乾、坤之後。

屯卦今本卦畫作「☵☳」，坎上震下，坎為水、為雲，震為雷。〈象〉：「雲雷屯，君子以經綸。」（頁 21）〈彖〉：「屯，剛柔始交而難生，動乎險中，大亨貞。雷雨之動滿盈。」（頁 21）孔穎達《正義》：「上既以剛柔始交，釋屯難也。此又以雷雨二象，解盈也。言雷雨二氣初相交，動以生養萬物，故得滿盈即是亨之義也。」（頁 21）玉姍案：「屯」字本義是草木始生，用以引申為萬物之始生；草木初萌之時是開始釋放生機之時，卻也是十分柔弱易折之時；萬物皆須能夠度過初始最脆弱的難關才能順利長成，屯卦卦畫作「☵☳」，上坎（水、雨）下震（雷），象徵著雷雨交加，萬物始生的現象。初生之時充滿生機，卻也柔弱無比，萬物皆須度過初始最脆弱的難關才能順利長成；君子觀之而體悟處屯難之世，更須秉持經綸正道。

二、卦爻辭考釋

（一）卦辭考釋

1. 上博《周易》：【缺簡】

2. 阜陽《周易》：屯：元、亨、利、貞。勿用有攸往，利建家。

3. 帛書《周易》：屯：元、亨、利、貞。勿用有攸往，利律矣。

4. 今本《周易》：屯：元、亨、利、貞。勿用有攸往，利建侯。

【文字考釋】

阜陽本卦辭殘，據今本補。

（一）帛書本、今本屯卦之「屯」，阜陽本卦名殘，據九五爻辭「肫其膏」補。

韓自強《阜陽漢簡《周易》研究》：

阜易卦名缺佚，據九五爻辭「肫其膏」補。今本、帛本均作「屯」，

而帛書繫辭屯卦作《肫》，與阜易同。「屯者，物之始生也。」阜易借「肫」爲「屯」，音近相通。〔註126〕

玉姍案：帛書本、今本屯卦之「屯」，阜陽本作「肫（肫）」。「肫」從屯得聲，故可假借爲「屯」。

（二）帛書本、今本「利建侯」之「侯」，阜陽本作「家」。

玉姍案：「家」在周代是指大夫的采邑，《周禮‧夏官‧司馬》：「家司馬各使其臣以正於公司馬。」《注》：「家，卿大夫采地。」〔註127〕《論語‧公冶長》：「求也，千室之邑，百乘之家，可使爲之宰也。」《注》：「千室之邑，卿大夫之邑，卿大夫稱家。」〔註128〕「侯」是封建時代五等爵之第二等，《尚書‧周書‧武成》：「列爵惟五。」注：「即所識政事而法之爵五等：公、侯、伯、子、男。」〔註129〕《孟子‧滕文公下》：「仲子，齊之世家也。」《注》：「仲子，齊之世卿大夫之家。」〔註130〕《史記》將諸侯事跡歸類記載於〈世家〉，可見「家」與「侯」都是有封地、可傳襲的貴族。今本《周易》「利建侯」之「侯」，阜陽本作「家」，皆指領有封地的封建貴族。

（二）今本「利建侯」之「建」，帛書本作「律」。

張立文《周易帛書今注今譯》：

帛書周易「律」作「建」，爲「建」之誤。初九：「利居貞，利建矦」，「建」作建，爲其證。〔註131〕

玉姍案：今本「利建侯」之「建」，帛書本作「律」。張立文以爲「建」應爲「建」字之殘存圖形，〈馬王堆帛書《六十四卦》釋文〉誤釋爲「律」。〔註132〕

〔註126〕韓自強：《阜陽漢簡《周易》研究》（上海：上海古籍出版社，2004 年 7 月），頁 102。

〔註127〕（漢）鄭玄注，（唐）賈公彥疏：《周禮注疏》（台北：藝文印書館，1989 年），頁 436。

〔註128〕（魏）何晏等注，（宋）邢昺疏：《論語注疏》（台北：藝文印書館，1989 年），頁 42。

〔註129〕（漢）孔安國傳，（唐）孔穎達正義：《尚書正義》，（台北：藝文印書館，1989 年），頁 163。

〔註130〕（漢）趙岐注，（宋）孫奭疏：《孟子注疏》（台北：藝文印書館，1989 年），頁 119。

〔註131〕張立文（張憲江）：《周易帛書今注今譯》（台北：臺灣學生書局，1991 年），頁 300。

〔註132〕馬王堆漢墓帛書整理小組：〈馬王堆帛書《六十四卦》釋文〉，《文物》1984

張說可從。「津」應爲「建」字由左上至右下的斜撇殘缺所致，仍應讀爲「利建侯」而非「利律侯」。

【卦辭釋讀】

〈彖〉曰：

> 屯，剛柔始交而難生。動乎險中，大亨貞。雷雨之動滿盈，天造草昧。宜建侯而不寧。（頁21）

《周易集解》引虞翻曰：

> 坎二之初，剛柔交震，故「元亨」；之初得正，故「利貞」矣。之外稱往。初震得正，起之欲應，動而失位，故「勿用有攸往」。震爲侯，初剛難拔，故利以建侯。老子曰：「善建者，不拔也。」（頁95）

王弼《注》：

> 剛柔始交，是以屯也。不交則否，故屯乃大亨也。大亨則無險，故「利貞」。往，益屯也。得王則定。（頁21）

孔穎達《正義》：

> 屯，難也。剛柔始交而難生，初相逢遇，故云：「屯，難也。」以陰陽始交而爲難，因難物始大通，故「元亨」也。萬物大亨乃得利益而貞正，故「利貞」也。但屯之四德劣於乾之四德，故屯乃元亨，亨乃利貞，乾之四德，無所不包，此即「勿用有攸往」。又別言「利建侯」不如乾之無所不利，此已上說屯之自然之四德，聖人當法之。「勿用有攸往，利建侯」者，以其屯難之世，世道初創，其物未寧，故宜利建侯以寧之。此二句釋人事也。（頁21）

朱熹《周易本義》：

> 震動在下，坎險在上，是能動乎險中。能動雖可以亨，而在險，則宜守正，而未可遽進。故筮得之者，其占爲大亨而利於正，但未可遽有所往耳。又初九，陽居陰下，而爲成卦之主，是能以賢下人，得民而可君之象。故筮立君者，遇之則吉也。（頁46）

南懷瑾、徐芹庭註譯《周易今註今譯》：

> 屯卦，具有元始的、亨通的、有利的、貞正的德性。……當萬物的生命機能，正在開始萌芽的初期，它是元始的、亨通的、有利而貞

正的。所以便說「屯，元、亨、利、貞」。但生機剛剛開始，過於柔
弱而脆嫩，所以又象徵的說：「勿用它」。因爲太過脆弱，根本就不
能用。但是它必然又有向前邁進的情況，所以說有所進往。如果占
卜遇到這一卦，便有開始利於建立侯王基業的象徵了。（頁43～44）

　　玉姍案：「屯」之初文象草木初生，屯卦以草木初生，未來雖能繁殖茁壯，
然目前太過脆弱，因此尚不可用的現象作爲象徵。但未來前途無限，故曰「元、
亨、利、貞」。由於目前仍太過脆弱，故曰「勿用」；目前雖然柔弱，但未來
日益茁壯成長，故曰「有攸往」。得此卦，便有利於建立侯王基業的象徵，故
曰「利建侯」。學者多由此立說，此亦從之。

　　今本作「屯：元、亨、利、貞。勿用有攸往，利建侯」，意思是：屯象草
木初生，屯卦如草木初生，未來前途無限，具有元始、亨通、有利、貞正的
德行，然目前太過脆弱，因此尚不可用。但未來日益茁壯成長，有所往進。
得此卦，有利於建立侯王基業的象徵。

　　阜陽本作「屯：元、亨、利、貞。勿用有攸往，利建家。」意思是：屯
象草木初生，屯卦如草木初生，未來前途無限，具有元始、亨通、有利、貞
正的德行，然目前太過脆弱，因此尚不可用。但未來日益茁壯成長，有所往
進。得此卦，有利於建立卿大夫之家的象徵。

　　帛書本作「屯：元、亨、利、貞。勿用有攸往，利律矦。」其義與今本
同。

1. 上博《周易》：【缺簡】
2. 阜陽《周易》：初九：般桓，利居貞，利建侯。
3. 帛書《周易》：初九：半遠，利居貞，利建侯。
4. 今本《周易》：初九：磐桓，利居貞，利建侯。

【文字考釋】

　　阜陽本初九爻辭殘，據今本補。

（一）今本「磐桓」，阜陽本作「般桓」，帛書本作「半遠」。

　　玉姍案：今本「磐桓」，阜陽本作「般桓」，帛書本作「半遠」。「磐桓」，
孔穎達《正義》曰：「磐桓，不進之貌。」（頁22）亦作「盤桓」、「槃桓」、「般
桓」，爲訓詁學之「連綿詞」。「半」古音幫紐元部，「般」、「磐」古音並紐元

部，三字韻部相同並同類雙聲可通假，如《尚書・堯典》：「黎民於變時雍。」《漢書・地理志》引變（幫紐元部）作卞（並紐元部）。「桓」、「遠」皆爲匣紐元部，聲韻皆同可通假。故符合林尹《訓詁學》：「諸詞其形雖不同，而音實相通，蓋古惟有其音，後乃以文字紀錄語言，各地之人以同音之字相代，是以寫法不同。這是因爲在文字紀錄語言的時候，有許多字，還沒有構造成功，只要借用音義相近的字，暫時替代的關係了。」〔註133〕

【爻辭釋讀】

〈象〉曰：

　　雖磐桓，志行正也。（頁22）

《周易集解》引虞翻曰：

　　震起艮止，動乎險中，故「盤桓」。得正得民，「利居貞」。謂君子居其室，慎密而不出也。（頁99）

王弼《注》：

　　處屯之初，動則難生，不可以進，故「磐桓」也。處此時也，其利安在？不唯居貞建侯乎？夫息亂以靜，守靜以侯，安民在正，弘正在謙，屯難之世，陰求於陽、弱求於強、民思其主之時也，初處其首而又下焉，爻備斯義，宜其得民也。（頁22）

孔穎達《正義》：

　　「磐桓」，不進之貌。處屯之初，動即難生，故磐桓也。不可進，唯宜利居處貞正，亦宜建立諸侯。（頁22）

朱熹《周易本義》：

　　磐桓，難進之貌。屯難之初，以陽在下，又居動體，而上應陰柔險陷之爻，故有「磐桓」之象。然居得其正，故其占利於居貞。又本成卦之主，以陽下陰，爲民所歸，「侯」之象也。故其象又如此，而占者如是，則利建以爲侯也。（頁47）

南懷瑾、徐芹庭註譯《周易今註今譯》：

　　屯卦的第一爻，象徵進退去留而不定的盤桓現象，利於貞正自處，又象徵利於建立侯王的基業。（頁46～47）

　　玉姍案：「磐桓」爲徘徊不進之貌。初九爲陽爻，一陽初動，生機始現。

────────────

〔註133〕林尹：《訓詁學》（台北：正中書局，1999年10月），頁57。

但處屯之始，如同初生的稚嫩幼苗，力量還未充實，此時不宜有積極作爲，動則難生，故磐桓不可進。比喻到人事上，此時只宜貞正自處，才可得利；亦有利於建立侯王基業。

今本「初九：磐桓，利居貞，利建侯」的意思是：屯卦初九象徵不宜急進的磐桓現象，此時利於貞正自處，又象徵有利於建立侯王基業。

帛書本作「初九：半遠，利居貞，利建侯。」其義均與今本同。

1. 上博《周易》：【缺簡】

2. 阜陽《周易》：六二：肫如邅如，乘馬班如，匪寇婚媾。女子貞不字，十年迺字。

3. 帛書《周易》：六二：屯如壇如，乘馬煩如，非寇閩厚。女子貞不字，十年乃字。

4. 今本《周易》：六二：屯如邅如，乘馬班如，匪寇婚媾。女子貞不字，十年乃字。

【文字考釋】

阜陽本、帛書本六二爻辭殘，皆據今本補。

（一）今本「屯如邅如」之「邅」，帛書本作「壇」。

玉姍案：今本「屯如邅如」之「邅」，帛書本作「壇」。「壇」字古音定紐元部，「邅」字古音端紐元部，兩字韻同，聲紐皆爲舌頭音，故可假借。如《列子‧湯問》：「而五山之根無所連箸。」《釋文》「箸」（定紐魚部）作「著」（端紐魚部）。

（二）今本「乘馬班如」之「班」，帛書本作「煩」。

玉姍案：今本「乘馬班如」之「班」，帛書本作「煩」。「煩」字古音並紐元部，「班」字古音幫紐元部，兩字韻同，聲紐皆爲唇音，故可假借。如《尚書‧堯典》：「黎民於變時雍。」《漢書‧地理志》引「變」（幫紐元部）作「卞」（並紐元部）。

（三）今本「匪寇婚媾」，帛書本作「非寇閩厚」。

張立文《周易帛書今注今譯》：

「閩」假借爲「婚」。……「閩」，說文：「東南越蛇種，從虫門聲。」

席世昌席氏讀說文記：「閩，如淳曰：音緡。應劭曰：音文飾之文。」

（借月山房叢書本）朱駿聲說文通訓定聲：「閩，假借爲蟁。夏小正傳：『白鳥也者。』謂閩蚋也。」「蟁」，說文：「齧人飛虫。從蚰民聲。」昏、蟁、閩音近而通。正韻：「閩，彌鄰切。」音珉。是也。

「厚」假借爲「媾」。《說文》：「媾，重婚也。」《釋文》：「媾，馬云：『重婚。』」故引申爲厚。一切經音義廿二引白虎通義：「媾，厚也。重婚曰媾。」詩侯人：「彼其之子，不遂其媾。」毛傳：「媾，厚也。」……是爲「厚」、「媾」古相通之證。〔註134〕

玉姍案：「匪」由「非」得聲，典籍中多通用之例。如《毛詩·大雅·蕩之什·烝民》：「夙夜匪解，以事一人。」《箋》云：「匪，非也。」〔註135〕《尚書·湯誓》：「非台小子，敢行稱亂。」《史記·殷本紀》作「匪台小子，敢行舉亂。」〔註136〕《詩·衛風·氓》：「匪來貿絲。」鄭《箋》：「匪，非也。」〔註137〕皆通假之例。今本「匪寇婚媾」之「匪」，亦應釋爲「非」。南懷瑾以爲「匪寇」爲「盜匪」，然「匪」釋作「盜匪、土匪」是明清時代常見用法，先秦兩漢「匪」仍應釋「非」爲是。

今本「匪寇婚媾」之「婚」，帛書本作「閩」。《說文》：「閩，東南越。它種。從虫、門聲。」（頁682）「婚」字古音曉紐文部，「閩」字古音明紐文部，兩字韻同，《上博三·容成氏》簡三八：「昏（曉紐文部）山是」即「岷（明紐眞部）山氏」。又銀雀山《晏子·十二》：「晦（曉紐之部）朝」，今本《晏子·春秋內篇·雜上第二》作「每（明紐之部）朝」。皆爲曉紐、明紐可通之例。

「厚」古音匣紐侯部，「媾」古音見紐侯部。兩字韻部相同，聲紐皆爲喉音，可以通假。《詩·曹風·侯人》：「彼其之子，不遂其媾。」《毛傳》：「媾，厚也。」〔註138〕故「厚」、「媾」可通假。又如帛書《老子甲·明君》：「係婢衣錦繡，戰士衣大布而不完。」影本注「係」（見紐錫部）通「奚」（匣紐支部）。

〔註134〕張立文（張憲江）：《周易帛書今注今譯》（台北：臺灣學生書局，1991年），頁303～304。

〔註135〕（漢）毛亨傳，（唐）孔穎達正義：《毛詩正義》（台北：藝文印書館，1989年），頁675。

〔註136〕（漢）司馬遷撰，（南朝宋）裴駰集解，（唐）司馬貞索隱，（唐）張守節正義：《新校本史記三家注并附編二種》（台北：鼎文書局，1993年），頁95。

〔註137〕（漢）毛亨傳，（唐）孔穎達正義：《毛詩正義》（台北：藝文印書館，1989年），頁134。

〔註138〕（漢）毛亨傳，（唐）孔穎達正義：《毛詩正義》（台北：藝文印書館，1989年），頁270。

（四）帛書本、今本「十年乃字」之「乃」，阜陽本作「迺」。

　　玉姍案：「乃」古音泥紐之部，「迺」古音泥紐微部，二字聲紐相同，韻部旁轉。「乃」、「迺」古籍中常通用。如《易・坤・象傳》：「乃終有慶。」《漢書・律曆志》：引「乃」作「迺」。《書・堯典》：「乃命羲和。」《漢書・律曆志》：引「乃」作「迺」。《尚書・禹貢》「乃」字，《漢書・地理志》作「迺」。

【爻辭釋讀】

〈象〉曰：

　　六二之難，乘剛也。十年乃字，反常也。（頁22）

《周易集解》引虞翻曰：

　　屯邅盤桓，謂初也。震爲馬作足，二乘初，故「乘馬」。班，躓也。馬不進，故「班如」矣。匪，非也。寇謂五。坎爲寇盜，應在坎，故「匪寇」。陰陽德正，故「婚媾」。字，妊娠也。三失位，變復體離。離爲女子，爲大腹，故稱「字」。今失位爲坤，離象不見，故「女子貞不字」。坤數十。三動反正，離女大腹。故十年反常乃字。謂成既濟定也。（頁99～100）

王弼《注》：

　　志在乎五，不從於初，屯難之時，正道未行，與初相近而不相得，因於侵害，故屯邅。「屯」時方屯難，正道未通，涉遠而行，難可以進，故曰「乘馬班如」也。寇謂初也，无初之難，則與五婚矣，故曰「匪寇婚媾」也。志在於五，不從於初，故曰「女子貞不字」也。屯難之世，勢不過十年者也，十年則反常，反常則本志斯獲矣，故曰「十年乃字」。（頁22）

孔穎達《正義》：

　　「屯如」、「邅如」者，「屯」是屯難，「邅」是邅迴，「如」是語辭也。言六二欲應於九五，即畏初九逼之，不敢前進。故屯如、邅如也。「乘馬班如」者，〈子夏傳〉云：「班如者，謂相牽不進也。」馬季長云：「班，班旋不進也。」言二欲乘馬往適於五，正道未通，故班旋而不進也。「匪寇婚媾」者，寇謂初也。言二非有初九與己作寇害，則得其五爲婚媾矣。馬季長云：「重婚曰媾。」鄭玄云：「媾猶會也。」「女子貞不字」者，貞，正也。女子謂六二也。女子以守貞正，不

受初九之愛，「字」訓愛也。「十年乃字」者，十年難息之後，即初
不害巳也。乃得往適於五，受五之字愛。十者，數之極。數極則復，
故云十年也。（頁22）

朱熹《周易本義》：

〈象〉曰：「六二之難，乘剛也。十年乃字，反常也。」班，分布不
進之貌。字，許嫁也。《禮》曰：「女子許嫁笄而字。」六二，陰柔
中正，有應於上；而乘初剛，故為所難而邅迴不進。然初非為寇也，
乃求與己為婚媾耳。但己守正，故不之許，至於十年，數窮理極，
則妄求者去，正應者合，而可許矣。爻有此象，故因以戒占者。（頁
47〜48）

王引之《經義述聞》：

引之謹案：《說文》：「字，乳也。」《廣雅》曰：「字，乳、生也。」
《墨子・節用篇》：「十年若純，三年而字，子生可以二三年矣。」
《大元・事次・四》：「男女事，不待之字。」范望注曰：「男而女事，
猶為不宜，況於字育，故不代也。」《中山經》：「苦山有木，名曰黃
棘。其實如蘭，食之不字。」郭璞注曰：「字，生也。」易曰：「女
子貞不字。」然則不生謂之「不字」，必不孕而後不生，故「不字」
亦兼不孕言之。〔註139〕

南懷瑾、徐芹庭註譯《周易今註今譯》：

屯卦的第二爻（六二），有困頓艱難前進的象徵，雖然跨在馬上，乘
騎排列，也有牽連難進的現象，而且有被匪盜侵寇的情形。如果論
婚姻愛媾，便有女子守貞不嫁，過了十年才嫁的情形。（頁47〜48）

　　玉姍案：「乘馬班如」之「班」字，歷代研究者各有見解。孔穎達《周易
正義》引〈子夏傳〉：「班如者，謂相牽不進也。」又引馬季長：「班，班
旋不進也。」朱熹《周易本義》以為「班，分布不進之貌」。《周易集解》引虞翻：
「班，躓也。馬不進，故班如矣。」南懷瑾、徐芹庭註譯《周易今註今譯》
以為「班，排列的形容詞」。

　　《說文》：「班，分瑞玉。從玨刀。」（頁19）分、布列、排次皆為引申義。
不論人畜，若數量眾多，排列時則易相牽不進，故〈子夏傳〉：「班如者，謂

〔註139〕（清）王引之：《經義述聞》（台北：廣文書局，1979年2月），頁8。

相牽不進也。」《周易集解》引虞翻：「班，躓也。馬不進，故班如矣。」《說文》：「躓，跲也。」（頁 83）《禮記・中庸》：「言前定，則不跲。事前定，則不困。」疏：「《字林》云：『跲，躓也。躓，謂行倒躓也。』」〔註140〕「躓」亦有行進不順之意。是以「班如者，謂相牽不進也。」、「班，躓也。馬不進，故班如矣。」皆應是由「布列」、「排次」再引申而出之意。傳統易學中，學者多以爲「屯如邅如」是遭逢困難、邅迴不進的樣子，「乘馬班如」是馬群排列，但因數量太多而難以順利前進的樣子。

然黃玉順《易經古歌考釋》以爲：「乘，即駟。四匹馬駕的車。」〔註141〕《詩・小雅・鴛鴦》：「乘馬在廄，摧之秣之。」毛亨：《傳》：「乘馬，王、徐：『繩證反』。四馬也。」〔註142〕「乘馬」在古籍中確有作一車四馬之意，但若「班如」依傳統解法，釋爲馬群排列，因數量太多而難以順利前進的樣子，就無法說通。因爲僅僅一車四馬，並不會造成「相牽不進」之況。

賴師貴三則提出「班」可作爲「斑」之通假。〔註143〕《說文》字：「辬，駁文也。」段玉裁《注》：「斑者，辬之俗。今乃斑行而辬廢矣。」（頁 83）「斑」原指斑駁紋理，亦可引申爲紋彩華麗之「斑斕」義。如此與黃玉順之說便可連結，指「所乘坐的馬車拉車的四匹馬毛色斑斕。」但筆者以爲傳統說法中「邅迴難進」之義較能切合屯卦「屯然而難」之卦義。

《說文》：「寇，暴也。」（頁 126）王弼《注》、孔穎達《正義》「寇謂初（九）也」。六二與初九相近而不相得，故言「屯如邅如」。六二之時正道未通，有如馬隊涉遠，盤旋難進，故曰「乘馬班如」。六二受初九之牽制，無法與九五相應，故曰「匪寇（非初九之相牽制）、婚媾（則與九五相應）」。

六二爲內卦第二爻，陰爻象徵女性。「女子貞不字，十年乃字」之「字」，孔穎達《正義》：「字訓愛也。」朱熹《周易本義》：「字，許嫁也。」《周易集解》引虞翻：「字，妊娠也。」究竟何者爲是？

《說文》：「字，乳也。从子在宀下。子亦聲。」段注：「人及鳥生子曰『乳』、獸曰『㹠』。引申之爲『撫』字。」（頁 750）《禮記・曲禮》：「男女異長，男

〔註140〕《禮記正義》，（台北：藝文印書館，1989 年），頁 889～890。

〔註141〕黃玉順：《易經古歌考釋》（成都：巴蜀書社，1995 年 3 月），頁 19。

〔註142〕（漢）毛亨傳，（唐）孔穎達正義《毛詩正義》（台北：藝文印書館，1989 年），頁 482。

〔註143〕賴師貴三於 2009 年 12 月 17 日博士論文發表會中提出。

子二十冠而字……女子許嫁笄而字。」〔註144〕指男子在二十歲行冠禮時，由家族中男性長輩爲其命「字」，女子則在許嫁及笄時爲其命「字」，加冠、及笄及命「字」，都是宣示此人已經成年，今後當以成年人的標準來處世及被要求。故「女子許嫁笄而字」之「字」是動詞，指「爲其命字，宣告其已成年」，而非「許嫁」之意。朱熹《周易本義》：「字，許嫁也」與明代張自烈《正字通》：「女子許嫁曰字。」的說法，應該都是由《禮記・曲禮》：「男子二十冠而字。女子許嫁笄而字」望文生義而來，但《禮記・曲禮》之「字」並無「許嫁」之意。

虞翻以爲「字，妊娠也」應由《說文》：「字，乳也。段注：『人及鳥生子曰乳』」而來。《爾雅注疏・釋言》：「撫，敉撫也。」注：「撫，愛撫也。」疏：「《方言》云：『宋、衛、邠、陶之間謂愛曰撫。』故注云『撫，愛撫也』」〔註145〕孔穎達《正義》：「字訓愛也」則應由《說文》：「字，乳也。……段注：「人及鳥生子曰『乳』……引申之爲『撫』字」而來。故不必如南懷瑾所推論「也許古本傳抄，『字』乃『孕』字的筆誤。」〔註146〕「字」不必是「孕」的筆誤，「字」本身就有「懷孕生子」之意；孔穎達《正義》「字訓愛也」則爲引申義。不過在《周易》經文中是以女子貞潔爲象徵譬喻，而屯卦亦有「生」之義，故「字」以本義「生子」釋之爲佳。

六二志在九五，不從於初九，有如女子堅貞不亂，十年不易其志。孔穎達《正義》：「十者，數之極。……故云十年也。」經過長時間的堅持，則初九已不害也，故乃得往適於五，故曰「女子貞不字，十年乃字」。

今本作「六二：屯如邅如，乘馬班如，匪寇婚媾。女子貞不字，十年乃字。」意思是說：屯卦六二正道未通，有遭逢困難、邅迴不進的象徵；有如馬隊涉遠，因數量過多而盤旋難進。若非初九之相牽制，六二則能與九五相應。但六二志在九五，不從於初九，有如女子堅貞不亂，十年不易其志，最終能與九五相得。

阜陽本作「六二：屯如邅如，乘馬班如，匪寇婚媾。女子貞不字，十年迺字」帛書本作「六二：屯如壇如，乘馬煩如，非寇閩厚。女子貞不字，十

〔註144〕《禮記正義》，（台北：藝文印書館，1989年），頁39。

〔註145〕（晉）郭璞注，（宋）邢昺疏：《爾雅注疏》（台北：藝文印書館，1989年），頁38。

〔註146〕南懷瑾、徐芹庭註譯：《周易今註今譯》（台北：臺灣商務印書館，1984年），頁47～48。

年乃字。」其義皆與今本同。

1. 上博《周易》：【缺簡】

2. 阜陽《周易》：六三：晏鹿毋吴，惟 入于 林中。君子 幾不如舍，往吝。卜 有求不……

3. 帛書《周易》：六三：即鹿毋華。惟人于林中，君子幾不如舍。往吝。

4. 今本《周易》：六三：即鹿无虞。惟入于林中，君子幾不如舍。往吝。

【文字考釋】

阜陽本六三爻辭殘，據今本補。

（一）今本「即鹿无虞」，阜陽本作「晏鹿毋吴」，帛書本作「即鹿毋華」。

玉姍案：「即」古音精紐質部，「晏」古音精紐職部，聲紐相同，韻部旁轉，可通假。「吴」、「虞」古音皆疑紐魚部，可以通假，《史記·孝武本紀》：「不虞不驚。」《索隱》：「此虞當爲吴。此作虞者，與吴聲相近，故假借也。」〔註147〕「華」古音匣紐魚部，與「虞」（古音疑紐魚部），兩字韻同，聲母皆爲牙音，亦可通假。

（二）阜陽本、今本作「惟入于林中」，帛書本作「惟人于林中」。

玉姍案：阜陽本、今本作「惟入于林中」之「入」，馬王堆帛書整理小組釋文爲「人」。〔註148〕張立文《周易帛書今注今譯》：「『人（入）』，帛書周易作『ㄟ』，『人』、『入』形近。」〔註149〕馬王堆帛書中「人」、「入」寫法相似，常須經由上下文以判讀，例如：〔註150〕

字形（入）	人（胎.016）	ㄟ（春.082）	ㄨ（易.041）	㇏（療.042）
簡文	毋令虫蛾（蟻）能入	深入多殺者爲上	出入又（有）度	毋令虫勿能入

〔註147〕（漢）司馬遷撰，（南朝宋）裴駰集解，（唐）司馬貞索隱，（唐）張守節正義：《新校本史記三家注并附編二種》，（台北：鼎文書局，1993年），頁465。

〔註148〕馬王堆漢墓帛書整理小組：〈馬王堆帛書《六十四卦》釋文〉，《文物》1984年第3期，頁3。

〔註149〕張立文（張憲江）：《周易帛書今注今譯》（台北：臺灣學生書局，1991年），頁305。

〔註150〕文字圖片引用見陳松長編：《馬王堆簡帛文字編》（北京：文物出版社，2001年），頁211、328。

字形 （人）	人 （禁.010）	人 （二.005）	人 （合.124）	人 （胎.001）
簡文	人得矣	大人安失（佚）而不朝	欲人久持之也	我欲埴人（殖）產子

由字形表中可知，帛書「入」字亦有作「人（春.082）」形者，故「人」可能爲「人」亦可能爲「入」；而以文意而言，「入于林中」或「人于林中」皆可以成立，但本卦爻辭既以「行獵」作爲象徵，獵人當一步一步，追隨獵物進入林中；故筆者以爲「惟入于林中」比較可以突顯出獵人行進時的動感效果，就文言文相當重視文字的精準度而言，「惟入于林中」應比「惟人于林中」更佳。帛書本「人」當改釋爲「入」。

（三）今本「往吝」，帛書本作「往䎩」。

拙作《《上博（一）・孔子詩論》研究》：

戰國楚文字中多見「䎩」字，如 ✕（望 2.41）、✕（郭 11.48）、✕（郭 12.3）……何琳儀以爲：「䎩，從『厶厶』，文爲疊加聲符，鄰，來紐眞部。來、明爲複輔音，眞、諄旁轉。漢帛書《老子》『鄰』作『䎩』（乙 205 上）。鄰之異文，『厶厶』之繁文。」〔註151〕郭店楚簡中 ✕（郭 10.15）多讀爲「吝」，〔註152〕「吝」字古音在來母文部，眞、文兩韻相近，因而相通。〔註153〕

故「往䎩」可讀爲「往吝」。

【爻辭釋讀】

〈象〉曰：

即鹿无虞，以從禽也。君子舍之，往吝窮也。（頁 22）

《周易集解》引虞翻：

即，就也。虞謂虞人，掌禽獸者。（頁 101）

王弼《注》：

三既近五而無寇難，四雖比五，其志在初，不妨巳路，可以進而无屯邅也。見路之易，不揆其志，五應在二，往必不納，何異無虞以從禽乎？雖見其禽而無其虞，徒入于林中，其可獲乎？幾，辭也。

〔註151〕何琳儀：《戰國古文字典》（北京：中華書局，1998 年 9 月），頁 1149。
〔註152〕玉姍案：此根據張光裕主編，《郭店楚簡研究・第一卷文字編》說法。
〔註153〕鄭玉姍：《《上博（一）・孔子詩論》研究》（國立臺灣師大國文所碩士論文，2004 年 5 月），頁 26～27。

夫君子之動，豈取恨辱哉？故不如舍。往吝，窮也。（頁22）

孔穎達《正義》：

> 「即鹿無虞」者，「即」，就也。「虞」謂虞官，如人之田獵，欲從就於鹿，當有虞官助己，商度形勢可否，乃始得鹿。若无虞官，即虛入于林木之中，必不得虞（玉姍按，以上下文義判斷，此應爲「必不得鹿」較爲適當）。故云「唯入于林中」，此是假物爲喻。今六三欲往從五，如就鹿也，五自應二，今乃不自揆度彼五之情納已以否，是無虞也。即徒往向五，五所不納，是徒入于林中。「君子幾不如舍」者，幾，辭也。夫君子之動，自知可否，豈取恨辱哉？見此形勢，即不如休舍也，言六三不如舍此求五之心，勿往也。「往吝」者，若往求五，即有悔吝也。（頁22）

朱熹《周易本義》：

> 陰柔居下，不中不正，上无正應，妄行取困，爲逐鹿無虞陷入林中之象。君子見幾，不如舍去；若往逐而不舍，必致羞吝。戒占者宜如是也。（頁48）

南懷瑾、徐芹庭註譯《周易今註今譯》：

> 鹿，獸名。又：古代借與山麓的麓通用。……屯卦的第三爻（六三）的象徵，在附近的山路逐鹿，可是缺乏掌管山澤的虞人的援助，於是有困頓在叢林中的現象。所以君子要見機而作，不如退捨而放棄，但求自守。如果再向前往，便有憂吝。（頁49）

　　玉姍案：「即」，就、接近。「鹿」、「麓」古通，《左傳・僖公十四年》：「秋八月辛卯，沙鹿崩。」〔註154〕《漢書・五行志・釐公十四年》引作「秋八月辛卯，沙麓崩。」〔註155〕《春秋公羊傳・僖公十四年》：「沙鹿者何？河上之邑也。」〔註156〕「鹿」在先秦可通假爲「山麓」之「麓」，故學者有訓「鹿」爲走獸之「鹿」（如王弼），亦有訓爲「山麓」之「麓」者（如王肅）；亦有二義兼用者（如虞翻、南懷瑾）。但本爻辭是以獵人行獵作象徵，故筆者以爲「鹿」

〔註154〕（晉）杜預注，（唐）孔穎達正義：《春秋左傳正義》（台北：藝文印書館，1989年），頁224。

〔註155〕（漢）班固撰、（唐）顏師古注：《新校本漢書并附編二種》（台北：鼎文書局，1991年），頁1455。

〔註156〕（漢）何休注，（唐）徐彥疏：《春秋公羊傳注疏》（台北：藝文印書館，1989年），頁137。

字解作走獸之「鹿」，較能突顯出獵人發現獵物後，悄悄跟蹤接近的動態美，故此從王弼之說。

「虞」，謂虞人。《孟子‧滕文公下》：「昔齊景公田，招虞人以旌。」《注》：「虞人，守苑囿之吏也。」〔註157〕《詩‧秦風‧駟驖‧疏》：「襄公田獵之時，虞人奉是時節之牡獸，謂驅以待公射之。」〔註158〕虞人掌天子之山澤園囿，驅獸以備天子行獵。六三以陰居陽，不中不正，上無法與九五相應，故以行獵無虞爲象徵，如孔穎達《正義》：「如人之田獵欲從就於鹿，當有虞官助已，商度形勢可否，乃始得鹿。若无虞官，即虛入于林木之中，必不得鹿。」

「惟」，除孔穎達以爲「商度」外，其餘學者皆無釋，當以爲語助詞也。筆者以爲本爻乃以林中獵鹿爲喻，討論在無虞人引路的狀況下其進退之道。是以「惟」釋爲商度、思惟、思慮之義，比釋爲語助詞意涵更加豐富，故從孔說。

「幾」，王弼、孔穎達以爲「語辭，無義。」朱熹《周易本義》：「君子見幾」，「幾」則釋作「幾微」。南、徐以爲「見機而作」之「機」。黃忠天亦以爲「見幾而作」，但「幾」爲事理之微。〔註159〕徐志銳以爲「幾，即幾微。舍同捨。此句是說，君子之人如果懂得幾微之理，見此情景就應該捨棄田獵對象不獵捕，因爲追趕下去必然帶來悔恨而遭致窮困。」〔註160〕

筆者以爲不論「見幾」或「知幾」，皆須增字解義，故此採王弼「語辭，無義」說法。「君子幾不如舍」即「君子不如舍」；因六三既無法與九五相應，不如捨棄上求九五之心。以免「往吝」。王弼《注》：「往吝，窮也。」「往吝」即「往則吝」，前進亦窮阻難通。

「舍」，孔穎達以爲「休舍」，朱熹以爲「舍（捨）去」南、徐以爲「退捨放棄」。其中較值得討論是孔穎達「休舍」之說，筆者以爲「休舍」即罷休捨棄。賴師貴三則提出「舍」有住宿之義。如《左傳‧宣公二年》：「宣子田於首山，舍于翳桑。」故「休舍」可爲紮營休息。〔註161〕提供了另一種思考

〔註157〕（漢）趙岐注，（宋）孫奭疏：《孟子注疏》（台北：藝文印書館，1989年），頁107。

〔註158〕（漢）毛亨傳，（唐）孔穎達正義：《毛詩正義》，（台北：藝文印書館，1989年），頁235。

〔註159〕黃忠天：《周易程傳註評》（高雄：復文圖書出版社，2006年12月），頁43。

〔註160〕徐志銳：《周易大傳新注》（台北：里仁書局，2001年3月），53。

〔註161〕賴師貴三以爲「六三：即鹿无虞，惟入于林中。君子幾不如舍。往吝。」可釋爲六三無法與九五相應，就如同獵鹿者沒有虞官相助，忖度繼續進入深林

方向。

　　帛書本「虞」作「華」，二字雖可通假。廖名春《帛書《周易》論集》亦提出另一種看法：「華當讀爲嘩。『即鹿毋華』意謂將入山林，毋得喧嘩，恐獸驚而走散。」〔註162〕乍看可通，但筆者以爲若「禁聲不喧嘩以免驚獸」，所必有獲。與下文「君子幾不如舍。往吝。」無法貫通。不若舊說以爲「獵鹿者沒有虞官相助，貿然入林將有悔吝，不如放棄繼續前進的想法」更佳。

　　今本作「六三：即鹿无虞，惟入于林中。君子幾不如舍。往吝。」的意思是說：六三無法與九五相應，就如同獵鹿者沒有虞官相助，忖度若貿然進入林中將無所獲。君子體察六三無法與九五相應的事實，不如捨棄上求九五之心。否則即使勉強前進，亦會窮阻不通。

　　阜陽本作「六三：毄鹿毋吳，惟入于林中。君子幾不如舍，往吝。卜有求不……」帛書本作「六三：即鹿毋華。惟人于林中，君子幾不如舍。往吝。」其義皆與今本同。

　　1. 上博《周易》：【缺簡】
　　2. 阜陽《周易》：六四：乘馬班如，求婚媾，往，吉，无不利……
　　3. 帛書《周易》：六四，乘馬煩如，求闔厚。往，吉，无不利。
　　4. 今本《周易》：六四，乘馬班如，求婚媾，往，吉，无不利。

【文字考釋】

　　阜陽本、帛書本六四爻辭殘，皆據今本補。

【爻辭釋讀】

〈象〉曰：

　　　　求而往，明也。（頁23）

《周易集解》引虞翻曰：

　　　　乘，三也。謂三巳變坎，爲馬，故曰「乘馬」。馬在險中，故「班如」
　　　　也。或說乘初，初爲建侯，安得乘之也。

又《周易集解》引崔覲曰：

中將無所獲。君子見此幾微，不如暫時在原地紮營休息。否則即使勉強前進，亦會窮阻不通。（賴師於民國九十九年一月十五日博士論文口考中提出）。
〔註162〕廖名春：《帛書《周易》論集》（上海：上海古籍出版社，2008年12月），頁10。

屯難之時，勿用攸往。初雖作應，班如不進。既比于五，五來求婚。男求女，「往吉，无不利」。（頁102）

王弼《注》：

二雖比初，執貞不從，不害己志者也。求與合好，往必見納矣，故曰「往吉，无不利」。（頁23）

孔穎達《正義》曰：

六四應初，故乘馬也。慮二妨已路，故初時班如旋也。二既不從於初，故四求之爲婚，必得媾合，所以「往吉，无不利」。（頁23）

朱熹《周易本義》：

陰柔居屯，不能上進，故爲「乘馬班如」之象。然初九守正居下，以應於己，故其占爲下求婚媾則吉也。（頁48）

南懷瑾、徐芹庭註譯《周易今註今譯》：

屯卦的第四爻（六四），象徵騎乘著馬，排班前進，要求婚姻媾合，去了就會有吉慶，沒有什麼不利的。（頁50）

玉姍案：六四與六二皆用「乘馬班如」、「求婚媾」爲象徵。然六二與初九相近而不相得，故言「屯如、邅如」；又受初九之牽制，無法與九五相應，故曰「匪寇婚媾」。六四得與初爻相應相合，故爻辭以婚媾爲爲喻，孔穎達以爲「六四應初，故乘馬也。慮二妨已路，故初時班如旋也。二既不從於初，故四求之，爲婚必得媾合，所以往吉无不利。」可從。南、徐以爲「排班前進」，並未點出盤旋難進之義，不如王孔舊說。

今本作「六四，乘馬班如，求婚媾，往，吉，无不利」的意思是說：六四與初九相應，過程雖遭阻撓；有如馬隊涉遠，盤旋難進。但六四與初九最後還是可以相合，因此有如求取婚姻，只要勇於前往求進，必有吉慶，不會有不利的結果。

帛書本作「六四，乘馬煩如，求閩厚。往，吉，无不利。」其義與今本同。

1. 上博《周易》：【缺簡】

2. 阜陽《周易》：九五：肫其膏，小貞吉，大貞兇。

3. 帛書《周易》：九五，屯其膏。小貞吉，大貞凶。

4. 今本《周易》：九五，屯其膏。小貞吉，大貞凶。

【文字考釋】

（一）帛書本、今本「大貞凶」之「凶」，阜陽本作「兇」。

玉姍案：《說文・凶》：「惡也。象地穿交陷其中也。凡凶之屬皆從凶。」（頁 337）又《說文・兇》：「擾恐也。從儿在凶下。」（頁 337）季師《說文新證・凶》：

「甲金文未見凶字……凶可能是兇的分化字；當然，兇字也可能是從儿、凶聲。楚帛書凶字從凵從乂（五的初文，表交牾、牾逆之意），也可能是以此會凶惡之意。」〔註163〕是故「凶」、「兇」應爲一字之分化，或「兇」爲從「凶」得聲之形聲字。戰國趙璽有「**凶**（匈）奴相邦」（璽彙 0094），「**凶**（兇）」假借爲「匈奴」之「匈」。今所謂「吉凶」之「凶」，馬王堆帛書中有作「凶」亦有作「兇」。如帛書《出行占》：「以行大**凶**（凶）。」與今本用法同。而今本《老子・第十六章》：「妄作凶」，帛書《老子.甲.23》作「帯作**兇**（兇）」。〔註164〕故今本、帛書本作「大貞凶」，阜陽本作「大貞兇」，應屬正常現象。

【爻辭釋讀】

〈象〉曰：

屯其膏，施未光也。（頁 23）

《周易集解》引虞翻曰：

坎雨稱「膏」。《詩》云：陰雨膏之，是其義也。（頁 103）

王弼《注》：

處屯難之時，居尊位之上，不能恢弘博施，无物不與，拯濟微滯，亨于群小，而繫應在二。屯難其膏，非能光其施者也，固志同好，不容他間。小貞之吉，大貞之凶。（頁 23）

孔穎達《正義》：

「屯其膏」者，膏謂膏澤、恩惠之類。言九五既居尊位，當恢弘博施，唯繫應在二，而所施者褊狹，是屯難其膏。「小貞吉、大貞凶」者，貞，正也。出納之吝，謂之有司，是小正爲吉；若大人不能恢弘博施，是大正爲凶。（頁 23）

朱熹《周易本義》：

〔註163〕季師旭昇：《說文新證・上》（台北：藝文印書館，2002 年 10 月），頁 584。
〔註164〕陳松長編：《馬王堆簡帛文字編》（北京：文物，2001 年），頁 299。

九五以陽剛中正居尊位，然當屯之時，限於險中，雖有六二正應，而陰柔才弱，不足以濟。初九得民於下，眾皆歸之。九五坎體，有膏潤而不得施，為「屯其膏」之象。占者以處小事，則守正猶可獲吉；以處大事，則雖正不免於凶。（頁 48～49）

南懷瑾、徐芹庭註譯《周易今註今譯》：

比之於人事，等於一個正人君子，雖然處在適當的位置上，但四周受到群陰小人的包圍，始終不能發揮作為。這正如屯卦六二爻受牽制的情形一樣，只能守正不阿以自處，用在小事上，稍有吉利。如果用在大事，便會受到一群陰險小人的包圍，而必然會遭遇大凶的。（頁 50～51）

玉姍案：九五居屯卦外卦中位，陽剛中正，與六二相應。然介於兩陰爻（六四、上六）之間，難以大加施展；如同膏澤雖有發揮光熱的能力，但困於環境，無法發施它的光輝。故孔穎達《正義》曰：「言九五既居尊位當恢弘博施，唯繫應在二，而所施者褊狹，是屯難其膏。」〈象〉亦曰：「屯其膏，施未光也。」引申於人事上，則如君子雖得其所，但受到小人的包圍，故無法一展抱負。小事尚可守正，故為吉。若是大事，反因守正而遭逢凶險。

今本「九五：屯其膏。小貞吉，大貞凶」的意思是：屯卦九五以膏澤困屯而無法發施光輝為喻。小事尚可守正，故為吉。若是大事，反因守正而遭險。

阜陽本作「九五：肫其膏，小貞吉，大貞兇。」帛書本作「九五：屯其膏。小貞吉，大貞凶。」其義皆與今本同。

1. 上博《周易》：【缺簡】

2. 阜陽《周易》：上六，乘馬班如，泣血漣如。

3. 帛書《周易》：尚六，乘馬煩如，汲血連如。

4. 今本《周易》：上六，乘馬班如，泣血漣如。

【文字考釋】

阜陽本上六爻辭殘，據今本補。

（一）今本「泣血漣如」之「泣」，帛書本作「汲」。

張立文《周易帛書今注今譯》：

「汲」、「泣」同部字，音近相通，「泣」，禮記檀弓上：「泣血三年。」

鄭注:「言泣無聲如血出。」故曰:「泣血」。〔註165〕

玉姍案:「泣」古音溪紐緝部,「汲」古音見紐緝部。兩字同韻部,聲紐皆為牙音,可以通假。如《郭店楚簡‧忠信之道》:「忠之為術(道),百工不古」,影本裘錫圭案語以為「古」(見紐魚部)當讀為「楛」(溪紐魚部),《荀子‧王霸》:「如是則百工莫不忠信而不楛矣。」「連」、「漣」二字古音皆來紐元部,可通假。

【爻辭釋讀】

〈象〉曰:

泣血漣如,何可長也?(頁23)

《周易集解》引《九家易》曰:

上六乘陽,故「班如」也。下二、四爻雖亦乘陽,皆更得承五,憂解難除。今上无所復承,憂難不解,故「泣血漣如」也。體坎為血,伏離為目,互艮為手,掩目流血,泣之象也。(頁103～104)

王弼《注》:

處險難之極,下无應援,進无所適,雖比於五,五屯其膏,不與相得。居不獲安,行无所適,窮困闉厄,无所委仰,故泣血漣如。(頁23)

孔穎達《正義》:

處險難之極,而下无應援,若欲前進,即无所之適,故「乘馬班如」。窮困闉厄,无所委仰,故泣血漣如。(頁23)

朱熹《周易本義》:

陰柔無應,處屯之終,進無所之,憂懼而已,故其象如此。(頁48～49)

南懷瑾、徐芹庭註譯《周易今註今譯》:

所謂「泣血漣如」的象徵,是從本爻陰窮到極點,有日暮途窮,進無可取、退無可守的險絕情況。所以象辭的解釋,便認為到此為止,無法再有生長的生機了。何以要比喻它有悲泣到流血的象徵呢?……如果就原始質樸的爻象來說,既然用囤積的脂膏,作為九

〔註165〕張立文(張憲江):《周易帛書今注今譯》(台北:臺灣學生書局,1991年),頁307。

五爻的比喻。那麼到了上六，在進而以膏脂外流而形成血淚交流的
的現象，反而比較明顯。（頁52）

玉姍案：《詩・小雅・節南山・雨無正》：「鼠思泣血。」《毛傳》：「無聲
曰泣血。」〔註166〕《禮記・檀弓上》：「泣血三年。」鄭《注》：「言泣無聲如
血出。」〔註167〕故「泣血」應指哭泣時無聲，如流血時亦無聲，非虞翻所謂
「血流出目」，亦非南懷瑾所謂「悲泣到流血」。

上六處屯卦之終，處險難之極；雖比於九五，然九五屯其膏，不與相得。
若欲前進，亦无所之適，故曰「乘馬班如」；居不獲安，行无所適，故曰「泣
血漣如」。爻辭本身意涵已經相當清楚明白，故《九家易》、虞翻所引申出「坎
爲血」等解釋，僅作爲參考資料而不採用。

今本「上六：乘馬班如，泣血漣如。」意思是說：屯卦上六處險難之極
而无所適之，有如馬隊盤桓難進。面對困窮處境，只能默默流淚不止。

帛書本作「尙六：乘馬煩如，汲血連如。」其義與今本同。

第四節　蒙　卦

一、卦名釋義

《說文》：「蒙，王女也。」（頁 46）《爾雅・釋草》：「唐、蒙，女蘿。」
〔註168〕《經典釋文》：「蒙，蒙也，稚也。方言云：『蒙，萌也』」《周易集解》
引鄭玄云：「蒙，幼小之貌，齊人謂『萌』爲『蒙』也。」（頁 104）《說文》：
「萌，艸木芽也。」（頁 38）

玉姍案：「蒙」本義爲某種草名。蒙卦之「蒙」，爲「萌」之假借。故「蒙
（萌）」有人之始生，智力未開之義；引伸亦有蒙昧幽暗，韜光養晦之義。如
朱熹《易本義》：「蒙，昧也。物生之初，蒙昧未明也。」之義也（頁 63）。

〈序卦〉曰：「物生必蒙，故受之以蒙。蒙者，蒙也；物之穉也。」（頁

〔註166〕（漢）毛亨傳，（唐）孔穎達正義：《毛詩正義》，（台北：藝文印書館，1989
　　　　年），頁 411。
〔註167〕（漢）鄭玄注，（唐）孔穎達正義：《禮記注疏》（台北：藝文印書館，1989
　　　　年），頁 129。
〔註168〕（晉）郭璞注，（宋）邢昺疏：《爾雅注疏》（台北：藝文印書館，1989 年），
　　　　頁 140。

187）《周易集解》引崔覲云：「萬物始生之後，漸以長稚，故言物生必蒙。」（頁 104）屯爲萬物始生，萬物既生而漸長爲稚幼之貌，故蒙卦在屯卦之後。

蒙卦，今本《周易》卦畫作「䷃」，上艮山，下坎水。〈象〉曰：「山下出泉，蒙。君子以果行育德。」（頁 23）〈彖〉曰：「蒙，山下有險，險而止，蒙。」（頁 23）孔穎達《正義》：「山下出泉，未有所適之處，是險而止，故蒙昧之象也。君子當發此蒙道，以果決其行。」（頁 21）玉姍案：蒙卦卦象上艮山，下坎水，象徵山下出泉，而未有所適之處，這是蒙昧的現象。君子觀此而知在智力未開、事理未明之際，可能會遇到險阻危難，需要有人來指點啓發。因此如有童蒙來問，君子當發其蒙昧；尋常之時則養育其德。賴師貴三以爲蒙卦卦畫「䷃」，上艮山，下坎水，有《論語・雍也》：「子曰：『知者樂水，仁者樂山。』」〔註169〕之「仁」、「智」象徵；「山下出泉」即《孟子》：「源泉混混，不舍晝夜，盈科而後進，放乎四海。」〔註170〕是爲啓發童蒙後豁然貫通之象，〔註171〕亦可從之。

二、卦爻辭考釋

（一）卦辭考釋

1. 上博《周易》：尨：亨。匪我求童尨，童尨求我。初筮告，再三瀆，瀆則不告。利貞。

2. 阜陽《周易》：蒙：亨。匪我求童＝ 蒙＝ 求我。初筮告再三瀆＝ 則不告。利貞。

3. 帛書《周易》：蒙：亨。匪我求童蒙，童蒙求我。初筮吉，再參擩，擩即不吉。利貞。

4. 今本《周易》：蒙：亨。匪我求童蒙，童蒙求我。初筮告，再三瀆，瀆則不告。利貞。

【文字考釋】

〔註169〕（魏）何晏等注，（宋）邢昺疏：《論語注疏》（台北：藝文印書館，1989 年），頁 54。

〔註170〕（漢）趙岐注，（宋）孫奭疏：《孟子注疏》（台北：藝文印書館，1989 年），頁 145。

〔註171〕賴師貴三於 2009 年 12 月 17 日博士論文發表會中提出。

　　阜陽本、帛書本卦辭殘，皆據今本補。上博本卦名殘，據六四爻辭補，今本經文「蒙」，上博本皆補「尨」字，其餘經文據今本補。阜陽本有重文符「＝」，「匪我求童＝蒙＝求我。初筮告再三瀆＝則不告。利貞。」當讀爲「匪我求童蒙，童蒙求我。初筮告，再三瀆，瀆則不告」。

（一）帛書本、今本「蒙」，上博本六四、六五、上九爻辭對應處皆作「尨（尨）」。濮茅左隸以爲「尨」通「蒙」：

> 「尨」，《說文・犬部》：「尨，犬之多毛者，从犬从彡。」音與「蒙」
> 通，《經典釋文》：「尨，莫江反，又音蒙。」〔註172〕

　　玉姍案：帛書本、今本「蒙」卦之「蒙」，上博本作「尨」。阜陽本、帛書本卦辭之「蒙」皆殘，據其他卦爻辭補。「尨」、「蒙」上古音同爲明紐東部，可通假。

（二）今本「初筮告」，帛書本作「初筮吉」。

張立文《周易帛書今注今譯》：

> 「初筮吉」，王弼本、周易集解本「吉」字均作「告」。禮記表記引
> 此文，公羊傳定公十五年引易此文，漢書藝文志引易此文，亦均作
> 「告」。惟漢石經殘字只存下字「瀆則不吉」兩字。今從帛書周易作
> 「吉」，下文作「不吉」。〔註173〕

陳惠玲《《上海博物館藏戰國楚竹書（三）・周易》研究》：

> 今本「初筮告」、「瀆則不告」，「告」字，帛書本作「吉」，馬王堆
> 漢墓帛書整理小組隸作「吉」。《夬》卦卦辭今本作「告自邑」，「告」
> 字，帛書本作「吉」，馬王堆漢墓帛書整理小組隸作「告」。帛書本
> 「告」、「吉」二字，字形相當接近，容易相混，帛書本蒙卦卦辭隸
> 作「告」字亦可。〔註174〕

　　玉姍案：帛書本「告」、「吉」字形相當接近，容易相混，例如：

〔註172〕馬承源主編：《上海博物館藏戰國楚竹書（三）》（上海：上海古籍出版社，2003
　　　　年12月），頁137。
〔註173〕張立文（張憲江）：《周易帛書今注今譯》（台北：臺灣學生書局，1991年），
　　　　頁188。
〔註174〕陳惠玲：《《上海博物館藏戰國楚竹書（三）・周易》研究》（臺灣師範大學國
　　　　文教學所碩論，2005年8月），頁13。

	字形／詞例	字形／詞例
吉	不言**吉**（吉）凶焉（二.008）	西東北南皆**吉**（吉）（出.031）
告	自邑**告**（告）命（繆.069）	敢**告**（告）東君明星（養.191）

故帛書本蒙卦卦辭亦有可能是「告」字，而被整理者隸定作「吉」。今暫從馬王堆漢墓帛書整理小組隸作「吉」。

（二）今本「再三瀆」之「瀆」，阜陽本作「償」，帛書本作「擣」。

  玉姍案：「瀆」、「償」、「擣」上古音皆爲定紐屋部，可以通假。

【卦辭釋讀】

〈彖〉曰：

  蒙，山下有險，險而止，蒙。「蒙，亨」，以亨行，時中也。「匪我求童蒙，童蒙求我」，志應也。初筮告，以剛中也。再、三瀆，瀆則不告，瀆蒙也。蒙以養正，聖功也。（頁23）

〈象〉曰：

  山下出泉，蒙。君子以果行育德。（頁23）

王弼《注》：

  「筮」，筮者決疑之物也。童蒙之來求我，欲決所惑也。決之不一，不知所從，則復惑也。故初筮則告，再、三則瀆。瀆，蒙也。能爲初筮，其唯二乎！以剛處中，能斷夫疑者也。（頁23）

孔穎達《正義》：

  蒙者，微昧闇弱之名。物皆蒙昧，唯願亨通，故云「蒙：亨」。「匪我求童蒙，童蒙求我」者，物既闇弱而意願亨通，即明者不求于闇，即匪我師德之高明往求童蒙之闇，但闇者求明，明者不諮于闇，故云「童蒙求我」也。「初筮告」者，初者，發始之辭；筮者，決疑之物。童蒙既來求我，我當以初始一理剖決告之。「再、三瀆，瀆則不告」者，師若遲疑不定，或再或三，是褻瀆，瀆則不告。童蒙來問，本爲決疑，師若以廣深二義再三之言告之，則童蒙聞之，轉亦瀆亂，故不如不告也。（頁23）

朱熹《易本義》：

  蒙，昧也。物生之初，蒙昧未明也。其卦以坎遇艮，山下有險，蒙之地也；內險外止，蒙之意也。故其名爲「蒙」。「亨」以下，占辭

也。九二內卦之主，以剛居中，能發人之蒙者，而與六五陰陽相應，
故遇此卦者，有亨道也。我，二也。童蒙，幼稚而蒙昧，謂五也。
筮者明，則人當求我而其亨在人。筮者暗，則我當求人而亨在我。
人求我者，當視其可否而應之。我求人者，當致其精一而扣之。而
明者之養蒙，與蒙者之自養，又皆利於以正也。（頁51）

高亨《周易古經今注》：

言求筮者初來求筮，則為之筮，而告以休咎。若不信初筮，反覆然
疑，而再三求筮，是狎辱筮人，則不為之筮也。〔註175〕

黃師慶萱《周易讀本》：

每一問題，初次發問，必須訴他。再三地問，顯示學者疏忽或愚笨，
這樣就不必告訴他了。教育之道，教者學者，都必須有正確的態度；
採用適當的方法，使蒙童得益。〔註176〕

南懷瑾、徐芹庭註譯《周易今註今譯》：

蒙卦，具有亨通的德性。而且有開始教化的象徵。不是我去要求蒙
童來受教，就是蒙童來求教於我。猶如要求卜筮一樣，初來時真誠
的求教，便要告知他。如果再三煩瑣，便有褻瀆的意思，就不可以
再告知他了。本卦又具備有利和貞正的作用。（頁53）

　　玉姍案：蒙卦上艮下坎，象山下有險。蒙卦的亨通來自君子行動之合時
適中也。王弼、孔穎達皆以為童蒙求我以解惑。如果師者為了廣深其義，不
能一次斷決，反再而三的告之蒙者，會使蒙者瀆亂不知所從，反而更增疑惑。
物皆蒙昧，希望能夠亨通，故曰「蒙：亨」。朱熹以為遇蒙卦者自然有亨通之
道。不論是人求我，還是我求人，只要能守「明者之養蒙，與蒙者之自養」
的原則，就可以「皆利於以正也」。高亨、黃師慶萱、南懷瑾則以為問者如果
不信初筮，反覆再三問求，則是狎辱褻瀆施教者（如筮人、學者），施教者就
不當再回應了。

　　從以上的說法中，可以發現學者對於「童蒙求我。初筮告，再三瀆，瀆
則不告」的解釋分為兩派。王弼、孔穎達皆以為「童蒙求我。（我）初筮告，
（我）再三瀆，瀆則（我）不告。」高亨、黃師慶萱、南懷瑾則以為「童蒙
求我。（我）初筮告，（童蒙）再三瀆，瀆則（我）不告。」所發生歧義之處

〔註175〕高亨：《周易古經今注》（台北：文笙書局，1981年3月），頁17～18。
〔註176〕黃師慶萱：《周易讀本》（台北：三民書局，2001年3月），頁85。

在於「再三瀆」一詞的主角是施教者（師者）或求教者（童蒙）。雖然兩種用法於文義皆通，然筆者以為文言文雖然精練，但敘述句中，如果主詞有所變動，應該會特別寫出以防混淆；如果文義真如高亨等人所解，由於主詞由「我——童蒙——我」共經三變，原文爻辭應該作「童蒙求我。（我）初筮告，（童蒙）再三瀆，瀆則（我）不告」，以防閱讀上的誤解。故在此筆者還是採取王弼、孔穎達之說，將本爻辭的主詞皆設定為「我（師者、施教者）」，則不必增文解經，即可疏通文義。

賴師貴三則以為「瀆」可以是「溝瀆」之「瀆」，引申而有通、貫通之義。「再三瀆，瀆則不告」之意為「經我再三啟蒙，對方豁然貫通，既然已經貫通明白了，我就不再告知了。」〔註177〕於文義亦可通，可作為另一種思考方向。

今本「蒙：亨。童蒙求我。初筮告，再三瀆，瀆則不告。利貞。」意思是：蒙卦有啟蒙亨通的德性。不是我去求童蒙，而是童蒙來求教於我。以卜筮作為象徵，就如同將初筮結果告訴他，但如果接二連三地卜筮並告知，就有褻瀆之義。與其褻瀆還不如不告訴他，才能利於貞正。

阜陽本作「蒙：亨。匪我求童＝蒙＝求我。初筮告，再三償＝則不告。利貞。」其義與今本同

帛書本作「蒙：亨。匪我求童蒙，童蒙求我。初筮吉，再參擯，擯即不吉。利貞。」意思是：蒙卦有啟蒙亨通的德性。不是我去求童蒙，而是童蒙來求教於我。以卜筮作為象徵，就如同初筮結果雖得吉占，但如果還不放心而接二連三地卜問同一事，就褻瀆了神靈，神明將降以「不吉」之占。此卦利於貞正之人。

（二）爻辭考釋

1. 上博《周易》：初六：發尨，利用刑人，用說桎梏，以往吝。
2. 阜陽《周易》：初六：發蒙，利用刑人，用說桎梏，以往吝。
3. 帛書《周易》：初六，廢蒙，利用刑人，用說桎梏，已往閵。
4. 今本《周易》：初六：發蒙，利用刑人，用說桎梏，以往吝。

【文字考釋】

上博本、阜陽本初六爻辭殘，皆據今本補。

〔註177〕賴師貴三於 2009 年 12 月 17 日博士論文發表會中提出。

（一）今本「發蒙」之「發」，帛書本作「廢」。

玉姍案：今本「發蒙」之「發」，帛書本作「廢」。「廢」從「發」得聲，故二字可通假。

（二）今本「以往吝」，帛書本作「已往閵」。

張立文《周易帛書今注今譯》：

「已」與「以」通。……詩卷伯：「亦已太甚。」白帖九十三作「亦以太甚」。是其證也。「閵」假借爲「吝」。〔註178〕

玉姍案：今本「以往吝」，帛書本作「已往閵」。「已」與「以」上古音皆余紐之部，故可通假。典籍中「已」與「以」互通之例甚多，此不再贅敘。

「吝」上古音來紐諄部，「閵」上古音來紐眞部，二字聲同，眞、諄旁轉，故可通假。今本「吝」字，帛書本均作「閵」，以下章節不再贅敘。

【卦辭釋讀】

〈象〉曰：

「利用刑人」，以正法也。（頁24）

王弼《注》：

處蒙之初，二照其上，故蒙發也。蒙發疑明，刑說當也，「以往吝」，刑不可長。（頁24）

孔穎達《正義》：

「發蒙」者，以初近於九二，二以陽處中，而明能照闇。故初六以能發去其蒙也。「利用刑人，用說桎梏」者，蒙既發去，无所疑滯，故利用刑戮于人，又利用說去罪人桎梏，以蒙既發去，疑事顯明。刑人說桎梏皆得當。在足曰「桎」，在手曰「梏」。《小雅》云：「杻謂之梏，械謂之桎。」「以往吝」者，若以正道而往，即其事益善矣。若以刑人之道出往，往之即有鄙吝。（頁24）

朱熹《易本義》：

以陰居下，蒙之甚也。占者遇此，當發其蒙，然發之之道，當痛懲而舍之以觀其後，若遂往而不舍，則致羞吝矣。戒占者當如是也。（頁51）

〔註178〕張立文（張憲江）：《周易帛書今注今譯》（台北：臺灣學生書局，1991年），頁180。

南懷瑾、徐芹庭《周易今註今譯》：

> 蒙卦初六爻，有啓發蒙昧的象徵。利用它來刑正他人是有利的。但
> 它的用處，是利用桎梏的刑罰做爲告誡。過此以往便有憂吝。……
> 總之，本卦初爻開始發動的現象，猶如山下開始流出泉水，起初是
> 氾濫無歸，必須加以範圍才好。如果由它亂流，當然會不好。所以
> 便由它而引出教育方法上的觀念，用作啓發並防止蒙童犯過的比
> 喻。（頁 55～56）

　　玉姍案：「發蒙」，王、孔以爲九二照初，而能啓發其蒙昧；各家之說亦
有「啓發蒙昧」的意思，皆可通。初六近於九二，九二以陽爻處中，象光明
能照耀黑暗，故初六有發去蒙昧的象徵。

　　「利用刑人，用說桎梏，以往吝」，各家見解較爲分歧。筆者以爲，啓發
蒙昧之時，「刑」是一種必要的手段，然達到「刑而正之」的目的之後，就應
讓受刑人脫下桎梏、得到自由。如果不知適時讓受刑人脫下桎梏，則是背離
「啓蒙」的本意，反而導致令人憂吝的後果。

　　賴師貴三以爲「刑」亦可通「型」，有典型之意，如《詩經‧大雅‧思齊》：
「刑于寡妻，至于兄弟，以御于家邦。」〔註179〕之「刑」。就一方面而言「利
用刑人」是利於用刑罰來糾正他人，就另一方面而言，他人因而得到規範型
正後，就可脫離桎梏，這是一體兩面的說法，可從之。

　　今本「初六：發蒙。利用刑人，用說桎梏，以往吝」意思是說：初六近
於九二，九二以陽爻處中，象光明能照暗，故初六有發去蒙昧的象徵。利於
用刑罰來糾正他人，但應在達到「刑而正之」的目的後，讓受刑人適時脫下
桎梏；如一直用刑不知停止，反而導致令人憂吝的後果。

　　帛書本作「初六，廢蒙，利用刑人，用說桎梏，已往閵。」其義與今本同

1. 上博《周易》：九二：包尨，吉。納婦吉，子克家。
2. 阜陽《周易》：九二：包蒙，吉。老婦吉，子克家。利嫁……人不吉。
3. 帛書《周易》：九二，枹蒙，吉。入婦吉，子克家。
4. 今本《周易》：九二：包蒙，吉。納婦吉，子克家。

〔註179〕（漢）毛亨傳，（唐）孔穎達正義：《毛詩正義》（台北：藝文印書館，1989
　　　　年），頁 561。

【文字考釋】

上博本、阜陽本九二爻辭殘，皆據今本補。

（一）阜陽《周易》比他本多出「利嫁……人不吉」等異文。

玉姍案：阜陽《周易》比它本多出「利嫁……人不吉」等異文。因殘缺而僅存「利嫁……人不吉」三字，僅能推測所卜問之事爲嫁娶相關事宜，「利嫁……」可能爲利於嫁娶。「……人不吉」則難以推斷其意。

（二）今本「包蒙」之「包」，帛書本作「枹」。

玉姍案：「包」、「枹」古音皆爲幫紐幽部，聲韻皆同可以通假。

（三）今本「納婦吉」，阜陽本作「老婦吉」，帛書本作「入婦吉」。

張立文《周易帛書今注今譯》：

「入」假借爲「納」。廣韻：「入，納也、得也。」「納」，博雅：「入也。」「入」、「納」義同互訓相通。〔註180〕

韓自強《阜陽漢簡《周易》研究》：

阜易作「老婦吉」，與今本、帛書納（入）婦之義迥別。這是因爲今本和帛書取象於九二應六五，六五爻爲上互之首，上互是坤卦，〈說卦〉：「坤，地也，故稱乎母。」「母」亦稱老婦。筮遇九二爻，故曰「老婦吉」。〔註181〕

玉姍案：「入」（日紐緝部）、「納」（泥紐緝部），韻部相同，聲紐日古歸泥，故二字可通。《廣韻》：「入，納也、得也。」《博雅》：「納，入也。」故「入」、「納」二字義同互訓相通。

阜陽本「納」作「老」（來紐幽部），來紐與泥紐有通假之例，如九店 M五六楚簡二五：「以㲻田邑」李家定說「㲻」即簡四一「利以內（納）田邑」之「納」。〔註182〕韻部緝部與幽部有旁對轉的關係，如《書・顧命》「用克達殷集大命。」漢石經「集」（從紐緝部）作「就」（從紐幽部）。故「老」與「入」、「納」三字可相通。

〔註180〕張立文（張憲江）：《周易帛書今注今譯》（台北：臺灣學生書局，1991年），頁180。

〔註181〕韓自強：《阜陽漢簡《周易》研究》（上海：上海古籍出版社，2004年7月），頁104。

〔註182〕王輝：《古文字通假字典》（北京：中華書局，2008年2月），頁767。

韓自強以爲〈說卦〉：「坤，地也，故稱乎母。」「母」亦稱老婦。筮遇九二爻，故曰「老婦吉」。亦可聊備一說。

【爻辭釋讀】

〈象〉曰：

「子克家」，剛柔節也。（頁24）

王弼《注》：

以剛居中，童蒙所歸，包而不距，則遠近咸至，故「包蒙，吉」也。婦者，配己而成德者也。體陽而能包蒙，以剛而能居中，以此納配，物莫不應，故「納婦吉」也。處于卦內，以剛接柔，親而得中，能幹其任，施之于子，克家之義。（頁24）

孔穎達《正義》：

「包」謂包含，九二以剛居中，童蒙悉來歸己，九二能含容而不距，皆與之決疑，故得吉也。九二以剛居中，陰來應之。「婦」謂配也，故納此匹配而得吉也。此爻在下體之中，能包蒙納婦，任內理中，幹了其任，即是子孫能克荷家事，故云「子克家」也。（頁24）

朱熹《易本義》：

九二以陽剛爲內卦之主，統治群陰，當發蒙之任者，然所治既廣，物性不齊，不可一概取必。而爻之德，剛而不過，爲能有所包容之象。又以陽受陰，爲「納婦」之象。又居下位而能任上事，爲「子克家」之象。（頁51）

南懷瑾、徐芹庭《周易今註今譯》：

蒙卦的第二爻（九二），包含蒙卦的中心，是吉的，尤其象徵娶妻，最吉。而且含有長子能夠成家立業的好現象。（頁56）

玉姍案：九二以陽居中，與初六、六三陰爻相接，象徵能包納蒙昧者而不拒，故曰「包蒙，吉」。以剛居中，以此納配，物莫不應，故能得傳承。以人事象徵，以剛接柔有如男子娶妻得吉，並有子能繼承家業，故曰「納婦吉，子克家」。

今本「九二：包蒙，吉。納婦吉，子克家。」意思是說：九二以陽居中，能與初六、六三相接，象徵不拒童蒙，能包納蒙昧，故得吉。以人事象徵，則娶妻得吉，並有賢子能繼承家業。

帛書本作「九二，枹蒙，吉。入婦吉，子克家。」其義與今本同。

1. 上博《周易》：六晶，勿用取女。見金夫，不又躬，亡卤秭。

2. 阜陽《周易》：六三：勿用取女，見金夫，⬚不⬚有躬，无⬚囟利⬚。

3. 帛書《周易》：六三：勿用取⬚女，見金⬚夫，不有躬，无攸利。

4. 今本《周易》：六三：勿用娶女，見金夫，不有躬，无攸利。

【文字考釋】

阜陽本、帛書本六三爻辭殘，皆據今本補。

（一）今本「六三」之「三」，上博本作「🐛（晶）」。

原考釋濮茅左以爲「晶」當爲「參」之本字，此用作「三」：

> 「晶」，用作「三」，楚竹書《周易》中的「三」字，均作此形。與
> 甲骨文「🔸」（《殷虛文字甲編》六七五片）等字形同，象三星形。
> 甲骨文、簡文「晶」當「參」之本字。《詩·國風·綢繆》「綢繆束
> 薪，三星在天」，毛傳：「三星，參也。」「參」，本作「曑」。〔註183〕

陳惠玲《《上海博物館藏戰國楚竹書（三）·周易》研究》：

> 楚簡本「晶」爲「參」之省「人」、省「彡」，因此「晶」直接讀作
> 「參」。戰國文字「參」常讀作「三」，中山王鼎「參軍」，讀作「三
> 軍」，中山王鼎「參殜」讀作「三世」。楚系文字「參」字作🔸（《帛
> 甲》2.21）、🔸（《郭》16.67）、🔸（《信》1.3）、🔸（《包》2.12）。
> 其中《信》1.3 簡的🔸字形，爲省「彡」聲或「三」聲的「參」字，
> 讀爲「參」，〔註184〕和《上博三·周易》此字的情形同。故楚簡本
> 「晶」即「參」之省形，讀作「三」。〔註185〕

玉姍案：陳惠玲之說可從。「🐛」爲「🔸（晉.璽彙673）」形省「人」、省
「彡」。說文：「參，商星。從晶、彡聲。」（頁316）季師《說文新證·參》：
「『參』象參星在人頭上，參星與商星爲二，《說文》釋義誤。〔註186〕……『參』

〔註183〕馬承源主編：《上海博物館藏戰國楚竹書（三）》（上海：上海古籍出版社，2003
　　　　年12月），頁136。

〔註184〕字形取自季師旭昇：《說文新證·上》（台北：藝文印書館，2002年10月），
　　　　頁547。

〔註185〕陳惠玲：《《上海博物館藏戰國楚竹書（三）·周易》研究》（臺灣師範大學國
　　　　文教學所碩論，2005年8月），頁21。

〔註186〕《說文》：「參，商星也。從晶、彡聲。」見（漢）許慎著、（清）段玉裁注：

字上象參星之形，故三『日』型或『0』形中有三畫相連，以示與『晶』字不同，即使秦系睡簡仍然保留這種寫法，顯然『參』字上部不從『晶』。說文謂『從晶』，不可從。」〔註187〕

　　「參」之本義爲「參星」，戰國楚系文字「參」字省形作 （《郭》16.67）、（《信》1.3）、（《包》2.12）等形。上博本「」字與 （《信》1.3）形同。此假借爲數字之「三」。

（二）今本「不有躬」之「躬」，上博本作「（躳）」。阜陽本、帛書本皆作「躳」。

　　　張立文《周易帛書今注今譯》：

　　　　「躳」爲「躬」之異體字。帛書周易作「」。說文：「躬或從弓，身也。」五經文字：「躬，俗躳字，今經通用。」「躳」與躬形近。「躬」，躳本字。說文：「躳，身也。從呂從身。」……躳從宮身。躳、躬之偏旁「宮」和「弓」同屬東韻，音同而通。〔註188〕

濮茅左《上海博物館藏戰國楚竹書（三）・周易》考釋：

　　　　「躳」，古「躬」字，《集韻》：「躳，《說文》：『身也』，一曰『親也』，或從弓，又姓。」馬王堆漢墓帛書《周易》作「躳」，從宮聲，阜陽漢簡《周易》同，今本作「躬」。〔註189〕

陳惠玲《《上海博物館藏戰國楚竹書（三）・周易》研究》：

　　　　「躳」，從身，呂聲。……「呂」應是「宮」的初文，「宮」甲骨文作 （《甲》210.3）、（《甲》3073）、（《甲》1029），象宮室之形，後來又加「宀」，表示房室的意思。〔註190〕……楚簡本「躳」字，和馬王堆漢墓帛書本、阜陽本作「躳」，及今本作「躬」，上古音同爲見紐冬韻，可通假。〔註191〕

　　《圈點段注說文解字》（台北：書銘出版社，1992年9月），頁316。

〔註187〕季師旭昇：《說文新證・上》（台北：藝文印書館，2002年10月），頁547。

〔註188〕張立文（張憲江）：《周易帛書今注今譯》（台北：臺灣學生書局，1991年），頁147～148。

〔註189〕馬承源主編：《上海博物館藏戰國楚竹書（三）》（上海：上海古籍出版社，2003年12月），頁137。

〔註190〕參季師旭昇：《說文新證・上》（台北：藝文印書館，2002年10月），頁604。

〔註191〕陳惠玲：《《上海博物館藏戰國楚竹書（三）・周易》研究》（臺灣師範大學國文教學所碩論，2005年8月），頁22～23。

玉姍案：上博本作「軀」，阜陽本、帛書本作「躬」，今本作「躬」，皆爲從「身」之形聲字。「軀」、「躬」、「躬」上古音同爲見紐冬韻，可以通假。

（三）帛書本、今本「无攸利」之「攸」，上博本作「卣」，阜陽本作「卤」。

濮茅左《上海博物館藏戰國楚竹書（三）‧周易》考釋：

> 「卣」，「卣」，不見於字書，字與《卣鼎》作「卣」同，中從土，或釋「卤」，後世以爲「卣」之古文，經典作「卣」，通「攸」，「卣」、「攸」雙聲疊韻，《詩‧大雅‧江漢》「秬鬯一卣」，《經典釋文》：「音酉，又音由，中尊也。本或作攸。」阜陽漢簡《周易》作「卤」。〔註192〕

韓自強《阜陽漢簡《周易》研究》：

> 「卤」，古文作「卤」，今本和帛書本作「攸」。《釋文》：「卣本亦作攸。」《詩‧江漢》：「秬鬯一卣」，釋文：「本或作攸。」「卣」、「攸」古音相同，故相通。〔註193〕

玉姍案：今本「无攸利」，上博本作「亡卣（卣）秒」。《說文‧卣》：「艸木實垂卣卣然。象形。」（頁 320）但根據甲金文字形，「卣（卣）」當爲酒器之形。季師《說文新證》以爲「卣」之本義爲酒器：「甲骨、金文卣字，像弧壺之形。……《說文》小篆隸作『卣』，中作『父』形，當爲戰國以來所從土形的訛變。13、15 形隸定則爲『卤』。」〔註194〕

【字形表】

1. 商‧甲 2354《甲》	2. 商‧無想 347《甲》	3. 商‧乙 7835《甲》
4. 商‧甲 1139《甲》	5. 商‧甲 1276《甲》	6. 商‧京津 4334《甲》
7. 商‧乙 8077《甲》	8. 商‧粹 429《甲》	9. 商‧乙 900《甲》

〔註192〕馬承源主編：《上海博物館藏戰國楚竹書（三）》（上海：上海古籍出版社，2003年 12 月），頁 137。

〔註193〕韓自強：《阜陽漢簡《周易》研究》（上海：上海古籍出版社，2004 年 7 月），頁 104。

〔註194〕季師旭昇：《說文新證‧上》（台北：藝文印書館，2002 年 10 月），頁 384～385。

10. 商・乙 3390《甲》	11. 西周早・孟鼎《金》	12. 西周中・匽壺《金》
13. 春戰・秦・石鼓.作原	14. 戰國・燕・蚔生不戈《集成》	15. 秦・陶彙 5.81

筆者以為甲骨文 1～3 形與 6～8 形最大的差別是 6～8 形卣下有 ⊻（皿），〔註195〕
4～6 形皿形省為 ⌣，甲骨文 1～3 形演變而成 卣（《說文》.小篆），4～6 形則演
變而成 卣（《說文》小篆）其演變軌跡應如下圖所示：

上博本「⬢」形與字形表中 12、14 形同，中央作「土」形，隸定為「卣」。
阜陽本第 21 簡蒙卦「圅」字殘缺不易辨識，編者當根據其他簡完整字形補定，
如簡 125：「不利，有 圅（圅／攸）往」、簡 138「利用（有）圅（圅／攸）往」
〔註196〕所補。阜陽本「圅（圅）」字字未見於其他漢代出土文物中，但秦代〈釋
山碑〉「卣」寫作「⊠」，二字可能同源。「圅」承襲「⊠（秦・釋山碑）」字
寫法，僅省略左下「乚」部件。若筆者所推論可成立，則上博本「卣」，阜陽
本「圅」，實皆「卣」字之異形。「卣」、「攸」二字上古音皆屬余紐幽部，可
以通假。

　　帛書本、今本「无攸利」之「攸」，上博本皆作「卣」，阜陽本皆作「圅」，
以下章節不再贅敘。「攸」之本義為以杖擊人，〔註197〕今常見「所」或「悠遠」
之義均為假借義。

（四）今本「无攸利」之「利」，上博本作「（勑）」。

　　玉姍案：「利」字始見於甲文。季師《說文新證・利》：「甲骨文从刀（或
從勿，勿為以刀割物之意，與从刀同意。）割禾，引申有銛利之意。其後或

〔註195〕于省吾：《甲骨文字詁林》（北京：中華書局，1999 年 12 月），頁 1841。

〔註196〕參考圖版見韓自強：《阜陽漢簡《周易》研究》（上海：上海古籍出版社，2004
　　　　年 7 月），頁 11～12。

〔註197〕參季師旭昇：《說文新證・上》（台北：藝文印書館，2002 年 10 月），頁 229。

從刀、或從勿、或從刃（未必是刃字，可看成刀字加點的繁化）、或從爪（未必是爪字，實亦勿字省體）。秦文字以下都從刀。說文以爲『從和省』並沒有證據。《說文》古文從勿，與古文字材料相同。」〔註198〕

【字形表】〔註199〕

1. 商・粹 1505《甲》	2. 商・粹 673《甲》	3. 西周中・師遽方彝《金》
4. 西周中・利鼎《金》	5. 春戰・晉・侯馬 105:1	6. 戰國・燕・郾王喜矛《集成》
7. 戰國・晉・璽彙 2710	8. 戰國・晉・璽彙 2711	9. 戰國・楚・包 2.122《篆》
10. 戰國・楚・包 2.135《楚》	11. 戰國・楚・包 2.143《楚》	12. 戰國・楚・璽彙 2558
13. 戰國・秦・詛楚.巫咸	14. 秦・青川木牘《秦》	15. 秦・繹山碑《篆》

從禾從勿之「秒」字源自甲文（見字形表字形 1），字形 2 從禾從刀，當爲「以刀割禾」之會意字。字形 1、3 應爲字形 2 之「刀」旁加上飾點。戰國楚文字承襲字形 1、3 寫作「秒」，其來有自。

今本「利」字，上博本皆作「秒」，以下章節不再贅敍。

【爻辭釋讀】

〈象〉曰：

　　勿用取女，行不順也。（頁 24）

王弼《注》：

　　童蒙之時，陰求於陽，晦求於明，各求發其昧者也。六三在下卦之
　　上，上九在上卦之上，男女之義也。上不求三而三求上，女先求男

〔註198〕參季師旭昇：《說文新證・上》（台北：藝文印書館，2002 年 10 月），頁 344
　　～345。

〔註199〕引用自季師旭昇：《說文新證・上》（台北：藝文印書館，2002 年 10 月），頁
　　344。

　　者也。女之爲體，正行以待命者也，見剛夫而求之。故曰「不有躬」
　　也。施之於女，行在不順，故「勿用取女而无攸利」。（頁 24）

孔穎達《正義》：

　　「勿用取女」者，女謂六三，言「勿用」取此六三之女，所以不須
　　者。此童蒙之世，陰求於陽，是女求男之時也。「見金夫」者謂上九
　　以其剛陽，故稱「金夫」。此六三之女，自往求見金夫，女之爲礼，
　　正行以待命而嫁，今先求於夫，是爲女不能自保其躬，固守貞信乃
　　非礼而動，行既不順，若欲取之，无所利益，故云「不有躬，无攸
　　利」也。（頁 24）

朱熹《易本義》：

　　六三陰柔，不中不正，女之見金夫而不能有其身之象也。占者遇之，
　　則其取女必得如是之人，无所利矣。金夫，蓋以金賂己而挑之，若
　　魯秋胡之爲者。（頁 51）

南懷瑾、徐芹庭《周易今註今譯》：

　　蒙卦的第三爻（六三）有不可以去娶女的現象，它有祇見金夫、自
　　身無主的情況，是無所利的。（頁 56）

　　玉姍案：歷代學者多以爲「勿用取女」、「不有躬，无攸利」乃六三以陰
求陽，不合於禮，故此女不可娶的象徵；「金夫」一詞依各家理解不同而說法
各異。筆者以爲「夫」乃「女」之對應之詞，「女」字若有「陰柔」之象徵，
「金」、「夫」二字則有「陽剛、剛健」之意象，是以可能指稱九二或上九；「見
金夫」爲「女」主動往求、上求，故上九的可能性又勝於九二。王弼《注》：
「六三在下卦之上，上九在上卦之上，男女之義也。上不求三而三求上，女
先求男者也。女之爲體，正行以待命者也，見剛夫而求之。故曰『不有躬』
也。施之於女，行在不順，故『勿用取女，而无攸利』」。孔穎達《正義》曰：
「『見金夫』者，謂上九以其剛陽，故稱「金夫」，此六三之女，自往求見金
夫，女之爲礼，正行以待命而嫁，今先求於夫，是爲女不能自保其躬，固守
貞信乃非礼而動，行既不順，若欲取之，无所利益，故云『不有躬，无攸利』
也。」可從。

　　今本「六三：勿用取女。見金夫，不有躬，无攸利」的意思是說：六三
陰柔不正，有不可娶此女的象徵。因爲女子見陽剛之夫，就忘記禮法約束、
身不由己去追求。故娶此女无所利益。

上博本作「六晶：勿用取女。見金夫，不又躬，亡卣秒。」阜陽本作「六三：勿用取女，見金夫，不有躬，无卣利。」帛書本作「六三：勿用取女，見金夫，不有躬，无攸利。」其義均與今本同。

1. 上博《周易》：六四：困戹，吝。
2. 阜陽《周易》：六四：困蒙，吝。
3. 帛書《周易》：六四：困蒙，闇。
4. 今本《周易》：六四：困蒙，吝。

【文字考釋】

阜陽本、帛書本六四爻辭殘，皆據今本補。

【爻辭釋讀】

〈象〉曰：

困蒙之吝，獨遠實也。（頁 24）

王弼《注》：

獨遠于陽，處兩陰之中，闇莫之發，故曰「困蒙」也。困于蒙昧，不能比賢以發其志，亦以鄙矣，故曰「吝」也。（頁 24）

孔穎達《正義》：

六四在兩陰之中，去九二既遠，无人發去其童蒙，故曰困于蒙昧，而有鄙吝。（頁 24）

朱熹《易本義》：

既遠於陽，又无正應，爲困於蒙之象。占者如是，可羞吝也。能求剛明之德而親近之，則可免矣。（頁 51）

南懷瑾、徐芹庭《周易今註今譯》：

蒙卦的第四爻（六四），有受困在蒙叢中的現象，阻塞憂吝而不通。（頁 58）

玉姍案：六四獨遠于九二、上九陽爻，處六三、六五兩陰之中，王弼《注》：「闇莫之發，故曰『困蒙』。」王弼之說可從。後世學者多據此說各自推衍其義。

今本「六四：困蒙，吝。」意思是說：六四處六三、六五二陰爻之間，距九二、上九陽爻甚遠，有受困於蒙昧，無人發蒙的象徵，故鄙吝而不通。

1. 上博《周易》：六五：僮尨，吉。
2. 阜陽《周易》：六五：童蒙，吉。
3. 帛書《周易》：六五：童蒙，吉。
4. 今本《周易》：六五：童蒙，吉。

【文字考釋】

　　阜陽本、帛書本六五爻辭殘，皆據今本補。

（一）帛書本、今本「童蒙」之「童」，上博本作「僮」。

　　濮茅左以爲「僮」字通「童」：

　　　　「僮」，通「童」。《周易・大畜》「童牛之牿」，《説文・告部》段玉
　　　　裁注引「童」作「僮」。《左傳・成公十七年》「胥童」，《韓非子・内
　　　　儲說下》作「胥僮」。今以「僮幼」字作「童」，「僮僕」字作「僮」。
　　　　〔註200〕

　　玉姍案：《說文》：「僮，未冠也。从人，童聲。」（頁 369）「童」本義爲
男性罪犯，引伸爲僮僕，再引伸爲兒童，〔註201〕此取兒童之義。「僮」以「童」
爲聲符，二字常相通，此取「兒童」之義。濮說可從。

【爻辭釋讀】

〈象〉曰：

　　　　童蒙之吉，順以巽也。（頁 24）

王弼《注》：

　　　　以夫陰質居于尊位，不自任察而委于二，付物以能，不勞聰明，功
　　　　斯克矣，故曰「童蒙吉」。（頁 24）

孔穎達《正義》：

　　　　言六五以陰居于尊位，其應在二，二剛而得中，五則以事委任于二，
　　　　不勞己之聰明，猶若童稚蒙昧之人，故所以得吉也。（頁 24）

朱熹《易本義》：

　　　　柔中居尊，下應九二，純一未發，以聽於人，故其象爲童蒙，而其
　　　　占爲如是則吉也。（頁 51）

〔註200〕馬承源主編：《上海博物館藏戰國楚竹書（三）》（上海：上海古籍出版社，2003
　　　　年 12 月），頁 137。
〔註201〕季師旭昇：《說文新證・上》（台北：藝文印書館，2002 年 10 月），頁 154。

南懷瑾、徐芹庭《周易今註今譯》：

> 蒙卦的第五爻（六五），猶如還在蒙童中的童子現象，吉。本卦六五
> 爻，……正在待變、將變、適變的階段。（頁58）

玉姍案：六五下應九二，如童蒙不自任察而委于賢人，故為吉。

今本「六五：童蒙，吉。」意思是說：六五下應於九二，象徵童稚蒙昧
之人，有要事則委於賢者代勞，這是吉利的。

上博本作「六五：僮尨，吉。」帛書本作「六五：童蒙，吉。」其義與
今本同。

1. 上博《周易》：上九，墼尨，不秒為寇，秒迎寇。
2. 阜陽《周易》：上九：擊蒙，不利為寇，利禦寇。
3. 帛書《周易》：尚九，擊蒙，不利為寇，利所寇。
4. 今本《周易》：上九：擊蒙，不利為寇，利禦寇。

【文字考釋】

阜陽本、帛書本上九爻辭殘，皆據今本補。

（一）今本「擊蒙」之「擊」，上博本作「🈳（墼）」。

濮茅左以為「🈳」隸作「設」，為「擊」字：

> 「設」，《集韻》：「設或从心。」《說文·殳部》：「設，相擊中也，
> 如車相擊，故从殳毇也。」《經典釋文》：「設音計，本又作擊。」
> 《睡虎地秦墓竹簡·秦律·司空》「所弗問而久設之」，「設」字也
> 作此形。〔註202〕

裘錫圭〈讀上博簡《容成氏》札記二則〉：

> 右旁作「攴」，左旁似可分析為「🈳」和「土」兩部份。古文字中
> 「殳」「攴」兩個偏旁往往相通。……楚簡字形頂端的「𠂤」形，
> 有些是從「↓」形變來的。……所以我們所討論的字，可以分析為
> 從「土」從「設」省，即「墼」字，在簡文中讀為與之同從「設」
> 聲的「擊」。〔註203〕

〔註202〕馬承源主編：《上海博物館藏戰國楚竹書（三）》（上海：上海古籍出版社，2003
年12月），頁137。

〔註203〕裘錫圭：〈讀上博簡《容成氏》札記二則〉，《古文字研究》第25輯（北京：
中華書局，2004年10月），頁316～317。

陳惠玲《《上海博物館藏戰國楚竹書（三）・周易》研究》：

（⿰土毄）可分析爲從土從㲉省，即「墼」字，與「擊」同爲「㲉」聲。《上博二・容成氏》簡二十二有「⿰⿱東凵攴」字，陳劍、〔註204〕裘錫圭皆以爲讀作「擊」，〔註205〕……「㲉」字，……《馬王堆簡帛文字編》作⿰㲉攴（《戰國縱橫書》116）、⿰㲉攴（《陰陽五行乙編》076），《銀雀山漢簡文字編》作⿰㲉攴（164）、⿰㲉攴（165），由字形演變可知《容成氏》「⿱東凵」字的左形⿱東凵，依裘錫圭所云爲「『東』下加『凵』之形」，簡文字形因形似而寫成《說文》的「𠧢」形及隸楷的「東」形。《容成氏》「⿱東凵」字上端的⼭形，裘錫圭以爲有些是從↓形變來的，如「肯」字，《郭店・語叢二》作肯（1）、《郭店・語叢三》作肯（57）、《郭店・成之聞之》作肯（26）、《郭店・性自命出》作肯（11）。而楚簡「東」字，上端也有寫成⼭形，如……「陳」字作陳（2.7）、陳（2.69）。故可知《容成氏》「⿱東凵」字，左形爲東，下方可能爲凵之省形。

《容成氏》二十二簡⿰⿱東凵攴字和本簡「⿰土毄」字類似，簡文左半的「田」形訛變爲「目」形，其例有「黃」作黃（《望二》策）、黃（《曾》45），亦作黃（《曾》60）。故楚簡本此字從裘錫圭字形分析，可釋爲「墼」，從「㲉」聲，讀作「擊」，與今本作「擊」字可相通。〔註206〕

　　玉姍案：裘錫圭、陳惠玲舉證詳盡，可從。「⿰土毄」字可分析爲从土从「㲉」省，隸作「墼」，讀作「擊」。與今本「擊」字可相通。

（二）今本「利禦寇」之「寇」，上博本作「⿰我戈（寇）」

　　濮茅左以爲「⿰我戈」即「寇」字：

　　　　「寇」，「寇」或从戈，如：「寇」（《九店楚簡》五六・三二），「⿰寇戈」、「⿰寇戈」（《古璽彙編》00 六八、00 六九）等。古文字中，从戈、從攴往往相通，如「啓」，《虢叔鐘》从戈作「啟」。〔註207〕

〔註204〕陳劍：〈上博楚簡《容成氏》與古史傳說〉，（臺灣中央研究院史語所主辦「中國南方文明」學術研討會論文，2003 年 12 月）。

〔註205〕裘錫圭：〈讀上博簡《容成氏》札記二則〉，《古文字研究》第 25 輯（北京：中華書局，2004 年 10 月），頁 316～317。

〔註206〕陳惠玲：《《上海博物館藏戰國楚竹書（三）・周易》研究》（國立台灣師大國文教學所碩論，2005 年 8 月），頁 28～30。

〔註207〕馬承源主編：《上海博物館藏戰國楚竹書（三）》（上海：上海古籍出版社，2003 年 12 月），頁 137。

陳惠玲《《上海博物館藏戰國楚竹書（三）‧周易》研究》：

> 「寇」字，《侯馬‧327》作 [字形]，也作 [字形]。「救」字，（[鄝]篙鐘）作 [字形]，
> 《中山‧56》作 [字形]。以上均爲戈、攴互換之例，故簡文此字爲「寇」
> 無疑。〔註208〕

　　玉姍案：濮茅左、陳惠玲之說可從。「寇」字金文从宀、从攴、从人，戰
國文字多異體，「人」或作「元」、「攴」或作「戈」、「宀」或作「广」（如下
列字形表字形 6、7、8、9、10），亦有加「口」者（如字形 5）。上博本「[字形]」
字與字形 10 同，爲「寇」之異體字。

【字形表】

[字形]	[字形]	[字形]
1. 西周中，召鼎《金》	2. 春秋‧魯少嗣寇盤《金》	3. 春戰‧晉‧侯馬 156.21
[字形]	[字形]	[字形]
4. 春戰‧晉‧侯馬 156:23	5. 春戰‧晉‧侯馬 195:4	6. 戰國‧齊‧陳御寇戈《集成》
[字形]	[字形]	[字形]
7. 戰國‧燕‧璽彙 5691	8. 戰國‧晉‧大梁鼎《集成》	9. 戰國‧晉‧璽彙 3834
[字形]	[字形]	[字形]
10. 戰國‧楚‧包 2.102《楚》	11. 秦‧睡 18.147《篆》	12. 西漢‧春秋事語 12《篆》

（三）今本「利禦寇」之「禦」，上博本作「[字形]（迎）」。

　　濮茅左以爲：

> 「迎」，同「御」，通「禦」。〔註209〕

陳惠玲《《上海博物館藏戰國楚竹書（三）‧周易》研究》：

> 惠玲案：「御」，甲骨文作 [字形]（《甲菁》1.1）、金文作 [字形]（盂鼎）、楚文
> 字作 [字形]（《包》2.13）、[字形]《天.卜》，甲骨文初形從卩從午，午亦聲，
> 會人跪坐持杵操作之意，因此有用、治的意思。〔註210〕簡文「迎」，

〔註208〕陳惠玲：《《上海博物館藏戰國楚竹書（三）‧周易》研究》（國立台灣師大國
　　　　文教學所碩論，2005 年 8 月），頁 31。

〔註209〕馬承源主編：《上海博物館藏戰國楚竹書（三）》（上海：上海古籍出版社，2003
　　　　年 12 月），頁 137。

〔註210〕參季師旭昇：《說文新證‧上》（台北：藝文印書館，2002 年 10 月），頁 120。

從卩從午，加「辵」旁表行動之義。本義原為「用」、「治」之義，
後來假借為「禦」，故楚簡本「迎」字與今本作「禦」字同。〔註211〕

玉姍案：陳惠玲之說可從。上博《周易》「**遳**」與**遳**（《包》2.13）、**遳**《天.
卜》同形，從辵、從午、從卩，為「御」之異體字，假借為「抵禦」之「禦」。

【爻辭釋讀】

〈象〉曰：

利用禦寇，上下順也。（頁24）

王弼《注》：

處蒙之終，以剛居上，能擊去童蒙，以發其昧者也，故曰「擊蒙」
也。童蒙願發而己能擊去之，合上下之願，故莫不順也。為之扞禦，
則物咸附之。若欲取之，則物咸叛矣，故「不利為寇，利禦寇」也。
（頁24）

孔穎達《正義》：

處蒙之終，以剛居上，能擊去眾陰之蒙，合上下之願，故莫不順從
也。若因物之來即欲取之而為寇害，物皆叛矣，故「不利為寇」也。
若物從外來，為之扞禦，則物咸附之，故「利用禦寇」也。（頁24）

朱熹《易本義》：

以剛居上，治蒙過剛，故為「擊蒙」之象。然取必太過，攻治太深，
則必反為之害。惟捍其外誘以全其真純，則雖過於嚴密，乃為得宜。
故戒占者如此。凡是皆然，不只為誨人也。（頁52）

南懷瑾、徐芹庭《周易今註今譯》：

蒙卦的上九爻，有蒙頭遭打擊的象徵。它不利於寇略他人，但有利
於防禦別人侵寇的現象。（頁58～59）

玉姍案：蒙卦有啓發童蒙之義，是以王、孔之說較為恰當，不至於推衍
太過。陳惠玲以為「不利為寇，利禦寇句做正面義，以王、孔之說較佳。」
〔註212〕可從。

〔註211〕陳惠玲：《《上海博物館藏戰國楚竹書（三）·周易》研究》（國立台灣師大國
　　　　文教學所碩論，2005年8月），頁31～32。
〔註212〕陳惠玲：《《上海博物館藏戰國楚竹書（三）·周易》研究》（國立台灣師大國
　　　　文教學所碩論，2005年8月），頁33。

今本「上九：擊蒙，不利爲寇，利禦寇。」的意思是：上九以剛居蒙卦上位，象徵能擊去蒙昧。不利於主動侵寇他人，否則人民會起叛離之心；但若爲防禦而戰，則民心皆歸附之。因此利於防禦侵寇。

上博本作「上九，殹尨，不豺爲寇，豺迎寇。」帛書本作「尚九，擊蒙，不利爲寇，利所寇。」其義與今本同。

第五節　需　卦

一、卦名釋義

《說文》：「需，𩓣也。遇雨不進，止𩓣也。」（頁580）「需」，金文作𩓣（孟簋）、𩓣（白公父簋），「天」象人形，全字會「人遇雨不進」之意。字形與卦象上坎水，下乾天相符，爲遇雨不進，有所待的意思。

〈序卦〉曰：「物釋不可不養也，故受之以需。需者，飲食之道也。」（頁187）蒙有蒙昧幼稚之義，無法自立，須受他人之需養，故需卦在蒙卦之後。

需卦，今本卦畫作「䷄」，上坎水，下乾天。〈象〉曰：「雲上於天，需。君子以飲食宴樂。」（頁32）需卦上坎水，下乾天，爲雲在天上之象。孔穎達《正義》：「坎既爲險又爲雨，今不言險雨者，此象不取險難之義也。故不云險也，雨是已下之物，不是須待之義，故不云雨也。」（頁32）孔說以爲坎水雖有險難之義，但需卦不取「坎險」之義。並以爲雨是已下之物，沒有「須待」之意，故在此曰「雲」不曰「雨」。此爲詮釋〈象〉傳之「待」義所作的解釋。

二、卦爻辭考釋

（一）卦辭考釋

1. 上博《周易》：䷄：又孚，光鄉，貞吉，利涉大川。
2. 阜陽《周易》：需：有孚，光亨，貞吉，利涉大川。
3. 帛書《周易》：襦：有復，光亨，貞吉，利涉大川。
4. 今本《周易》：需：有孚，光亨，貞吉，利涉大川。

【文字考釋】

　　阜陽本卦辭殘，據今本補。

（一）今本卦名「需」，上博本作「𩗴（𩗴）」，帛書本作「襦」。

　　玉姍案：今本卦名「需」，帛書本作「襦」。「襦」以「需」爲聲符，故「需」、「襦」二字可以通假。

　　關於「𩗴」字的隸定，經整理之後可發現共有七種說法：〔註213〕

　　1、濮茅左隸定爲「孤」。〔註214〕

　　2、廖名春認爲此字從勹從子，讀爲「俟」，和「需」韻同、義同。〔註215〕

　　3、徐在國認爲此字上爲「夗」聲，下從子。〔註216〕

　　4、陳爻認爲是「乳」字異體。〔註217〕

　　5、楊澤生認爲是「字」，表乳子之義，爲「孺」字的表意初文。〔註218〕

　　6、黃錫全認爲有可能就是「俛」字，或者「挽」字。〔註219〕

　　7、季師旭昇認爲此字應隸定爲「𩗴」，讀爲「需」。〔註220〕

　　陳惠玲《《上海博物館藏戰國楚竹書（三）・周易》研究》中針對各家說法各有案語引證加以評論，並以爲季師旭昇之說較爲合理。

　　季師《《上博三・周易》「需」卦說》以爲：

　　　　此字應釋爲從子、司聲，即「嗣」字，讀成「需」。《上博二・容成氏》簡23「乃立禹以爲司工」的「司」字作「𠭯」，其上部的「𠃌」形與本簡此字相同。此一形體的演變應是「司」字內部「口」上的「一」形移到最上方，然後這一短橫筆書寫到右方時向下回鋒，於是就變成「𠃌」形了。此字從子、司聲，即「嗣」之異體（參何琳

〔註213〕陳惠玲《《上海博物館藏戰國楚竹書（三）・周易》研究》中資料詳細，故此處不再贅敘，詳見陳氏論文（國立臺灣師大國文教學研究所碩士論文，2005年8月）頁36～47。

〔註214〕馬承源主編：《上海博物館藏戰國楚竹書（三）》（上海：上海古籍出版社，2003年12月），頁138。

〔註215〕廖名春〈楚簡《周易》校釋記（一）〉，簡帛網站2004年4月23日。

〔註216〕徐在國〈上博竹書（三）《周易》釋文補正〉，簡帛研究網站2004年4月24日。

〔註217〕陳爻〈竹書《周易》需卦卦名之字試解〉，簡帛研究網站2004年4月29日。

〔註218〕楊澤生〈上博竹書第三冊零釋〉，簡帛研究網站2004年4月29日。

〔註219〕黃錫全〈讀上博《戰國楚竹書（三）》箚記六則〉，簡帛研究網站2004年4月29日。

〔註220〕季師旭昇《《上博三・周易》「需」卦說》，簡帛研究網站2004年5月3日。

儀先生《戰國古文字典》110 頁）。……「嗣」字從「子」、「司」聲。
「司」聲上古音在心紐之部，「需」在心紐侯部，二字聲紐相同，韻
爲之侯旁轉。之侯旁轉是戰國秦漢間楚地常見的現象，……大徐本
《說文解字》以爲「需（侯部）」從「而（之部）」聲，也屬於之侯
旁轉。據此，簡本此字釋爲從子、司聲，即「嗣」字異體，讀爲「需」，
應無可疑。〔註221〕

陳惠玲《《上海博物館藏戰國楚竹書（三）・周易》研究》：

「嗣」字，商代金文作 （戌嗣鼎）、（曾姬無卹壺），從冊，從
口，司聲、子亦聲，有宣讀冊命的意思。（曾姬無卹壺）省了子形。
《說文》：「諸侯嗣國也，从冊口，司聲。古文嗣，从子。」《說文》
古文「嗣」和簡文類似，但簡文此字上所從的「司」省「口」形，
不過簡文的「」形和《說文》古文「嗣」稍有不同，是否確定爲
「司」？我們觀察「司」字的寫法，《上博二・容成氏》簡 23 作
形、《上博三・仲弓》簡 7 作 形，上部件和簡文吻合，即爲「司」
形無誤。「嗣」字從「子」、「司」聲。「司」聲上古音在心紐之部，「需」
在心紐侯部，二字聲紐相同，韻爲之侯旁轉，亦符合楚簡本《周易》
卦名使用上和今本對照皆爲音近或音同的字。〔註222〕

玉姍案：據此，季師、陳惠玲之說可從。「」字從子、司聲，「司」與「子」
共用「口」。《說文・嗣》：「嗣，諸侯嗣國也。从冊口、司聲。古文嗣，從子。」
（頁 86）。《汗簡》「嗣」字引尚書古文作「」、《古文四聲韻》「嗣」字引古尚
書作「」。三古文皆作從子、司聲，其中《古文四聲韻》「」亦保留有「司」
與「子」共用一個「口」的傾向。故簡文「」當爲「嗣」之古文無疑。

「司」聲上古音在心紐之部，「需」在心紐侯部，二字聲紐相同，韻爲
之、侯旁轉。「（嗣；嗣）」可讀爲「需」。孔穎達《疏》：「需，待也。」
通觀全卦，應以「需待」義爲正。因此上博本「（嗣；嗣）」字，應屬音
近假借。賴師貴三以爲「（嗣；嗣）」可通假爲「俟」（崇紐之部），「俟」
有待義，〔註223〕如《詩・邶風・靜女》：「靜女其姝，俟我於城隅。」〔註224〕

〔註221〕季師旭昇〈《上博三・周易》「需」卦說〉，簡帛研究網站 2004 年 5 月 3 日。
〔註222〕陳惠玲：《《上海博物館藏戰國楚竹書（三）・周易》研究》（臺灣師範大學國
　　　　文教學所碩論，2005 年 8 月），頁 42～44。
〔註223〕賴師貴三於 2009 年 12 月 17 日博士論文發表會中提出。

《毛傳》:「俟,待也。」今本「需」亦有待義,賴師之說可從。

(二)今本「光亨」之「亨」,上博本作「𩕾」,帛書本作「亨」。

　　濮茅左將「𩕾」隸作「卿」,通「亨」字:

> 「卿」,古「饗」字,甲骨文、金文、簡文的字形都象兩人相對而飲,
> 《說文・食部》:「饗,鄉人飲酒也,从食、从鄉,鄉亦聲,許兩切。」
> 通「亨」。〔註225〕

陳惠玲《《上海博物館藏戰國楚竹書(三)・周易》研究》:

> 惠玲案:原考釋隸爲「卿」,通作「亨」。此字直接隸作「鄉」即
> 可。「鄉(饗)」字,甲骨文作𩑟(《前》4.21.5)、𩑟(《無想》1.57),
> 金文作𩑟(宅簋),有會兩人於簋前(或西)前相對而食之形,
> 〔註226〕假借爲「卿」。「鄉」、「亨」二字上古音皆爲曉紐陽部,可
> 通假。〔註227〕

　　玉姍案:陳惠玲之說可從。「卿」字爲「鄉」字分化而出的孳乳字,「𩕾」
字爲二人於簋前相對而食之形,爲標準「鄉」字寫法。「鄉」、「亨」二字上古
音皆爲曉紐陽部,可通假。

(三)今本「有孚」之「孚」,帛書本作「復」。

　　玉姍案:《說文》:「孚,卵即孚也。从爪、子。一曰信也。」(頁114)「孚」,
甲骨文作孚(《商》乙6694),金文作孚(師寰簋),楚系文字作孚(《璽彙》
339),季師旭昇以爲「甲骨文象俘子之形,古文字學家都以爲是『俘』字的
初文。」〔註228〕據此,「孚」乃會意字,象以「爪」俘「子」,「俘」之初文;
俘虜被俘後信從於新主人,故引伸而有「信」義。

　　「孚」古音並紐幽母,「復」古音並紐覺母。「孚」、「復」聲同,韻部爲
幽、覺對轉。張立文以爲「復、孚義同」,〔註229〕但「復」之本義爲「從復室

〔註224〕(漢)毛亨傳,(唐)孔穎達正義:《毛詩正義》(台北:藝文印書館,1989
　　　　年),頁104。

〔註225〕馬承源主編:《上海博物館藏戰國楚竹書(三)》(上海:上海古籍出版社,2003
　　　　年12月),頁139。

〔註226〕參季師旭昇《說文新證・下冊》,(台北藝文印書館,2004年11月),頁74。

〔註227〕陳惠玲:《《上海博物館藏戰國楚竹書(三)・周易》研究》(臺灣師範大學國
　　　　文教學所碩論,2005年8月),頁48。

〔註228〕季師旭昇:《說文新證・上》(台北:藝文印書館,2002年10月),頁179。

〔註229〕張立文(張憲江):《周易帛書今注今譯》(台北:臺灣學生書局,1991年),

出入，引伸爲往來」。〔註230〕張說值得商榷。帛書本與今本「孚」相對應之處皆作「復」，下列章節中不再贅述。

【卦辭釋讀】

〈彖〉曰：

> 需，須也，險在前也。剛健而不陷，其義不困窮矣。「需有孚，光亨，貞吉」，位乎天位，以中正也。利涉大川，往有功也。（頁32）

〈象〉曰：

> 雲上於天，需。君子以飲食宴樂。（頁32）

孔穎達《正義》：

> 「需」者，待也。物初蒙稚，待養而成，无信即不立，所待唯信也，故云「需有孚」，言需之爲體，唯有信也。「光亨，貞吉」者，若能有信，即需道光明，物得亨通，于正則吉，故云「光亨，貞吉」也。「利涉大川」者，以剛健而進，即不患於險，乾德乃亨，故云「利涉大川」。（頁32）

朱熹《易本義》：

> 需，待也。以乾遇坎，乾健坎險，剛遇險，而不遽進以陷於險，待之義也。孚，信之在中者也。其卦九五以坎體中實，陽剛中正而居尊位，爲有孚得正之象。坎水在前，乾健臨之，將涉水而不輕進之象，故占者爲有所待，而能有信，則光亨矣。若又得正，則吉。而利涉大川，正固无所不利，而涉川尤貴於能待，則不欲速而犯難也。（頁53）

南懷瑾、徐芹庭《周易今註今譯》：

> 需卦，有孚信可徵的現象。它又具有光明而亨通的現象。但須要堅守貞正，纔有吉慶。它有利於涉水通過大川的象徵。（頁59）

玉姍案：先秦典籍中「孚」多釋爲「信」，如《詩·大雅·文王》：「儀刑文王，萬邦作孚。」《毛傳》：「孚，信也。」〔註231〕《詩·大雅·下武》：「永言配命，成王之孚。」《箋》：「孚，信也。」〔註232〕《公羊傳·僖公十五年》：

頁94～95。

〔註230〕季師旭昇：《說文新證·上》（台北：藝文印書館，2002年10月），頁116。

〔註231〕（漢）毛亨傳，（唐）孔穎達正義：《毛詩正義》，（台北：藝文印書館，1989年），頁537。

〔註232〕（漢）毛亨傳，（唐）孔穎達正義：《毛詩正義》，（台北：藝文印書館，1989

「季氏之孚也。」《注》：「孚，信也。」〔註233〕

　　但亦有學者抱持其他見解，根據謝向榮〈《周易》"有孚"新論〉整理歸納，目前所見有下列數種說法

　　1、高亨以爲凡言「有孚」，皆爲「有罰」。

　　2、李靜池以爲「孚」爲「俘」。

　　3、黃凡以爲「孚」爲「符合」。

　　4、趙建偉以爲「孚」爲「驗」或「兆」。

　　5、王建慧以爲「孚」爲「覆」。

　　6、謝向榮以爲「有孚」爲「有保」。〔註234〕

　　其中第一到第五種說法謝氏均有專論以申述其不合理處，此不再贅敘。筆者惟就第六點提出一些想法。謝向榮以爲「保」爲「孚」之孳乳字，「有孚」即「有保」，得到保佑之意。然《周易》經文中出現「有孚」共二十一次，單獨出現「孚」字則有十六次，分別列表如下：

【表一】卦、爻辭出現「有孚」之處

需　卦	需：有孚，光亨，貞吉，利涉大川。
訟　卦	訟：有孚窒，惕，中吉，終凶，利見大人。
比　卦	初六：有孚比之，无咎，有孚盈缶，終來有它吉。
小畜卦	六四：有孚，血去惕出，无咎。
小畜卦	九五：有孚攣如，富以其鄰。
隨　卦	九四：隨有獲，貞凶。有孚在道，以明，何咎？
觀　卦	觀：盥而不薦，有孚顒若。
坎　卦	習坎：有孚，維心亨，行有尚。
大壯卦	初九：壯于趾，征凶有孚。
家人卦	上九：有孚，威如，終吉，
損　卦	損：有孚，元吉，无咎可貞，利有攸往。曷之用？二簋可用享。
益　卦	六三：益之，用凶事，无咎。有孚中行，告公用圭。
萃　卦	初六：有孚不終，乃亂乃萃。若號一握爲笑，勿恤，往，无咎。

　　　　年），頁581。

〔註233〕（漢）何休注，（唐）徐彥疏：《春秋公羊傳注疏》（台北：藝文印書館，1989
　　　　年），頁138。

〔註234〕謝向榮：《周易》"有孚"新論〉，《周易研究》2008年第2期，頁36～40。

井 卦	上六：井收，勿幕有孚，元吉。
革 卦	九三：征凶，貞厲。革言三就，有孚。
革 卦	九四：悔亡，有孚改命·吉。
革 卦	九五：大人虎變，未占有孚。
豐 卦	六二：豐其蔀，日中見斗，往得疑疾，有孚發若。
中孚卦	九五：有孚攣如，无咎。
未濟卦	六五：貞吉，无悔。君子之光，有孚，吉。
未濟卦	上九：有孚于飲酒，无咎。濡其首，有孚，失是。

【表二】卦、爻辭出現「孚」之處

泰 卦	九三：无平不陂，无往不復。艱貞，无咎。勿恤其孚，于食有福。
泰 卦	六四：翩翩，不富以其鄰，不戒以孚。
大有卦	六五：厥孚交如，威如，吉。
隨 卦	九五：孚于嘉，吉。
晉 卦	初六：晉如摧如，貞吉。罔孚，裕，无咎。
睽 卦	九四：睽孤，遇元夫，交孚·厲无咎。
解 卦	九四：解而拇，朋至斯孚。
夬 卦	夬：揚于王庭，孚號有厲，告自邑，不利即戎，利有攸往。
姤 卦	初六：繫于金柅，貞吉。有攸往，見凶，羸豕孚蹢躅。
姤 卦	六二：引吉，无咎。孚乃利用禴。
萃 卦	九五：萃有位，无咎。匪孚，元永貞，悔亡。
升 卦	九二：孚乃利用禴。
革 卦	革：已日乃孚，元亨·利貞·悔亡。
兌 卦	九二：孚兌吉，悔亡。
兌 卦	九五：孚于剝，有厲。
中 孚	中孚：豚魚吉，利涉大川，利貞。

　　謝向榮之說法只解釋了「有孚」是得到保佑之義，但對於剩下的十六處經文中所出現的「孚」字便無提及。以中孚卦言之，若將「孚」釋為「保」，文義該做何解？卦、爻辭又當如何解釋以切合保佑之義？這些都是尚待解決的問題。

　　在沒有更好的說法出現之前，筆者仍接受傳統易學說法，以為「有孚」

即「有信」。孔穎達以爲蒙稚者待信以立；需之體爲誠信，若能有信則可得亨通，於正而得吉，能剛健而進，不患於險難。其餘學者皆依孔說而各有引申，此亦從孔說。

今本「需：有孚，光亨，貞吉，利涉大川。」意思是：需卦有誠信的象徵，故能光明亨通，但要貞正自守才能得吉。此時利於涉水過大川。

上博本作「𦎫：又孚，光鄉，貞吉，利涉大川。」帛書本作「襦：有復，光亨，貞吉，利涉大川。」其意均與今本同。

（二）爻辭考釋

1. 上博《周易》：初九：𦎫于蒿，利用丠，亡咎。
2. 阜陽《周易》：初九：需于郊，利用恆，无咎。
3. 帛書《周易》：初九：襦于茭，利用恆，无咎。
4. 今本《周易》：初九：需于郊，利用恆，无咎。

【文字考釋】

阜陽本初九爻辭殘，據今本補。

（一）今本「需于郊」之「郊」，上博本作「蒿」，帛書本作「茭」。

張立文《周易帛書今注今譯》：

「茭」、「郊」音同而相通。「郊」，說文：「距國百里爲郊。」爾雅釋地：「邑外謂之郊。」周禮載禮：「近郊遠郊。」鄭注：「五十里爲近郊，百里爲遠郊。」〔註235〕

濮茅左以爲「蒿」讀爲「郊」：

「蒿」，讀爲「郊」，《周禮・地官・載師》「以宅田、士田、賈田任近郊之地」，鄭玄注：「郊或爲蒿。」又引杜子春云：「『蒿』讀爲『郊』。」〔註236〕

玉姍案：張立文、陳惠玲之說可從。「茭」、「郊」均由「交」得聲，可通假。「蒿」，上古音曉紐宵部，「郊」上古音見紐宵部，韻部同，馬王堆帛書《老子》乙本卷前古佚書《經法・道法》：「虛無有，秋稿成之，必有刑（形）名。」

〔註235〕張立文（張憲江）：《周易帛書今注今譯》（台北：學生書局，1991年），頁247。
〔註236〕馬承源主編：《上海博物館藏戰國楚竹書（三）》（上海：上海古籍出版社，2003年12月），頁139。

「稿」（見紐）讀爲「毫」（匣紐），故「蒿」、「郊」可通。

（二）今本「利用恆」之「恆」，上博本作「死（死）」。

濮茅左以爲「死」即「恆」：

「死」，《說文・二部》：「死，古文恆，从月。《詩》曰：『如月之恆』」《古文四聲韻》也作此形。〔註237〕

陳惠玲《《上海博物館藏戰國楚竹書（三）・周易》研究》：

「亙」字，甲骨文作 ☾（《甲・鐵》199.3），王國維以爲月以半爲恆常，〔註238〕至戰國文字「月」與「外」常互用，原指事字所要表達的意義已不明顯。〔註239〕故原考釋以爲「死」即「恆」字，可從。〔註240〕

玉姍案：濮茅左、陳惠玲之說可從。如字形表所列，戰國晉系、楚系文字「亙」之「月」形常被寫爲「外」。上博《周易》「死」字寫法與「死」（包2.21）同。《說文・恆》古文「死」，《汗簡》「死」、《古文四聲韻》「死」也都保留這樣的寫法。

【字形表】

1. 戰國・晉・六年格氏令戈《集成》	2. 戰國・晉・六年安陽令戈《集成》	3. 戰國・楚・包2.21《楚》
4. 戰國・楚・包2.197《楚》	5. 戰國・楚・包2.130《楚》	

【爻辭釋讀】

〈象〉曰：

「需于郊」，不犯難行也。「利用恆，无咎」，未失常也。（頁32）

王弼《注》：

居需之時，最遠於難，能抑其進以遠險待時，雖不應幾，可以保常

〔註237〕馬承源主編：《上海博物館藏戰國楚竹書（三）》（上海：上海古籍出版社，2003年12月），頁139。

〔註238〕王國維：《觀堂集林・先公先王考》卷9（台北：世界書局，1983年），頁5～7。

〔註239〕參季師旭昇：《說文新證・上》（台北：藝文印書館，2002年10月），頁491。

〔註240〕陳惠玲：《《上海博物館藏戰國楚竹書（三）・周易》研究》（臺灣師範大學國文教學所碩論，2005年8月），頁51。

也。（頁32）

孔穎達《正義》：

> 但難在於坎，初九去難既遠，故待時在於郊。郊者是境上之地，亦去
> 水遠也。「利用恆，无咎」者，恆，常也，遠難待時以避其害，故宜
> 利保守其常，所以无咎，猶不能見幾速進，但得无咎而已。（頁32）

朱熹《易本義》：

> 郊，曠遠之地，未近於險之象也。而初九陽剛，又有能恆於其所之
> 象，故戒占者能如是則无咎也。（頁54）

南懷瑾、徐芹庭《周易今註今譯》：

> 需卦的第一爻（☳）的象徵，所需的現象，還在郊外。可以有利，
> 但需要不失最初的恆軌，才能沒有災咎。（頁61）

　　玉姍案：需卦外卦爲坎，有坎險之義，故以王、孔「遠難待時以避其害，
故宜利保守其常」最合卦義，此從之。

　　今本「初九：需于郊，利用恆，无咎」的意思是：需卦初九遠離外卦之
坎險，象徵處於距離危險最遠的郊區，利於保守其常，才能沒有災咎。

　　上博本作「初九：孠于蒿，利用死，亡咎。」帛書本作「初九：襦于茭，
利用恆，无咎。」其意均與今本同。

1. 上博《周易》：九[二]：孠于壌，少又言，冬吉。
2. 阜陽《周易》：九二：需于沙，小有言，終吉。
3. 帛書《周易》：九二：襦于沙，少有言，冬吉。
4. 今本《周易》：九二：需于沙，小有言，終吉。

【文字考釋】

　　上博本、阜陽本九二爻辭殘，皆據今本補。

（一）今本「需于沙」之「沙」，上博本作「（壌）」。

　　濮茅左以爲「」讀爲「沙」：

> 「壌」，《說文》所無，從土、從尾，少聲，讀爲「沙」，《包山楚簡》
> 以「屡」作「沙」，如「長屡（沙）」（《包山楚簡》五九、六一）等。

〔註241〕

〔註241〕馬承源主編：《上海博物館藏戰國楚竹書（三）》（上海：上海古籍出版社，2003

陳惠玲《《上海博物館藏戰國楚竹書（三）‧周易》研究》：

> 簡本「壜」字，從土、屖聲。「屖」，胡厚宣釋「屍」、李家浩釋「徙」。
> 〔註242〕古文字多用爲「徙」、「選」、「沙」等義，簡文用爲「沙」，
> 加「土」爲義符。「壜」字，和今本作「沙」同。〔註243〕

玉姍案：上博《周易》「壜」作🔲，上半的「屖」與🔲（楚.望二策）、🔲（楚.
包2.167）、🔲（楚.包2.259）寫法相同，《包山楚簡》「長沙」寫作「長屖」。「🔲
（壜）」字從土、屖聲，和今本「沙」應爲異體字。

【爻辭釋讀】

〈象〉曰：

> 「需于沙」，衍在中也。雖「小有言」，以終吉也。（頁32）

《周易集解》引虞翻云：

> 「沙」謂五，水中之陽稱「沙」也。二變之陰稱「小」，大壯震爲「言」，
> 兌爲口，四之五，震象半見，故「小有言」。二變應之，故「終吉」。
> （頁112）

王弼《注》：

> 將近於難，故曰「需於沙」也。不至致寇，故曰「小有言」也。近
> 不逼難，遠不後時，履健居中，以待其會，雖「小有言」，以吉終也。
> （頁32）

孔穎達《正義》：

> 沙是水傍之地，去水漸近，待時于沙，故難稍近。雖未致寇，而「小
> 有言」以相責讓。「近不逼難，遠不後時」，但「履健居中，以待要
> 會」，雖小有責讓之言，而終得其吉也。（頁32）

朱熹《易本義》：

> 沙，則近於險矣。言語之傷，亦災害之小者。漸進坎，故有此象。
> 剛中能需，故得終吉。戒占者當如是也。（頁54）

南懷瑾、徐芹庭《周易今註今譯》：

> 需卦第二爻（九二）的象徵，所需的現象，在於沙中。雖然小有閒

〔註242〕 年12月），頁139。
〔註242〕 季師旭昇：《說文新證‧上》（台北：藝文印書館，2002年10月），頁112。
〔註243〕 陳惠玲：《《上海博物館藏戰國楚竹書（三）‧周易》研究》（臺灣師範大學國
文教學所碩論，2005年8月），頁52。

言，結果是吉的。（頁 61～62）

玉姍案：「需于沙」，指與初九相較，九二更接近外卦之坎險，有如靠近水邊的流沙一般，但沒有大險。「小有言」，孔穎達以爲「小有責讓之言」，朱熹以爲「有言語小傷」，黃師慶萱以爲「稍有過失」，〔註244〕濮茅左以爲「或『言』爲『愆』，意爲『稍有過』」。〔註245〕各家說法於文義皆可通。此從孔穎達作「小有責讓之言」。

今本「九二：需于沙，小有言，終吉」的意思是：九二更近外卦坎險，有如在水邊流沙附近等待，雖然小有言語之傷，但未有大礙，終究是吉祥的。

上博本作「九□：孛于壜，少又言，多吉。」帛書本作「九二：繻于沙，少有言，多吉。」其意均與今本同。

1. 上博《周易》：九晶：孛于坦，至寇至。
2. 阜陽《周易》：九三：需于泥，致寇至。
3. 帛書《周易》：九三：繻于泥，致寇至。
4. 今本《周易》：九三：需于泥，致寇至。

【文字考釋】

阜陽本九三爻辭殘缺，據今本補。

（一）今本「需于泥」之「泥」，帛書本亦作「泥」。上博本作「坦」（坦）。

濮茅左以爲「坦」即「坭」：

「坦」，從土、從匸，即「坭」字，《集韻》「坭」通作「泥」。〔註246〕

黃錫全〈讀上博《戰國楚竹書（三）》箚記六則〉認爲楚簡從匸的字，爲「尼」之省形，均應釋從「尼」：

楚簡《周易》簡 40 的「梶」字所從「尼」之下部與此相同，故知「匸」爲「尼」省形，整理者直接釋爲「坭」不誤。准此，楚簡從匸的字，均應釋從「尼」。〔註247〕

〔註244〕黃師慶萱：《周易讀本》（台北：三民書局，2001 年 3 月），頁 101。

〔註245〕馬承源主編：《上海博物館藏戰國楚竹書（三）》（上海：上海古籍出版社，2003 年 12 月），頁 139。

〔註246〕馬承源主編：《上海博物館藏戰國楚竹書（三）》（上海：上海古籍出版社，2003 年 12 月），頁 140。

〔註247〕黃錫全〈讀上博《戰國楚竹書（三）》箚記六則〉，簡帛研究網站 2004 年 4 月 29 日。

陳惠玲《《上海博物館藏戰國楚竹書（三）‧周易》研究》：

以下我們整理楚簡中類似本簡「�」右形偏旁的字：

《郭店‧尊德義》簡十七：「 怸（逷）〔註248〕則亡避，不黨則亡怨。」

《上博二‧從政（甲編）》簡十三：「不必在近怩（昵）樂⋯⋯。」

《上博二‧民之父母》簡七：「何志是怸（逷）。」

《上博三‧中弓》簡八：「仲化（尼）。」

《上博三‧周易》簡二：「尋于圵（泥），至寇至。」

《上博三‧周易》簡四十：「繫于金枙（枙）。」

楚簡有類似匚偏旁的字，匚形隸定爲「尼」或是和「尼」聲相通假的「逷」，都能釋讀，所以可以推測「匚」和「尼」字有相關性。⋯⋯楚系文字「泥」作衜（二十九年戈），秦系文字作屌（《陶彙》5.48）、屌（《秦陶》1362），從甲骨資料看來，「尼」本從尸從人，後來至戰國才訛爲耳形，季師旭昇認爲是聲化的結果⋯⋯楚系文字「耳」字作「耳」，楚簡這幾個字形怸（《郭‧尊德義》17）、怸（《上博二‧從政（甲編）》13）、怸（《上博二‧民之父母》7）、化（《上博三‧中弓》8）、圵（《上博三‧周易》2）、枙（《上博三‧周易》40），右偏旁可能和「耳」形近似，當是「耳」形之異體。「尼」上古音娘紐脂部，「耳」上古音日紐之部，上古「娘」母、「日」母字，都讀同「泥」，〔註249〕⋯⋯因此，簡文「圵」字應隸定作「坥」，和今本作「泥」同。〔註250〕

玉姍案：陳惠玲之說可從。楚系文字圵及怸（《郭‧尊德義》17）、化（《上博三‧中弓》8）等字右偏旁，學者以爲極可能爲「耳」形之異體，故此將圵隸定作「坥」，就「娘日古歸泥」古音通轉定律，可讀爲「泥」。

【爻辭釋讀】

〈象〉曰：

需于泥，災在外也。自我致寇，敬愼不敗也。（頁32）

〔註248〕原書未釋，根據張光裕在《上博二‧從政（甲編）》的考釋，隸爲「逅」讀爲「逷」。

〔註249〕章炳麟：《古音娘日二紐歸泥說》，《國粹學報》第十二期，1908年。

〔註250〕陳惠玲：《《上海博物館藏戰國楚竹書（三）‧周易》研究》（臺灣師範大學國文教學所碩論，2005年8月），頁55～57。

《周易集解》引荀爽曰：

親與坎接，故稱「泥」。須止不進，不取于四，不致寇害。（頁 116）

王弼《注》：

以剛逼難，欲進其道，所以招寇而致敵也。猶有須焉，不陷其剛。寇之來也，自我所招，敬慎防備，可以不敗。（頁 32）

孔穎達《正義》：

泥者，水傍之地，泥溺之處，逼近於難，欲進其道，難必害己。故致寇至，猶且遲疑而需待時，雖即有寇至，亦未爲禍敗也。（頁 32）

朱熹《易本義》：

泥，將陷於險矣。寇，則害之大者。九三去險愈近，而過剛不中，故其象如此。（頁 54）

南懷瑾、徐芹庭《周易今註今譯》：

需卦的第三爻（九三）的象徵，所需的現象，在於泥中。它具有招致盜寇的狀況。（頁 62）

玉姍案：諸說皆以「泥」爲險難之地，可從。置身於險難之地，故易招寇致敵。但若能敬慎防備，就可以不敗。

今本「九三：需于泥，致寇至」的意思是：九三近外卦坎險，有身陷泥濘險難的象徵，容易招致寇盜到來。

上博本作「九晶：孠于坭，至寇至。」帛書本作「九三：襦于泥，致寇至。」其意均與今本同。

1. 上博《周易》：六四：孠于血，出自穴。
2. 阜陽《周易》：六四：需于血，出自穴。卜以……。
3. 帛書《周易》：六四：襦于血，出自穴。
4. 今本《周易》：六四：需于血，出自穴。

【文字考釋】

上博本、阜陽本六四爻辭殘，皆據今本補。

【爻辭釋讀】

〈象〉曰：

「需于血」，順以聽也。（頁 32）

王弼《注》：

> 凡稱血者，陰陽相傷者也。陰陽相近而不相得，陽欲進而陰塞之，
> 則相害也。穴者，陰之路也，處坎之始，居穴者也。九三剛進，四
> 不能距，見侵則辟，順以聽命者也，故曰「需于血，出自穴」也。（頁
> 32）

孔穎達《正義》：

> 「需于血」者，謂陰陽相傷，故有血也。九三之陽而欲上進，此六
> 四之陰而塞其路，兩相妨害，故稱「血」。言待時于血，猶待時於難
> 中也。「出自穴」者，穴即陰之路也，而處坎之始，是居穴者也。三
> 來逼己，四不能距，故出此所居之穴以避之，但順以聽命而得免咎
> 也，故〈象〉云「需于血，順以聽命」也。（頁 32）

朱熹《易本義》：

> 血者，殺傷之地。穴者，險陷之所。四交坎體，入乎險矣，故爲需
> 于血之象。然柔得其正，需而不進，故又爲出自穴之象。占者如是，
> 則雖在傷地而終得出也。（頁 55）

南懷瑾、徐芹庭《周易今註今譯》：

> 需卦第四爻（六四）象徵著有見血的現象。它出自穴中。（頁 63）

玉姍案：王弼以爲「血」有六四不能拒九三之剛進，是以「陰陽相傷」
之義，故筆者以爲「血」依字解可通，不須如黃師慶萱改釋作「溝洫」之「洫」。
〔註 251〕六四處外卦坎之始，坎有「險陷之所」之義。陰陽相傷之際，六四僅
能見侵則避，順以聽命。

今本「六四：需于血，出自穴」的意思是：六四已入坎險，又有九三陽
剛進逼，陰陽相傷，象徵需待於血光之災中；若能暫待而不急進，則有可能
自險穴中離開。

上博本作「六四：享于血，出自穴。」帛書本作「六四：襦于血，出自
穴。」其意均與今本同。

1. 上博《周易》：九五：需于酒食，貞吉。
2. 阜陽《周易》：九五：需于酒食，貞吉。
3. 帛書《周易》：六〈九〉五：襦于酒食，貞吉。

〔註 251〕黃師慶萱：《周易讀本》（台北：三民書局，2001 年 3 月），頁 103。

4. 今本《周易》：九五：需于酒食，貞吉。

【文字考釋】

上博本、阜陽本九五爻辭殘，皆據今本補。

（一）今本「九五」，帛書本誤作「六五」。鄧球柏《帛書周易校釋》：「九五，帛書訛作六五，依卦圖爻畫寫正。」〔註252〕可從。

【爻辭釋讀】

〈象〉曰：

酒食貞吉，以中正也。（頁33）

王弼《注》：

「需」之所須，以待達也。已得天位，暢其中正，无所復須，故酒食而已獲「貞吉」也。（頁33）

孔穎達《正義》：

「需于酒食，貞吉」者，五既爲需之主，已得天位，无所復需，但以需待酒食以遞相宴樂而得貞吉。（頁33）

朱熹《易本義》：

酒食，宴樂之具，言安以待之。九五陽剛中正，需于尊位，故有此象。占者如是而正固，則得吉也。（頁55）

南懷瑾、徐芹庭《周易今註今譯》：

需卦的第五爻（九五），有需要酒食的現象，能夠貞正便吉。（頁63）

玉姍案：王弼以爲需卦九五以陽剛居中得正，象徵已得天位，無須再等待，僅需酒食宴樂而能獲貞吉。此從之。孔穎達、朱熹之說與王弼同。

今本「九五：需于酒食，貞吉」的意思是：九五居外卦之中，已得天位，所以得正，無所復需，只要等著以酒食相宴樂。此是貞吉的現象。

帛書本作「六〈九〉五：襦于酒食，貞吉。」其義與今本同。

1. 上博《周易》：上六：入于穴，有不速之客三人來，敬之終吉。

2. 阜陽《周易》：上六：入于穴，有不速之客三人來，敬之終吉。

3. 帛書《周易》：尚六：人于穴，有不楚客三人來，敬之終吉。

4. 今本《周易》：上六：入于穴，有不速之客三人來，敬之終吉。

〔註252〕鄧球柏：《帛書周易校釋》（長沙：湖南人民出版社，2002年6月），頁169。

【文字考釋】

上博本、阜陽本上六爻辭殘，皆據今本補。帛書本較今本少一「之」字。

（一）今本「入于穴」，馬王堆漢墓帛書整理小組隸作「人于穴」。

玉姍案：今本屯卦六三「惟入于林中」，馬王堆漢墓帛書整理小組亦隸作「唯人于林中」，〔註253〕由於帛書《周易》中「人」、「入」寫法相似（詳見本論文第二章第三卦屯六三【文字考釋】之整理表格），常須經由上下文以判讀。由於上博本、阜陽本皆殘，缺乏更早的出土文獻爲參考；筆者以爲此處以文義而言，「入于穴」含有進行中的意思，「人于穴」表示人已在穴中；「入于穴」或「人于穴」二說皆可通。

（二）今本「不速之客」，帛書本作「不楚客」，無「之」字。

于豪亮《帛書《周易》》

> 楚字當假借爲速。就聲母而言，楚爲穿母二等字，速爲心母字，……故楚字和速字聲母相近。就韻母言，楚在魚部，速爲侯部入聲，在詩經中侯部字有時同魚部字協韻，……到了西漢，侯部就併入魚部了。」〔註254〕

玉姍案：今本「不速之客」之「速」，帛書本作「楚」。可從。「速」上古音心紐屋部，「楚」上古音初紐魚部，聲紐皆爲齒音，韻部爲旁對轉，二字可通。

【爻辭釋讀】

〈象〉曰：

> 不速之客來，「敬之終吉」，雖不當位，未大失也。（頁33）

王弼《注》：

> 至於上六，處卦之終，非塞路者也。與三爲應，三來之己，乃爲己援，故无畏害之辟，而乃有入穴之固也。三陽所以不敢進者，須難之終也。難終則至，不待召也。己居難終，故自來也。處无位之地，以一陰而爲三陽之主，故必敬之而後終吉。（頁33）

孔穎達《正義》：

> 上六陰爻，故亦稱「穴」也。上六與三相應，三來之己，不爲禍害，

〔註253〕馬王堆漢墓帛書整理小組：〈馬王堆帛書《六十四卦》釋文〉《文物》1984年第3期，頁3。

〔註254〕于豪亮：〈帛書《周易》〉，《文物》1984年第3期，頁20～21。

乃得爲己援助，故上六所畏忌，乃「入于穴」而居也。「有不速之客
三人來」者，速，召也，不須召喚之客有三人自來。三人謂「初九」、
「九二」、「九三」。此三陽務欲前進，但畏于險難，不能前進。其難
既通，三陽務欲上升，不須召喚而自來，故云「有不速之客三人來」
也。「敬之終吉」者，上六居无位之地，以一陰而爲三陽之主，不可
怠慢，故須恭敬此三陽，乃得終吉。（頁 33）

朱熹《易本義》：

陰居險極，无復有需，有陷而入穴之象。下應九三，九三與下二陽
需極並進，爲不速之客三人之象。柔不能禦而能順之，有敬之之象。
占者當陷險中，然於非意之來，敬以待之，則得終吉也。（頁 55）

南懷瑾、徐芹庭《周易今註今譯》：

需卦的第六爻（上六），有進入穴中的象徵，而且有三個不請自來的
客人要到來。但要尊敬，他才會吉利。（頁 64）

　　玉姍案：「不速之客三人」，王弼、孔穎達以爲是內卦三陽（初九、九二、
九三），上六以一陰爻而爲三陽爻之主，必須以敬才能得終吉。學者多由此立
說，此亦從之。

　　今本「上六：入于穴，有不速之客三人來，敬之終吉。」的意思是：上
六有已進入險穴之中的現象，此時有三個不請自來的客人，上六要恭恭敬敬
地接納，最後才能得吉。

　　帛書本作「尙六：人于穴，有不楚客三人來，敬之終吉。」其意與今本同。

第六節　訟　卦

一、卦名釋義

　　《說文》：「訟，爭也。」（頁 100）「訟」有「爭論」、「爭辯」之義。本卦
以訴訟之事爲喻，取「爭訟」之義。

　　〈序卦〉曰：「飲食必有訟，故受之以訟也。」（頁 187）《周易集解》引
鄭玄：「『訟』猶爭也。言飲食之會，恆多爭也。」李道平《疏》：「《禮運》曰：
『飲食男女，人之大欲存焉。』有欲則爭，故『飲食之會，恆多爭也』。《樂
記》曰：『夫豢豕爲酒，非以爲禍也，而獄訟益繁，則酒流生禍也。』」此飲食

必有訟，故受之以訟也。」（頁 119）〈序卦〉認爲飲食是人類最基本的生存欲望，有欲望便會發生爭訟，故以訟卦接續於需卦之後。

訟卦，今本卦畫作「䷅」，上乾天，下坎水。〈象〉曰：「天與水違行，訟。君子以作事謀始。」（頁 34）孔穎達《正義》曰：「天道西轉，水流東注是天與水相違而行。相違而行，象人彼此兩相乖戾，故致訟也。」（頁 34）天在上，水在下，兩者循環方向相反而行，不能相融，因此有爭訟的現象。君子欲興作其事，要先謀慮其始，防此訟源，才能終無訟事。

二、卦爻辭考釋

（一）卦辭考釋

1. 上博《周易》：訟：又孚懥，懥，中吉，冬凶。利用見大人，不利涉大川。
2. 阜陽《周易》：訟：有孚窒，惕，中吉，終凶。利見大人，不利涉大川。
3. 帛書《周易》：訟，有復洫，寧，克吉，冬兌。利用見大人，不利涉大川。
4. 今本《周易》：訟：有孚窒，惕，中吉，終凶。利見大人，不利涉大川。

【文字考釋】

上博本、阜陽本、帛書本卦辭殘，皆據今本補。上博本、帛書本皆作「利用見大人」，較今本多一「用」字。

（一）今本「有孚窒」之「窒」，上博本作「𢥠」，帛書本作「洫」。

關於「𢥠」字的隸定，經整理之後大致有三種說法：〔註255〕

1、濮茅左以爲「𢥠」當隸爲「懥」，讀爲「窒」。〔註256〕

2、楊澤生以爲「𢥠」、「涉」二字形音義相近，因此簡文可讀作「恎」或

〔註255〕陳惠玲《《上海博物館藏戰國楚竹書（三）·周易》研究》中資料詳細，故此處不再贅敍，詳見陳氏論文（臺灣師大國文教學所碩論，2005 年 8 月）頁 36～47。

〔註256〕馬承源主編：《上海博物館藏戰國楚竹書（三）》（上海：上海古籍出版社，2003 年 12 月），頁 141。

「恤」。〔註257〕

3、何琳儀、程燕先將「🜲」字解爲「悹」。〔註258〕後以爲「🜲」字當爲「陟」之異文。〔註259〕

季師以爲釋「憆」，字形演變合理，音韻可與帛書本、今本通假：

「𡵂」字或從「𡵂」旁的字見於：《説文》「古文陟、古文遠」、《三體石經・君奭》「遠」、《汗簡》中之一 42 頁「陟」、下之二 77 頁「陟」、上之一 8 頁「涉、步、遠」、中山王方壺「𡵂」、《包山》簡 25、105、116、151、167、194「𡵂」、《古陶文彙編》3.1291「憆」（類似字形又見《古陶文彙編》3.292、3.1293、晉錄附 30），因爲從「𡵂」諸字舊多釋爲「步」、「陟」、「袞」（或以此得聲的字）。現在《上博三・周易》出來，釋爲「涉、步、遠」，和今本「窒」、帛書本「洫」都難以相通；釋爲「憆」，則怡然理順。從字音上來看，簡本的「憆」（知／質）和今本「窒」（知／質）完全同音，和馬王堆本「洫」（曉／職），聲同韻近，可以通假。從字形上來看，「憆」，甲骨文作🜲（《前》2.39.8），西周金文作🜲（菽簋）、西周晚期金文作🜲（楚簋）、🜲（《睡》116）。看得出，「憆」字從甲骨文到戰國古文，上部的「屮」形或變成「止」形（如楚簋），中間的「𡵂」形或省成「田」形，於是就成了「𡵂」。據此，原考釋隸「🜲」爲「憆」，可從（參拙作〈憆三四戶〉）。〔註260〕

玉姍案：季師之説可從。《説文》「陟」古文作「憆」，《汗簡》「陟」古文作「憆」、「𡵂」，《古文四聲韻》「陟」古文作「憆」亦可爲旁證。上博本「🜲」字可隸定爲「憆（憆）」（知紐質部），與今本「窒」（知紐質部）聲韻俱同，可通。

帛書本作「洫」，「洫」上古音曉紐質部、〔註261〕「窒」上古音端紐質部，

〔註257〕楊澤生：〈竹書《周易》箚記（四則）〉，簡帛研究網站 2004 年 4 月 26 日。

〔註258〕何琳儀、程燕：〈滬簡《周易》選釋〉，簡帛研究網站 2004 年 5 月 16 日。

〔註259〕何琳儀、程燕、房振三：〈滬簡《周易》選釋（修訂）〉，《周易研究》2006 年第 1 期，頁 4。

〔註260〕季師旭昇主編：《上海博物館藏戰國楚竹書（三）讀本》（台北：萬卷樓，2005 年 10 月），頁 11。

〔註261〕讀音參王輝：《古文字通假字典》（北京：中華書局，2008 年 2 月），頁 520。

韻部相同，曉紐爲喉音，端紐爲舌音，但亦有相通之例，例如從「兄」（曉紐陽部）得聲的「祝」爲知紐覺部，知紐爲端紐之變聲，即爲曉紐、端紐相通之例。是以「洫」、「窒」可通。

（二）今本「有孚窒，惕」之「惕」，上博本作「」，帛書本作「寧」。

濮茅左以爲「」隸爲「悳」，讀爲「惕」：

「悳」，《説文》所無，从心，啻聲。古「商」、「啻」同形，凡今商聲字，《説文》皆言啻聲。如《説文‧攴部》：「敵」，「从攴，啻聲」；《水部》：「滴」，「从水，啻聲」。讀爲「惕」，聲符「啻」與「易」通，《集韻》：「禘，或作祶、禘」，或以爲「惕」之異體。〔註262〕

陳惠玲《《上海博物館藏戰國楚竹書（三）‧周易》研究》：

「帝」，甲骨文作（《粹》1128）、金文作（邾其卣）、楚文字作（《帛甲》6.33）、（《郭‧緇》7）、（《郭‧六》4），下加口從心則與簡文字類似。「啻」上古音端紐錫部，「惕」上古音透紐錫部，二字同爲舌音錫部，可相通，其例有《睡虎地秦簡‧爲吏之道》：「犀角象齒，皮革彙突。」整理者釋「彙（透紐）突」即「蠹（端紐）突」，指皮革被蟲齒穿透，透、端紐相通。原考釋認爲楚簡本「」字，從心，啻聲，讀爲「惕」可從。〔註263〕

玉姍案：今本「有孚窒，惕」之「惕」，上博本作「」，帛書本作「寧」。上博本「」字應爲（帝）形下加「口」、從「心」，故可隸定爲「悳」。「啻」古音端紐錫部，「惕」古音透紐錫部，二字韻同聲近，可相通。如《睡虎地秦墓竹簡‧封診式‧癘》：「鼻腔壞，刺其鼻不疐。」「疐」（端紐質部）讀爲「噴嚏」之「嚏」（定紐質部）。

又帛書本作「寧」。「寧」古音泥紐耕部，「惕」古音透紐錫部，二字聲紐均爲舌頭音，古籍有通假之例。如帛書《周易》狗（姤）卦初六「擊於金梯」之「梯」（透紐脂部），今本作「柅」（泥紐脂部）。又《上博二‧容成氏》簡三三：「亓生賜兼，亓死賜葬，达苟匿（泥紐質部），是以爲名。」《左傳昭公‧十三年》：「苟慝（透紐質部）不作」。耕、錫屬陽入對轉，

〔註262〕馬承源主編：《上海博物館藏戰國楚竹書（三）》（上海：上海古籍出版社，2003年12月），頁141。

〔註263〕陳惠玲：《《上海博物館藏戰國楚竹書（三）‧周易》研究》（臺灣師範大學國文教學所碩論，2005年8月），頁69。

（三）今本「終凶」之「終」，上博本、帛書本作「冬」。

張立文《周易帛書今注今譯》：

> 冬，假借爲終。說文：「冬，四時盡也。從仌從夂。夂，古文終字。」
> 段玉裁注曰：「冬，會意。夂亦聲。冬之爲言終也。」廣雅釋詁：「冬，
> 終也。」按：冬本從古文終字得聲，且冬亦有終意，故二字通用。

〔註264〕

玉姍案：「冬」字甲文作圖（商.存1183），戰國金文作圖（戰.齊.陳璋壺）、
圖（戰.齊.璽彙2207），戰國楚文字作圖（戰.楚.包2）、圖（戰.楚.上二子羔12），
秦文字作圖（秦駰玉版）、圖（睡虎.秦.94）。季師《說文新證》：

> 釋形：甲骨文圖字，葉玉森釋冬，謂字象敗葉碩果之形（殷契枝譚
> 卷九葉下）；郭沫若以爲「此字當是《爾雅》『終牛棘』之終之本字」，
> 即棘，圖字象二棘實相聯而下垂之形，用爲始終及冬夏字者皆爲假
> 借。（李孝定《甲骨文字集釋》頁3420～3421引）；姚孝遂據説文「終，
> 絿絲也。」謂象絿絲之器（《小屯南地甲骨考釋》頁135）高鴻縉謂
> 字象繩端終結之形（高鴻縉《中國字例》頁201）。諸説紛紛，皆言
> 之有據，確證不足。然其字屬象形，似較可能。戰國文字加「日」，
> 強調其爲計時之稱。秦漢文字加意符「仌」，以強化冬天結冰之意。

〔註265〕

「冬」之初文究竟爲何，目前學界説法甚多，尚未有定論。冬爲一年之
終，然戰國文字或添「日」以強調其與計算日期有關，一年之末即「冬」，「冬」
亦一年之「終」。秦漢文字加意符「仌」，以強調冬日寒冷結冰之意。「終」以
「冬」爲聲符，故二字可以通假。今本「終」字，上博本、帛書本均作「冬」。
以下章節不再贅敍。

（四）今本「利見大人」上博本、帛書本皆作「利用見大人」。

廖名春以爲上博本「用」字爲衍文：

> 楚簡本作「利用見大人」，帛書《易經》本同，皆多一「用」字。王
> 弼本「利用」十二見，「利見大人」七見，無「利用見大人」説。帛
> 書《易經》本除訟卦有一例「利用見大人」，其他皆無。帛書易傳諸

〔註264〕張立文（張憲江）：《周易帛書今注今譯》（台北：台灣學生書局，1991年），
頁96。
〔註265〕季師旭昇：《說文新證・下》（台北：藝文印書館，2004年11月），頁155。

篇也無。因此，楚簡本、帛書《易經》本之「用」字當爲衍文。但從楚簡本、帛書《易經》本皆有「用」字看，這一衍文由來已久，淵源有自。決非楚簡本、帛書《易經》本的抄手一時筆誤。〔註266〕

陳惠玲《〈上海博物館藏戰國楚竹書（三）·周易〉研究》：

> 惠玲案：楚簡本僅此處有「利用見大人」，《訂（寒）》卦「利見大人」二見、《嘩（萃）》卦、《觀（渙）》卦「利見大人」各一見。帛書本此處作「利用見大人」，其他無見。今本此處作「利見大人」，他處有六見，無「利用見大人」。由此看來作「利用見大人」只有楚簡本、帛書本的訟卦卦辭，其他地方經傳皆無見。帛書本大量使用通假字和楚簡本《周易》的用字多不類，同抄一本機會不大，因有二本《周易》同多「用」字，故不以爲「衍文」。〔註267〕

玉姍案：上博本、帛書本時代不同，然皆寫作「利用見大人」，比今本《周易》「利見大人」多出一「用」字。筆者以爲上博本爲戰國中晚期文物、帛書本爲漢初典籍，年代皆早於今本《周易》，「利用見大人」應爲漢朝之前所流行版本，而不應視爲衍文。

（五）上博本、今本「中吉」，帛書本作「克吉」。

玉姍案：今本、上博本「中吉」，帛書本作「克吉」。張立文以爲「『克』爲『中』之訛」。〔註268〕馬王堆帛書「中」皆寫作 **中**（陰甲.139）「克」字有 **亨**（周.007）、**克**（周.054）、**戶**（經.042）諸形，但不論何種寫法，「克」與「中」字仍有明顯差異。「克」（溪紐職部）、「中」（端紐冬部）聲韻皆遠，字形寫法也不易混淆，故筆者以爲「克」寫爲「中」應爲抄手筆誤，張立文之說待商榷。

【卦辭釋讀】

〈象〉曰：

訟，上剛下險，險而健，訟。「訟有孚，窒惕，中吉」，剛來而得中也。「終凶」，訟不可成也。「利見大人」，尚中正也。「不利涉大川」，

〔註266〕廖名春：〈楚簡《周易》校釋記（一）〉，簡帛網站 2004 年 4 月 23 日。

〔註267〕陳惠玲：《〈上海博物館藏戰國楚竹書（三）·周易〉研究》（臺灣師範大學國文教學所碩論，2005 年 8 月），頁 69～70。

〔註268〕張立文（張憲江）：《周易帛書今注今譯》（台北：台灣學生書局，1991 年），頁 96。

入于淵也。（頁33）

〈象〉曰：

> 天與水違行，訟。君子以作事謀始。（頁34）

《周易集解》引虞翻云：

> 〈遯〉三之二也。「孚」謂二。窒，塞止也。惕，懼二也。二失位，
> 故不言貞。〈遯〉將成〈否〉，則「子弒父，臣弒君」。三來之二得中，
> 弒不得行，故「中吉」也。二失位，終止不變，則「入于淵」，故「終
> 凶」也。（頁119）

王弼《注》：

> 窒謂窒塞也。皆惕，然後可以獲中吉。（頁33）

孔穎達《正義》：

> 窒，塞也。惕，懼也。凡訟者，物有不和，情相乖爭而致其訟。凡
> 訟之體，不可妄興，必有信實，被物止塞，而能惕懼，中道而止，
> 乃得吉也。「終凶」者，訟不可長，若終竟訟事，雖復窒惕，亦有凶
> 也。「利見大人」者，物既有訟，須大人決之，故「利見大人」也。
> 「不利涉大川」者，以訟不可長，若以訟而往涉危難，必有禍患，
> 故「不利涉大川」。（頁33）

朱熹《易本義》：

> 訟，爭辯也。上乾下坎，乾剛坎險。上剛以制其下，下險以伺其上，
> 又爲內險而外健，又爲己險而彼健，皆訟之道也。九二中實，上无
> 應與，又爲加憂，且於卦變自遯而來，爲剛來居二，而當下卦之中，
> 有孚而見窒，能懼而得中之象。上九過剛，居訟之極，有終極其訟
> 之象。九五剛健中正，以居尊位，有大人之象，以剛乘險，以實履
> 陷，有不利涉大川之象。故戒者必有爭辯之事，而隨其所處爲吉凶
> 也。（頁56）

南懷瑾、徐芹庭《周易今註今譯》：

> 訟卦的現象，有孚信被窒塞的象徵。隨時須要警惕自己，雖然中間
> 也有小吉，結果終是凶的。它有利於見大人。不利於涉水過大川的
> 現象。（頁65）

陳惠玲《《上海博物館藏戰國楚竹書（三）・周易》研究》：

> 綜合學者之說，卦辭斷句分有四種：

1.「訟:有孚窒,惕,中吉,終凶。利見大人,不利涉大川。」如
　王弼、孔穎達、朱熹、南懷瑾、徐芹庭等。「窒」作「塞止」義。

惠玲案:王、孔以爲訟體是信實的,雖被止塞而能惕懼,因此得吉。
朱、南、徐亦同。高亨「孚窒」作「有罰暫止」,〔註269〕即「今律
所謂緩期執行」。訟卦有告誡人們不要造成爭訟的事情,故高亨之說
不妥。

2.「訟:有孚,窒,惕,中吉,終凶。利見大人,不利涉大川。」《釋
　文》引馬融、鄭玄作「窒」作「至」,屈萬里亦從之,謂「訟至
　而惕懼也」。〔註270〕

惠玲案:作「訟至而惕懼」解,「有孚」二字孤懸其中,致爲突兀,
「有孚」何以終凶,也不好解釋。

3.「訟:有孚窒惕,中吉,終凶。利見大人,不利涉大川。」于省
　吾「窒惕」作「至易」,〔註271〕即「有孚甚易」。

惠玲案:訟卦爲爭論之卦,于省吾作「有孚甚易」,對卦義不適切。

4.「訟:有孚,窒惕,中吉,終凶。利見大人,不利涉大川。」黃
　師慶萱以爲「窒」假借爲「恎」,〔註272〕《廣雅·釋詁》:「恎,
　懼也。」因此「窒」有「恐懼」義,「窒惕」爲「恐懼警惕」。廖
　名春以爲「窒」、「惕」二字皆有「止」義。〔註273〕

惠玲案:黃師慶萱「窒」作「恐懼」義,「有孚」二字不太好解釋,
與2相同。廖名春「窒」、「惕」均釋作「止」義,則「警惕」之義
不見,「中吉」的斷辭也就失去著落,似不如舊說。〔註274〕

　　玉姍案:陳惠玲分析各種說法相當詳盡,故從之,將爻辭斷句爲「訟:
有孚窒,惕,中吉,終凶。利見大人,不利涉大川。」「窒」作「塞止」義較
佳。今本「利見大人」,指有利於見大人;上博本、帛書本作「利用見大人」,

〔註269〕高亨:《周易古經今注》(台北:文笙書局,1981年3月),頁25。
〔註270〕屈萬里:《讀易三種》(台北:聯經出版公司,1984年),頁60。
〔註271〕玉姍案:于省吾:《易經新證》(台北:藝文印書館,1975年9月),頁70。
〔註272〕玉姍案:黃師慶萱:《周易讀本》(台北:三民書局,2001年3月),頁107。
〔註273〕玉姍案:見廖名春:〈楚簡《周易》校釋記(一)〉,簡帛網站2004年4月23
　　　　日。
〔註274〕陳惠玲:《《上海博物館藏戰國楚竹書(三)·周易》研究》(臺灣師範大學國
　　　　文教學所碩論,2005年8月),頁71～72。

指當利用此時機求見大人。

今本「訟：有孚窒，惕，中吉，終凶。利見大人，不利涉大川。」意思是：訟卦有孚信被窒塞之象，故需要隨時警惕自己。雖然中間也有小吉，最終結果卻是凶。它有利於見大人，不利於涉水過大川的現象。

上博本「訟：又孚愬，悥，中吉，夂凶。利用見大人，不利涉大川。」帛書本「訟，有復洫，寧，克吉，夂兇。利用見大人，不利涉大川。」意思是：訟卦有孚信被窒塞之象，故需要隨時警惕自己。雖然中間也有小吉，最終結果卻是凶。當利用此時機求見大人，但不利於涉水過大川。

（二）爻辭考釋

1. 上博《周易》：初六：不出逜事，少又言，冬吉。
2. 阜陽《周易》：┃初六：不永所事，小有言，終吉。┃
3. 帛書《周易》：初六：不永所事，少有言，冬吉。
4. 今本《周易》：初六：不永所事，小有言，終吉。

【文字考釋】

阜陽本初六爻辭殘，據今本補。

（一）今本「不永所事」，上博本作「不出逜事」，帛書本作「不永所事」。

濮茅左以爲「出」讀爲「黜」，「逜事」即「治事」：

「出」，或讀爲「黜」。「逜（御）」，治理、統治；「御事」，治事，《國語‧周語上》：「百官御事。」〔註275〕

廖名春以爲「出逜事」即「作逆事」：

「所」古音爲魚部生母，「逜（禦）」爲魚部疑母，音近通用。……疑「逜」即「迕」，「逜事」即「迕事」，也就是逆事、逆行。……「不出迕事」作「不永迕事」，不久纏忤逆之事，意義接近。當屬於義近互用。由此可知，「所事」當作「迕事」。王弼本等爲借字，而楚簡本用本字。〔註276〕

陳惠玲《《上海博物館藏戰國楚竹書（三）‧周易》研究》：

楚簡本「逜」字，帛書、今本作「所」。「逜」上古音喻四（定）魚

〔註275〕馬承源主編：《上海博物館藏戰國楚竹書（三）》（上海：上海古籍出版社，2003年12月），頁142。

〔註276〕廖名春：〈楚簡《周易》校釋記（一）〉，簡帛網站2004年4月23日。

部，「所」上古音審（透）紐魚部，二字同爲舌音魚部韻，可通假，如《尚書・盤庚下》：「無戲怠」，漢石經「怠」（定紐）作「台」（透紐）。〔註277〕

玉姍案：帛本、今本皆作「不永所事」，然「所事」二字，王弼、孔穎達、朱熹皆未作註解。筆者以爲，若以「不永所事」的文法而言，「永」爲動詞，「所事」二字爲受詞，用法應與《論語・爲政》：「視其所以，觀其所由，察其所安」同，爲指示兼稱代的用法。「所事」即「此事」，也就是本卦中的「訟事」。

《上博・周易》簡一「利迎寇」，今本作「利禦寇」。「迎」即「御」之異體字，假借爲「禦」。簡四「不出迎事」，筆者以爲就是「不出御事」。「御事」，「御」可與「所」相通假（「御（迎）」上古音喻定紐魚部，「所」上古音透紐魚部，二字同爲舌音魚部韻，可通假）。亦可直接用其原義，「御事」，治事也。《尚書・周書・牧誓》：「御事，司徒、司馬、司空。」注：「治事三卿。」治事即處理事情，在訟卦中當指處理訴訟之事。　廖名春疑「迎」即「迕」，「迎事」即「迕事」，筆者以爲缺乏旁證，故不從之。

上博本作「不出迎事」之「出」，可通假爲「屈」。「屈」有竭盡之義，如《荀子・王制》：「使國家足用，而財力不屈。」「不屈御事」也就是不要竭盡心力在處理訟事。與今本「不永所事」，孔穎達《正義》：「『不永所事』者，永，長也，不可長久爲鬥訟之事。」義可相符。

【爻辭釋讀】

〈象〉曰：

「不永所事」，訟不可長也。雖「小有言」，其辯明也。（頁34）

《周易集解》引虞翻云：

永，長也。坤爲「事」，初失位而爲訟始，故「不永所事」也。（頁122）

王弼《注》：

處訟之始，訟不可終，故「不永所事」，然後乃吉。凡陽唱而陰和，陰非先唱者也。四召而應，見犯乃訟。處訟之始，不爲訟先，雖不

〔註277〕陳惠玲：《《上海博物館藏戰國楚竹書（三）・周易》研究》（臺灣師範大學國文教學所碩論，2005 年 8 月），頁 73。

能不訟，而了訟必辯明矣。（頁 34）

孔穎達《正義》：

「不永所事」者，永，長也，不可長久爲鬥訟之事，以「訟不可終」也。「小有言，終吉」者，言「終吉」者，言初六應于九四。然九四剛陽，先來非理犯己，初六陰柔，見犯乃訟，雖不能不訟，是不獲已而訟也，故「小有言」；以處訟之始，不爲訟先，故「終吉」。（頁 34）

朱熹《易本義》：

陰柔居下，不能終訟。故其象占如此。（頁 57）

南懷瑾、徐芹庭《周易今註今譯》：

訟卦的第一爻（初六）象徵著所做的事，永無成果。雖然小有繁言，結果終是吉的。（頁 66）

玉姍案：訟卦探討處理訟事之過程及處理態度，故「言」於此爻中應指爭訟之辯言。王弼以爲初六處訟之始，訟事不可以終久，訟事雖非己先招致，一旦發生，卻需以言語辯明才能終了訟事。孔穎達以爲九四陽剛，先犯初六，因此不能不訟，但終能得吉。此皆從之。南、徐以爲「永無成果」而「結果終是吉的」，前後矛盾，值得商榷。

今本「初六：不永所事，小有言，終吉。」意思是說：初六爲訟之始，象徵不要長久處理訟事，雖然過程中可能稍有言語之傷，但最終是吉的。

上博本「初六：不出迎事，少又言，多吉。」意思是：初六爲訟之始，象徵不要竭盡心力於處理訟事。雖然過程中可能稍有言語之傷，但最終是吉的。

帛書本「初六：不永所事，少有言，多吉。」意思與今本同。

1. 上博《周易》：九二：不克訟，逯肤丌邑，人晶四戶，亡𥢑。

2. 阜陽《周易》：九二：不克訟，歸而逋其邑，人三百戶，无眚。

3. 帛書《周易》：九二：不克訟，歸而逋亓邑，人三百戶，无省。

4. 今本《周易》：九二：不克訟，歸而逋其邑，人三百戶，无眚。

【文字考釋】

阜陽本九二爻辭殘，據今本補。上博本「逯肤丌邑」較他本少一「而」字。

（一）今本「歸而逋其邑」之「歸」，上博本作「逯」。

玉姍案：「逯」即古「歸」字，濮茅左以爲「《包山楚簡》、《郭店楚墓竹

簡‧六德》、《銀雀山漢墓竹簡‧孫臏兵法》『歸』都作此形；《說文》籀文作
『婦』，从辵省。」〔註278〕陳惠玲以爲「歸，甲骨文作𠂤（《甲》3342），金
文作𠂤（舖方彝）有在戰爭中以軍隊掃除敵人乃歸之義，楚文字或省『自』
加『辵』作遑（《包》2.43）增加義符『歸回』的意思、或加『屮』、『辵』
作𨔵（《天‧卜》），至篆書可隸爲『歸』𨔵（《睡》12.46）、歸（《老子乙》
249 下），〔註279〕故『遑』古『歸』字。」〔註280〕皆可從。

（二）今本「歸而逋其邑」，上博本作「遑肤丌邑」。

　　陳惠玲《《上海博物館藏戰國楚竹書（三）‧周易》研究》：

　　　　據〈小象傳〉「歸逋，竄也」，則「歸逋」可逕釋爲「歸亡」，逋字依
　　　　《說文》釋爲「亡」最合理。楚簡本作「遑肤」，帛書、今本作「歸
　　　　而逋」，〈小象傳〉：「『不克訟』，歸逋，竄也。」〈小象傳〉作「歸逋」
　　　　與楚簡本「遑肤」同，亦無「而」字。故楚簡本亦有據，非漏字。

　　　　〔註281〕

　　玉姍案：「肤」上古音非紐魚部，「逋」上古音爲幫紐魚部，同爲唇音魚
部，可通假。〈小象傳〉：「『不克訟』，歸逋，竄也。」與上博本「遑肤」皆無
「而」字，可見上博本亦有據，非漏字。《說文》：「逋，亡也。」「歸逋」釋
爲「歸亡」，合於《說文》及〈小象傳〉。

（三）帛書本、今本「人三百戶」，上博本作「人晶四戶」。

　　濮茅左以爲帛書、今本作「百」乃形近而訛：

　　　　「邑」，《周禮‧地官‧小司徒》「九夫爲井，四井爲邑，四邑爲丘」，
　　　　賈公彥疏：「井方一里，邑方二里。」「四」，馬王堆漢墓帛書《周易》、
　　　　今本《周易》均作「百」，兩者數目相差很大，如根據《周禮‧地官‧
　　　　小司徒》「九夫爲井，四井爲邑」，或《國語‧齊語》「三十家爲邑」
　　　　解，則作「百」者似有誤，如根據《左傳‧莊公二十八年》「凡邑，
　　　　有宗廟先君之主曰都，無曰邑」作「都城」解，則作「四」亦順。

〔註278〕馬承源主編：《上海博物館藏戰國楚竹書（三）》（上海：上海古籍出版社，2003
　　　　年 12 月），頁 142。

〔註279〕季師旭昇：《說文新證‧上》（台北：藝文印書館，2002 年 10 月），頁 99。

〔註280〕陳惠玲：《《上海博物館藏戰國楚竹書（三）‧周易》研究》（臺灣師範大學國
　　　　文教學所碩論，2005 年 8 月），頁 75。

〔註281〕陳惠玲：《《上海博物館藏戰國楚竹書（三）‧周易》研究》（臺灣師範大學國
　　　　文教學所碩論，2005 年 8 月），頁 76。

簡文「四」與「百」形近，帛書、今本或有傳誤。〔註282〕

廖名春認爲「四」乃「百」之訛：

> 孔穎達疏：「『三百戶』者，鄭注《禮記》云：『小國下大夫之制。』」
> 又鄭注《周禮・小司徒》云：方十里爲成，九百夫之地，溝渠、城
> 郭、道路三分去其一，餘六百夫。又以田有不易，有一易，有再易，
> 定受田三百家。即此『三百戶』者，一成之地也。」如此，簡文「四」
> 乃「百」形訛。〔註283〕

季師旭昇云：

> 邑之大小，本無定數，也難有定數，人口增增減減，無法以人力控
> 制。……楚簡本「其邑人三四戶」可有兩種解釋，其一「其邑人三、
> 四戶」，極言民居之少；如果堅持少於「十室之邑」不可以爲邑，那
> 麼也可以解成「其邑十二戶」，三四得十二也。據王弼注、孔穎達正
> 義，本卦本爻不克訟歸逋的本來就是小邑，「其邑人三四戶」正合這
> 個意思。《穀梁傳・莊公九年》：「十室之邑，可以逃難；百室之邑，
> 可以隱死。」與《易經・訟卦》合。秦漢以後，邑多半較大，「三四
> 戶」因此訛爲「三百戶」。〔註284〕

陳惠玲《《上海博物館藏戰國楚竹書（三）・周易》研究》：

> 「邑」的大小有以下三種說法：
>
> 1. 「邑」作爲「封邑」。《禮記》鄭注釋「三百戶」云：「小國下大夫
>   之制」可知封邑的戶數約三百戶。
>
> 2. 「邑」作爲「里」。《周禮・里宰》：「掌比其邑之眾寡。」注：「猶
>   里也。」《周禮・地官・遂人》：「五家爲鄰，五鄰爲里。」……
>   「邑」如果解釋爲「里」，大約爲二十五～五十戶左右。
>
> 3. 「四井爲邑」。《周禮・地官・小司徒》：「九夫爲井，四井爲邑，
>   四邑爲丘」，賈公彥疏：「井方一里，邑方二里。」……「邑」的
>   範圍……只有三十六夫的人數而已。
>
> 作爲「二十五～五十戶左右」「里」單位的邑，因數字不符合簡本

〔註282〕馬承源主編：《上海博物館藏戰國楚竹書（三）》（上海：上海古籍出版社，2003
年12月），頁142。

〔註283〕廖名春：〈楚簡《周易》校釋記（一）〉，簡帛網站2004年4月23日。

〔註284〕季師旭昇主編：《上海博物館藏戰國楚竹書（三）讀本》（台北：萬卷樓，2005
年10月），頁14～15。

「四」，以及今本、帛書本「百」形，故亦不採用。「三十六夫」的邑，如果一家八口人〔註285〕計算，男夫最多大約三至四人，三十六夫則約當九～十二戶人家，此數目與「四」或「百」之字形不類。……《禮記‧雜記》：「大夫之喪，其升正柩也，執引者三百人。」鄭玄注：「諸侯之大夫，邑有三百戶之制。」〔註286〕從卦象九二爻為士大夫看來，楚簡本、帛書、今本所指稱的「邑」，可能就是士大夫的「封邑」，大約有三百戶左右。即是帛書、今本所說的「其邑人三百戶」。

以上可知「邑」的大小，文獻記載並不限定只有一種，很可能楚簡本作「四」形也是正確的。或許本為四戶之家，因人口不斷增生，而成百戶。因此，「邑」之大小不能拘泥於文獻記載。……本文從季師旭昇之說，以為楚簡本作「亓邑人晶四戶」為較古之本。〔註287〕

玉姍案：簡文作「三四戶」今本作「三百戶」，其間數目差異甚大，季師以為依王弼、孔穎達之說「若其邑強大，則大都偶國，非逋竄之道」，《穀梁傳‧莊公九年》：「十室之邑，可以逃難；百室之邑，可以隱死。」與今本《易‧訟卦》合。則「三四戶」較「三百戶」更為合理；而秦漢以後，邑多半較大，「三四戶」因此訛為「三百戶」。此從季師之說。

（四）今本「无眚」之「眚」，上博本作「禧」，帛書本作「省」。

玉姍案：今本「无眚」之「眚」，上博本作「禧」，帛書本作「省」。「省」與「眚」古通用，典籍中保留諸多例證，如《釋名‧釋天》：「眚，省也。」「禧」，由「眚」得聲，故二字可通。《說文》：「眚，目病生翳也。」（頁135）《廣韻》：「眚，過也。災也。」「眚」本意為眼翳病，引伸有災、過之義。

【爻辭釋讀】

〈象〉曰：

「不克訟」，歸逋竄也。自下訟上，患至掇也。（頁34）

王弼《注》：

〔註285〕《孟子‧梁惠王章句上》：「百畝之田，勿奪其時，八口之家可以無飢矣」。
〔註286〕黃師慶萱：《周易讀本》（台北：三民書局，2001年3月），頁111。
〔註287〕陳惠玲：《《上海博物館藏戰國楚竹書（三）‧周易》研究》（臺灣師範大學國文教學所碩論，2005年8月），頁77～78。

以剛處訟，不能下物，自下訟上，宜其不克。若能以懼歸竄其邑，乃可以免災。邑過三百，非爲竄也。竄而據強，災未免也。（頁34）

孔穎達《正義》：

「不克訟」者，克，勝也；以剛處訟，不能下物，自下訟上，與五相敵，不勝其訟，言訟不得勝也。「歸而逋其邑」者，訟既不勝，怖懼還歸，逋竄其邑。若其邑強大，則大都偶國，非逋竄之道。「人三百戶，无眚」者，若其邑狹小，唯三百戶乃可也。「三百戶」者，鄭注《禮記》云：「小國下大夫之制。」又鄭注《周禮‧小司徒》云：「方十里爲成」，九百夫之地，溝渠、城郭、道路三分去其一，餘六百夫。又以田有不易，有一易，有再易，定受田三百家。（頁34）

朱熹《易本義》：

九二陽剛，爲險之主，本欲訟者也，然以剛居柔，得下之中，而上應九五，陽剛居尊，勢不可敵，故其象占如此。邑人三百戶，邑之小者，言自處卑約以免災患，占者如是，則无眚矣。（頁57）

南懷瑾、徐芹庭《周易今註今譯》：

訟卦第二爻（九二）的象徵，有不能克勝訟事，而且還有回竄而歸的現象。如果退守本分，和它同邑的三百戶相處，便沒有災害。〔註288〕

陳惠玲《《上海博物館藏戰國楚竹書（三）‧周易》研究》：

整理以上諸說，九二爻辭共有二種斷句方式：

1. 今本作「九二：不克訟，歸而逋其邑，人三百戶，无眚」。如王弼、孔穎達。意思爲爲訟事不能得勝，若能以懼歸竄其邑，（有三百戶之庇護）乃可以免災。可從。

2. 今本「九二：不克訟，歸而逋，其邑人三百戶，无眚」。如朱熹、高亨、〔註289〕屈萬里、〔註290〕黃師慶萱、〔註291〕南懷瑾、徐芹庭等。……

楚簡本比卦九五爻有「邑人不戒」、《亡忘》卦六三爻有「邑人之炎」，皆爲「邑人」二字連讀，故在此「邑人」二字要連讀。朱、高、屈、

〔註288〕南懷瑾、徐芹庭註譯：《周易今註今譯》（台北：台灣商務印書館，2004年5月），頁67。

〔註289〕高亨：《周易古經今注》（台北：文笙書局，1981年3月），頁25。

〔註290〕屈萬里：《讀易三種》（台北：聯經出版公司，1984年），頁63。

〔註291〕黃師慶萱：《周易讀本》（台北：三民書局，2001年3月），頁112。

黃、南、徐、廖皆以爲「其邑」連下讀，全句作「其邑人三百戶，
无眚」，顯然主角落於「邑人」，並非此爻重點。故不從例 2 諸説。
〔註292〕

玉姍案：訟卦九二爻辭歷來共有二種斷句方式，其一爲「九二：不克訟，
歸而逋其邑，人三四（百）戶，无眚。」另一爲「九二：不克訟，歸而逋。
其邑人三四（百）戶，无眚。」陳惠玲以爲若斷讀爲「『其邑人三百戶，无眚』，
顯然主角落於『邑人』，並非此爻重點」，故此當從王、孔之斷句作「九二：
不克訟，歸而逋其邑，人三百戶，无眚」陳說可從。

今本「九二：不克訟，歸而逋其邑，人三百戶，无眚。」意思是：訟卦
九二爻有訴訟不利的現象，故暫時先歸回自己的邑，雖然只有三百戶人家，
但也可以免於災過。

上博本「九二：不克訟，遉肤丌邑，人晶四戶，亡禰。」意思是：訟卦
九二爻有訴訟不利的現象，故暫時先歸回自己的邑，雖然只有三、四戶人家，
也可以免於災過。

帛書本「九二：不克訟，歸而逋亓邑，人三百戶，无省。」意思與今本同。

1. 上博《周易》：六晶：飤舊㥛，貞礪，冬吉。或從王事，亡成。
2. 阜陽《周易》：六三：食舊德，貞厲，冬吉。或從王事，无成。
3. 帛書《周易》：六三：食舊德，貞厲。或從王事，无成。
4. 今本《周易》：六三：食舊德，貞厲，終吉。或從王事，无成。

【文字考釋】

阜陽本六三爻辭殘，據今本補。帛書本較他本缺「終吉」二字。

（一）帛書本、今本「貞厲」之「厲」，上博本作「𥐫（礪）」。

濮茅左以爲「礪」字從石，從厲省：

「礪」，從石、從厲省，同「𥐣」（參見第二十二簡）、「礪」、「厲」。
從「厲」之字也往往省作從「萬」，如「蠣」又作「蠆」，「禰」又作
「襫」等。〔註293〕

〔註292〕陳惠玲：《《上海博物館藏戰國楚竹書（三）・周易》研究》（臺灣師範大學國
文教學所碩論，2005 年 8 月），頁 80～81。
〔註293〕馬承源主編：《上海博物館藏戰國楚竹書（三）》（上海：上海古籍出版社，2003
年 12 月），頁 143。

陳惠玲《《上海博物館藏戰國楚竹書（三）・周易》研究》：

> 惠玲案：簡文 ![字] 字，對照二十二簡「![圖]」（礢）較清楚的字形，隸
> 爲「礢」字無誤，從石，但不應爲厲省。季師旭昇云：
>
> > 甲骨文從「厂」之字，目前只見「屌」（《詁林》2998），作人名用，疑
> > 從「厂」與「宀」互用；《金文編》從「厂」諸字或爲從「石」之省，
> > 如「厲」；或與從「广」互用，如「厓」，似未見與「山石之厓巖」
> > 有關者。魯師實先以爲《說文》「厂」部皆承「石」義，是其所從之
> > 「厂」即卜辭之「![石]」（石）（《說文析義》192頁）。旭昇案：甲骨文之「![石]」
> > 疑爲山石，而非河石，故與之同用之「厂」當亦有山石義，《說文》
> > 謂「山石之厓巖」，其故在此。〔註294〕
> >
> > 由此可知「厂」即有山石義，「厂」、「石」古文字常通用。金文作 ![讓]
> > （子仲匜），郭沫若謂即厲之繁文，從石與從厂同意。〔註295〕故簡
> > 文「![字]」字和今本作「厲」實爲同字。〔註296〕

玉姍案：季師、陳惠玲之說可從。「厂」、「石」古文字常通用，簡文「![字]」
（礢）」字和今本作「厲」實爲同字。今本「厲」字，上博本均作「礢」，以
下章節不再贅敘。

【爻辭釋讀】

〈象〉曰：

> 「食舊德」，從上吉也。（頁34）

王弼《注》：

> 體夫柔弱以順於上，不爲九二，自下訟上，不見侵奪，保全其有，
> 故得食其舊德而不失也。居爭訟之時，處兩剛之間，而皆近不相得，
> 故曰「貞厲」。柔體不爭，繫應在上，眾莫能傾，故曰「終吉」。上
> 壯爭勝，難可忤也，故或從王事，不敢成也。（頁34）

孔穎達《正義》：

> 「食舊德」者，六三以陰柔順從上九，不爲上九侵奪，故保全己之
> 所有，故食其舊日之德祿位。「貞厲」者，貞，正也；厲，危也。居

〔註294〕季師旭昇：《說文新證・下》（台北：藝文印書館，2004年11月），頁84。

〔註295〕容庚編：《金文編》（北京：中華書局，1998年11月），頁662。

〔註296〕陳惠玲：《《上海博物館藏戰國楚竹書（三）・周易》研究》（台灣師範大學國
文教學所碩論，2005年8月），頁82～83。

爭訟之時，處兩剛之間，故須貞正自危厲，故曰「貞厲」。然六三柔
體不爭，係應在上，眾莫能傾，故「終吉」也。「或從王事，无成」
者，三應於上，上則壯而又勝，故六三或從上九之王事，不敢觸忤，
无敢先成，故云无成。（頁 34）

朱熹《易本義》：

食，猶「食邑」之「食」，言所享也。六三陰柔，非能訟者，故守舊
居正，則雖危而終吉。然或出而從上之事，則亦必无成功，占者守
常而不出，則善也。（頁 57～58）

南懷瑾、徐芹庭《周易今註今譯》：

訟卦第三爻（六三）的現象，有保食故舊的德業，需要貞正不苟，
才能度過艱危。只要這樣自厲，結果終歸是吉的象徵。或者也有從
事王事的可能，但並無所成。（頁 68）

　　玉姍案：孔穎達以爲六三以陰柔順從上九，不爲上九侵奪，故保全己之
所有，如食其舊日之德。居爭訟之時，處九二、九四兩剛之間，須貞正自危
厲。然六三柔體不爭，係應在上，眾莫能傾，故「終吉」也。六三應於上九，
故六三或從上九之王事，不敢觸忤，无敢先成，功成亦不居其功，故云「无
成」。在諸家說法中最爲圓融完整，故從孔穎達之說。

　　今本「六三：食舊德，貞厲，終吉。或從王事，无成。」的意思是說：
六三以陰柔順於上九，不爲上九所奪，能保全已有的舊德。處九二、九四兩
陽爻之間，雖是貞正，卻有危厲，但終能得吉。可以從上九之王事，但勿功
成自居。

　　上博本「六晶：飤舊惪，貞礪，多吉。或從王事，亡成。」意思與今本
同。

　　帛書本「六三：食舊德，貞厲。或從王事，无成。」意思是：六三以陰
柔順上九，不爲上九所奪，象徵能保全已有的舊德。處九二、九四陽爻之間，
雖是貞正，卻有危厲。可以從上九之王事，但勿居其功。

1. 上博《周易》：九四：不克訟，遌即命愈，安貞，吉。
2. 阜陽《周易》：<u>九四：不克訟，復即命渝，安貞，吉。</u>
3. 帛書《周易》：九四：不克訟，復即命俞，安貞，吉。
4. 今本《周易》：九四：不克訟，復即命渝，安貞，吉。

【文字考釋】

　　阜陽本九四爻辭殘，據今本補。

（一）今本「復即命渝」之「復」，上博本作「逡」。

　　濮茅左以爲「逡」即「復」字：

　　　　「逡」，即「復」字，《郭店楚墓竹簡》、《包山楚簡》、金文《中山圓
　　　　壺》等都作此形从辵，复聲。「復」，歸。〔註297〕

　　玉姍案：「彳」部加上「止」即爲「辵」，兩個部首皆有「行」義。〔註298〕
戰國文字中，从「辵」之字或省去「止」而从「彳」（或省去「彳」而从「止」）
之例相當多，如「返」可寫作（楚.郭.語叢2.45），亦可作（晉.中山方壺）。
「道」可作（楚.郭.老甲.24），亦可作（楚.郭.語叢2.38）。「遊」可作（璽
彙1154），亦可作（璽彙2251）。此爲何琳儀《戰國文字通論》中所謂「形
符互作」：「合體字偏旁，尤其形聲字形符，往往可用與其異近的表意偏旁替
換，這就是古文字中習見的形符互換現象。形符互換之後，形體雖異，意義
不變。」〔註299〕據此，戰國文字中从「辵」之「逡」與从「彳」之「復」爲
異體字，「逡」和「復」二字同。今本「復」字，上博本均作「逡」，下列章
節不再贅敍。

（二）今本作「復即命渝」之「渝」，上博本作「愈」，帛書本作「俞」。

　　玉姍案：「俞」、「愈」、「渝」古音皆爲喻四侯部，可以通假。

【爻辭釋讀】

〈象〉曰：

　　　　「復即命渝」，安貞不失也。（頁34）

王弼《注》：

　　　　初辯明也。處上訟下，可以改變者也，故其咎不大。若能反從本理，
　　　　變前之命，安貞不犯，不失其道，「爲仁由己」，故吉從之。（頁34）

孔穎達《正義》：

〔註297〕馬承源主編：《上海博物館藏戰國楚竹書（三）》（上海：上海古籍出版社，2003
　　　　年12月），頁143。
〔註298〕見季師旭昇：《説文新證‧上》（台北：藝文印書館，2002年10月），頁111、
　　　　115。
〔註299〕何琳儀：《戰國文字通論（訂補）》（南京：江蘇教育出版社，2003年），頁229。

九四既非理陵犯於初，初能分辯道理，故九四訟不勝也。「復即命渝」者，復，反也；即，就也。九四訟既不勝，若能反就本理，變前與初爭訟之命，能自渝變休息，不與初訟，故云「復即命渝」。「安貞吉」者，既能反從本理，渝變往前爭訟之命，即得安居貞吉。（頁34）

朱熹《易本義》：

即，就也。命，正理也。渝，變也。九四剛而不中，故有訟象，以其居柔，故又為不克，而復就正理，渝變其心，安處於正之象，占者如是則吉也。（頁58）

南懷瑾、徐芹庭《周易今註今譯》：

訟卦的第四爻（九四），有不能克勝訟事的象徵。要恢復固有的正命，變更初衷與動機。安於貞正，便會是吉。（頁69）

玉姍案：九四以陽居陰，其位不正，象徵無理而犯初六，因而不能在爭訟中克勝。如能反就真理，變前往爭訟之命，不再爭訟，就可安居貞吉。此從王弼、孔穎達之說。

今本「九四：不克訟，復即命渝，安貞，吉。」意思是說：九四有不能克勝訟事的象徵，只有返就原來的真理正命，改變爭訟之初衷，安於貞正，才能得吉。

上博本「九四：不克訟，邅即命愈，安貞，吉。」帛書本「九四：不克訟，復即命俞，安貞，吉。」意思均與今本同。

1. 上博《周易》：九五：訟，元吉。

2. 阜陽《周易》：九五：訟，元吉。

3. 帛書《周易》：九五：訟，元吉。

4. 今本《周易》：九五：訟，元吉。

【文字考釋】

阜陽本九五爻辭殘，據今本補。

【爻辭釋讀】

〈象〉曰：

「訟元吉」，以中正也。（頁34）

王弼《注》：

處得尊位，爲訟之主，用其中正以斷枉直，中則不過，正則不邪，
剛无所溺，公无所偏，故「訟元吉」。（頁 35）

孔穎達《正義》：

處得尊位，中而且正，以斷獄訟，故得「元吉」也。（頁 35）

朱熹以爲：

陽剛中正以居尊位，聽訟而得其平者也，占者遇之，訟而有理，必
獲伸矣。（頁 58）

南懷瑾、徐芹庭《周易今註今譯》：

訟卦第五爻（九五）的現象，是本卦所謂訟的正位。也便是乾元吉
慶的中心。（頁 69）

玉姍案：王弼以爲九五以陽居尊，履於中正之位，處得尊位，象徵爲仲
裁之主，能用其中正以決斷爭訟之枉直，公正而无偏，故能得吉。學者多依
此立說，此亦從之。

今本「九五：訟，元吉。」意思是說：九五陽爻處於至尊之正位，能公
平處理訴訟，作出合理判決，是大吉的象徵。

上博本「九五：訟，元吉。」帛書本「九五：訟，元吉。」意思均與今
本同。

1. 上博《周易》：上九：或賜繕繠，冬朝晶襄之。
2. 阜陽《周易》：上九：或錫之鞶帶，終朝三褫之。
3. 帛書《周易》：尚九：或賜之般帶，終朝三攄之。
4. 今本《周易》：上九：或錫之鞶帶，終朝三褫之。

【文字考釋】

阜陽本上九爻辭殘，據今本補。上博本「或賜繕繠」，比其他版本缺一「之」
字，但不影響爻義。

（一）今本「或錫之鞶帶」之「錫」，上博本、帛書本皆作「賜」。

張立文《周易帛書今注今譯》：

「或賜之般帶」，周易集解本、王弼本「賜」均作「錫」。「錫」也假
作「賜」。「錫」、「賜」同聲系，古相通。〔註300〕

〔註300〕張立文（張憲江）：《周易帛書今注今譯》（台北：台灣學生書局，1991年），

　　玉姍案：今本「或錫之鞶帶」之「錫」，上博本、帛書本皆作「賜」。「賜」
和「錫」上古音皆爲心紐錫部，故可以通假。《說文》：「賜，予也。」（頁 283）
《易‧師》：「王三錫命」，《釋文》：「鄭本作賜」。《書序》：「平王錫晉文侯」，
《釋文》：「馬本作賜」。

（二）今本「或錫之鞶帶」之「鞶」，上博本作「絥（繴）」，帛書本作「般」。
　　濮茅左認爲「繴」和今本作「鞶」相通假：

> 「繴」，字从系、从田，半聲。「半」，即「枓」之省，《說文‧斗部》：
> 「枓，量物分半也，从斗、半，半亦聲。」「繴繵」，讀爲「鞶帶」，
> 「繴」、「鞶」音通。〔註301〕

季師《說文新證》：

> 古文字中「半」有兩系，其一从八牛作「半」（玉姍案：如 半（晉‧
> 璽彙））；其一从八斗作「枓」（或隸作枓）（玉姍案：如 枓（晉‧侯
> 馬））。目前第一類見於晉系及秦系，第二類多見於晉（楚系見於偏
> 旁）。一从分牛會意、一从分斗會意，取形雖不同，但命意相似。後
> 世秦系文字作「半」，「枓」形漸廢。〔註302〕

朱德熙〈戰國時代的「枓」和秦漢時代的「半」〉：

> 古籍無緥字，反與般韻同聲近，橐與囊皆从嚻聲，簡文緥橐當讀爲
> 繫囊。《禮記‧內則》：「婦事舅姑，如事父母，……右佩箴、管、線、
> 纊，施繫袟」，鄭注：「繫，小囊也」，……繫或用絲制，或用革制，
> 所以字亦作鞶。〔註303〕

周波〈竹書《周易》考釋三則〉認爲「繴」是「鞶」字異體，而非通假關係：

> 繴當分析爲從系畔聲，可能是「鞶」之異體，而非通假關係。信陽
> 簡有「反（從系）」字……繴從系畔聲，「反（從系）」從系反聲，二
> 字形符相同，聲符相近，很可能就是一個字。而「畔」、「繫（鞶）」
> 皆並紐元部字，故繴有可能是「繫（鞶）」之異體。〔註304〕

頁 103。

〔註301〕馬承源主編：《上海博物館藏戰國楚竹書（三）》（上海：上海古籍出版社，2003
　　　　年 12 月），頁 44。

〔註302〕季師旭昇：《說文新證‧上》（台北：藝文印書館，2002 年 10 月），頁 77。

〔註303〕朱德熙：〈信陽楚考釋（五篇）〉，《朱德熙古文字論集》（北京：中華書局，1995
　　　　年 2 月），頁 66。

〔註304〕周波〈竹書《周易》考釋三則〉，簡帛研究網站，2004 年 6 月 6 日。

陳惠玲《《上海博物館藏戰國楚竹書（三）・周易》研究》：

> 簡文此字右上部是從八斗的「刅」字，並以此爲聲符。「刅」，即「半」
> 之古文。楚簡本「繙」字，上古音幫紐元部，帛書本作「般」，今本
> 作「鞶」，上古音皆爲並紐元部，楚簡本、帛書、今本同爲唇音元韻，
> 可通假，……

> 鞶，有二種意思。一爲大帶，《説文》：「大帶也。」《左傳・桓公二
> 年》：「藻、率、鞞、鞛，鞶、厲、游、纓，昭其數也。」杜預注：「鞶，
> 紳帶也，一名大帶也。」另一意思爲鞶囊，《儀禮・士昏禮》：「夙夜
> 無愆，視諸衿鞶。（玉姍案：應爲「視諸衿鞶」）」鄭玄注：「鞶，鞶
> 囊也。男鞶革，女鞶絲，所以盛帨巾之屬。」簡文在此是取「大帶」
> 之意。〔註305〕

　　玉姍案：「繙」字从糸、从田，刅（半）聲。在聲韻上「繙（從半爲聲符）」
字，上古音幫紐元部，帛書本作「般」，今本作「鞶」，上古音皆爲並紐元部，
同爲唇音元韻，可以通假。周波以爲「繙」是「鞶」字異體，也有此可能。

　　「鞶」，在典籍中保有二種意思。一爲大帶，如《說文》：「鞶，大帶也。
易曰：『或錫之鞶帶。』男子帶鞶，婦人帶絲。从革，般聲」一爲鞶囊，如《儀
禮・士昏禮》：「夙夜無愆，視諸衿鞶。」鄭玄注：「鞶，鞶囊也。」訟卦上九
爻辭作「鞶帶」，故知此是「大帶」之意。

　　（三）今本「鞶帶」之「帶」，上博本作「![繙]（繙）」。

　　濮茅左以爲「![繙]（繙）」即「帶」之繁文：

> 「繙」，「帶」之繁文，簡文多以「繙」爲「帶」，如《包山楚簡》二
> 一九作「![繙]」、《信陽楚墓》二・二作「![繙]」。鞶帶，寵異之服，且
> 上之賜必以禮，下之受必以功。〔註306〕

　　玉姍案：上博本「![繙]」字，與「![繙]」（楚.包.219）、「![繙]」（楚.信2.2）同形，
可隸定爲「繙」。「繙」爲「帶」外加義符「糸」，字義與「帶」相同。

　　（四）今本「終朝三褫之」之「褫」，上博本作「![襄]（襄）」，帛書本作「![褫]

〔註305〕陳惠玲：《《上海博物館藏戰國楚竹書（三）・周易》研究》（臺灣師範大學國
　　　　　文教學所碩論，2005年8月），88～90。
〔註306〕馬承源主編：《上海博物館藏戰國楚竹書（三）》（上海：上海古籍出版社，2003
　　　　　年12月），頁44。

（摭）」。

張立文《周易帛書今注今譯》以爲「**扂**」疑作「摀」或「攎」：

> 「攎」疑作「摀」（玉姍案：應爲「摀」）或「攎」。正字通曰：「摀或
> 攎爲俗攎字。」攎和褫形近而訛。「褫」，說文：「奪衣也。」〔註307〕

玉姍案：帛書本「**扂**」字，馬王堆漢墓帛書整理小組、〔註308〕張立文隸定作「攎」。鄧球柏隸定作「攎」，〔註309〕劉大鈞隸定作「摀」，〔註310〕《馬王堆帛書文字編》隸定爲「攎」。〔註311〕「**扂**」字右邊偏旁在「虍」頭之下的部件寫作「**皿**」。

觀察馬王堆帛書中其他字形，「且」字作「**旦**」（方.083）、「**旦**」（問.036），與「**皿**」中間爲一豎筆字形不類。「皿」字可見從皿之字如「盜」，作「**盜**」（氣.G039）、「**盜**」（經.018），「皿」中間爲兩豎筆，與「**皿**」中間爲一豎筆字形亦不類。此外，馬王堆帛書中，「虎」字都寫作「**虎**」（合.116）、「**虎**」（陰乙.圖 4），下方訛成「巾」形，是以「**扂**」字右半部可能爲「虎」字下加一橫畫，隸定作「攎」或是「摀」。

「**扂**」若隸定作「攎」或是「摀」，應該都可視爲「攎」字，右半部「虎」字下所加的一橫畫，應該爲飾筆。不過目前所見秦、漢代的「虎」字，即使下方訛成「巾」，也沒有加一橫畫爲飾筆的其他例子。但徐中舒《秦漢魏晉篆隸字形表》錄「**虒**」字，〔註312〕隸定爲「虒」。如果徐中舒的隸定是正確的，那麼也許「**扂**」字可以直接隸定做「摭」，與今本「褫」字同聲符可相通假。

關於上博本「**襃**」字當隸爲何字，目前所見的說法有下列五種：

1. 濮茅左以爲「**襃**」字同「襃」，爲「表」之古文，有「明確」之義。「終朝三襃之」意爲終朝再三明確此事。〔註313〕

〔註307〕張立文（張憲江）:《周易帛書今注今譯》（台北：臺灣學生書局，1991 年）頁 103～104。

〔註308〕馬王堆漢墓帛書整理小組，〈馬王堆帛書《六十四卦》釋文〉，（《文物》第三期，1984 年），頁 1。

〔註309〕鄧球柏著，《帛書周易校釋》，（湖南人民出版社，2002 年 6 月三版），頁 97。

〔註310〕劉大鈞，《今、帛、竹書《周易》綜考》，（上海古籍出版社，2005 年 8 月），頁 13。

〔註311〕陳松長編著，《馬王堆簡帛文字編》，（北京市：文物，2001 年），頁 497。

〔註312〕徐中舒主編《秦漢魏晉篆隸字形表》，（四川辭書出版社，1986 年），頁 322。

〔註313〕馬承源主編:《上海博物館藏戰國楚竹書（三）》（上海：上海古籍出版社，2003 年 12 月），頁 144。

2. 季師旭昇認爲此字可隸作「襄」，讀爲「裒」或「麃」，皆能與今本作「褫」相通假，「終朝三褫之」意思是：一個早上被拿掉三次。〔註314〕

3. 廖名春認爲可能是書寫者把「褫」字之「虎」與「声」弄混，而誤寫成「襄」。《說文》：「褫，奪衣也。」但如以簡文「襄」爲本字，則「攄」、「挖」諸異文都不好解釋。〔註315〕

4. 何琳儀、程燕認爲此字從鹿從衣，其中「鹿」旁下加飾筆，讀爲「纚」。〔註316〕

5. 楊澤生認爲此字中部應爲「刀」，故應隸定作「製」。「鹿」、「录」同爲來母屋部字，可能是「剝」的異文。「剝」即剝奪。〔註317〕

　　玉姍案：陳惠玲對各家說法分析詳盡，請詳參陳氏論文，此不再贅敘。季師《〈上博三・周易〉簡六「朝三褫之」說》，認爲「襄」可隸作「襄」，讀爲「裒」或「麃」，皆能與今本作「褫」相通假：

　　　　細審此字作「襄」，隸定可作「襄」，此字上從「鹿」形，下從爪從衣，下所從即「裒」，裒於楚簡多讀爲「衣」，但亦讀「裼」、「狄」（參何琳儀先生《戰國古文字典》756 頁。裒所從「爪」形一般均向左，此字「爪」形向右。而且「爪」形簡寫爲「刀」形。「爪」形省爲「刀」形於戰國楚系文字不算太罕見，如「矛」字一般寫成從三個「爪」形，但「爪」形常常簡化成「刀」形，參《楚系簡帛文字編》1015 頁。另外，此字剛好在刀形的右下方有一個殘洞，原字是從「刀」形還是「爪」形也許還有待檢視原簡）。裒於此當讀同「裼」、「狄」，作爲聲符用。「裼」、「狄」上古音均爲定紐支部。如此，△2 可逕通讀爲今本《周易》之「褫（徹紐支部）」。

　　　　另一考慮則可視「襄」爲「麃」之異體字。「麃」字於楚系有二形，一作「麃」形（參《楚系簡帛文字編》763 頁），一作「麃」形（《包》2.13「慶」字所從，慶字所從或爲麐、或爲麃、或爲鹿）。《上博三・周易》簡 6 襄字上部所從與《包》2.13「慶」字所從相似，但實已類

〔註314〕季師旭昇〈《上博三・周易》簡六「朝三褫之」說〉，簡帛研究網站 2004 年 4 月 18 日。

〔註315〕廖名春：〈楚簡《周易》校釋記（一）〉，簡帛網站 2004 年 4 月 23 日。

〔註316〕何琳儀、程燕〈滬簡《周易》選釋〉，簡帛研究網站 2004 年 5 月 16 日。

〔註317〕楊澤生〈周易中的二個異文〉，簡帛研究網站 2004 年 5 月 29 日。

化爲「鹿」旁。𪚔字從「鹿」形、「㐁（裼、狄）」聲，即「麃」字異體，「麃」字上古音屬澄紐支部，與「㐁（裼、狄）」韻同屬支部，聲同爲舌頭音。「麃」又與「褫」音近，「褫」字上古音屬徹紐支部，是《上博三‧周易》簡 6 𪚔字實當讀「褫」，釋義與今本《周易》並無不同。「終朝三褫之」意思是：一個早上被拿掉三次。〔註318〕

陳惠玲《〈上海博物館藏戰國楚竹書（三）‧周易〉研究》：

> 惠玲案：「鹿」甲骨文作𗊮（《粹》953），金文作𗊮（貉子卣），楚文字作𗊮（《天星》45.64）、𗊮（《包》2.190）、𗊮（《包》2.179）……。簡文「𗊮」字，上部與「鹿」形似，依季師所云，當分析爲從鹿從㐁，讀爲「㐁」聲。簡文「𗊮」字，下部件爲「衣」，中間部件「刀」形，即是「爪」形省爲「刀」形，如「矛」字作𗊮（《仰》25.18）、𗊮、𗊮（〈𥝳‧天策〉），「色」字作𗊮《汗簡》，𗊮（《馬王堆帛書‧戰》191）爲「爪」形省成「刀」形之例。……本文從季師旭昇之說，隸爲「𪚔」，讀爲「㐁」，或作「麃」之異體，與今本作「褫」爲相通假。〔註319〕

季師之說於形音義皆合理，爲目前所見最佳說法，故據此將𗊮字隸定爲「𪚔」，上從「鹿」形，㐁聲。「㐁」可讀「裼」、「狄」（兩字皆定紐支部），如曾侯乙墓出土之漆書衣箱上書「㐁匫」，爲某種衣服之專名。〔註320〕《古璽彙編》5560 楚璽作「公褅之璽」，讀「公狄之璽」。今《汗簡》及《古文四聲韻》中所保留的兩個「狄」之古文𗊮（三體石經「狄」）、𗊮（義云章「狄」），應該就是由「褅」的寫法訛變而來。「𪚔」字從「㐁」得聲，爲定紐支部，「褫」上古音亦定紐支部，故兩字可以通假。

【爻辭釋讀】

〈象〉曰：

> 以訟受服，亦不足敬也。（頁 35）

王弼《注》：

> 處訟之極，以剛居上，訟而得勝者也。以訟受錫，榮何可保？故終

〔註318〕季師旭昇：〈《上博三‧周易》簡六「朝三褫之」說〉，簡帛研究網站 2004 年 4 月 18 日。

〔註319〕陳惠玲：《〈上海博物館藏戰國楚竹書（三）‧周易〉研究》（臺灣師範大學國文教學所碩論，2005 年 8 月），頁 91～95。

〔註320〕譚維四：《曾侯乙墓》（北京：文物出版社，2001 年 9 月），頁 152

朝之間，褫帶者三也。（頁 35）

孔穎達《正義》：

「或錫之鞶帶」者，上九以剛居上，是訟而得勝者也。若以謙讓蒙
錫，則可長保有。若因訟而得勝，雖或錫與鞶帶，不可長久，終一
朝之間三被褫脫，故云「終朝三褫之」。（頁 35）

朱熹《易本義》：

鞶帶，命服之飾。褫，奪也。以剛居訟極，終訟而能勝之，故有錫
命受服之象，然以訟得之，豈能安久，故又有終朝三褫之象。其占
爲終訟无理，而或取勝；然其所得，終必失之。聖人爲戒之意深矣。
（頁 58）

南懷瑾、徐芹庭《周易今註今譯》：

訟卦第六爻（上九）的現象，或者得到賜贈服飾上鞶帶的詁賞。但
在一天之間，又有遭受到三次褫奪的象徵。（頁 69）

玉姍案：王弼本、馬融注作「褫」，鄭、荀、虞注作「扡」。「褫」上古音
爲透紐支部，「扡」上古音爲透紐歌部，二字聲同，韻旁轉，可通假。《說文》：
「褫，奪衣也。」即今本訟卦爻辭中所謂的「終朝之間，三次被奪褫帶。」
王弼以爲上九居訟卦之極，因訟而得勝受賜，榮耀豈能長久保之？故終朝之
間，三次被奪褫帶。學者多從王弼之說，此亦從之。

今本「上九：或錫之鞶帶，終朝三褫之」意思是說：上九以陽剛居訟之
極，象徵因訟而得勝，或許會被賜予紳帶官服，但其榮耀無法長久，一天之
內卻遭到三次剝奪收回！

上博本「上九：或賜繡縒，多朝晶襄之。」帛書本「尙九：或賜之般帶，
終朝三攄之。」意思均與今本同。

第七節　師　卦

一、卦名釋義

《說文》：「師，二千五百人爲師。」（頁 275）《詩・秦風・無衣》：「王于
興師，脩我戈矛。」「師」指「二千五百人之眾」，亦有「軍隊」之義。〈彖〉
曰：「師，眾也。貞，正也。能以眾正，可以王矣。」（頁 35）師卦之「師」

即統領眾人，興師治國之義。

〈序卦〉曰：「訟必有眾起，故受之以師。師者，眾也。」（頁 187）李道平《周易集解疏疏》：「凡有血氣者皆有爭心，訟與師皆起於有所爭，兩造相爭謂之訟，兩國相爭謂之師。師起於訟者，因微而至著也。唐虞之世，兵屬於刑，《周語》曰：『大刑用甲兵，中刑用刀鋸，薄刑用鞭扑』。蓋以訟與師有同情，故聽訟之後，即次以用師也。」（頁 128）玉姍案：〈序卦〉以爲因有爭訟，於是行師相爭。故師卦排列於訟卦之後。

師卦，今本卦畫作「䷆」，上坤地，下坎水。〈象〉曰：「地中有水，師。君子以容民畜眾。」（頁 35）《正義》曰：「地中有水，欲見地能包水，水又眾大是容民畜眾之象。」（頁 35）師卦上坤地，下坎水，象徵地有包容萬水之雅量，君子見此而體悟王者當有包容之德，能容納民眾、畜養群眾，進而統領大眾，起而興師除險。

二、卦爻辭考釋

（一）卦辭考釋

1. 上博《周易》：帀：貞，丈人吉，亡咎。
2. 阜陽《周易》：帀：貞，丈人吉，无咎。
3. 帛書《周易》：師：貞，丈人吉，无咎。
4. 今本《周易》：師：貞，丈人吉，无咎。

【文字考釋】

阜陽本、帛書本卦辭殘，皆據今本補。阜陽本卦名殘，依初六爻辭補「帀」。

（一）今本師卦之「師」，上博本、阜陽本皆作「帀」。

濮茅左以爲「帀」同「師」字：

「帀」，卦名，《周易》第七卦，坎下坤上，同「師」字。甲骨文「師」作「𠂤」（《殷墟書契前編》五‧一八‧五），金文或作「𠂤」（《盂鼎》），不從「帀」，或作「𠂤」（《師遽簋》），又作「𠂤」（《禽鼎》）、作「𠂤」（《蔡大師鼎》），與簡文近。阜陽漢簡《周易》同簡文。「師」，軍旅之名。〔註321〕

〔註321〕馬承源主編：《上海博物館藏戰國楚竹書（三）》（上海：上海古籍出版社，2003

玉姍案：「師」，從𠂤、帀，「𠂤」之本義爲臀，引伸爲高地，軍隊駐紮多在高地，故「師」字從「𠂤」，「師」字之𠂤、帀同時有聲符的功能。〔註322〕《說文・帀》：「周也。從反之而帀也。凡帀之屬皆從帀。」（頁499）「帀」字多見於西周晚期金文及戰國璽印、楚竹書等。季師認爲此字構字不明，多作爲官名，古文字中常見的「工帀」相當於今之「工師」。郭沫若《大系・考釋》以爲「帀」爲「師」之省文。但金文亦另有從𠂤、帀之「師」字，不可相混。〔註323〕筆者以爲在金文中，「工帀」相當於今之「工藝匠師」；「師」則爲與軍旅、王室有直接關係的職官。兩字各有所指，不可相混淆，「帀」亦非爲「師」之省文。然「師」由「帀」得聲，故戰國之後兩字常有通假。今本師卦之「師」，上博本、阜陽本皆作「帀」。

【卦辭釋讀】

〈彖〉曰：

師，眾也。貞，正也。能以眾正，可以王矣。剛中而應，行險而順，以此毒天下而民從之，吉又何咎矣？（頁35）

〈象〉曰：

地中有水，師。君子以容民畜眾。（頁35）

王弼《注》：

丈人，嚴莊之稱也。爲師之正，丈人乃吉也。興役動眾无功，罪也，故吉乃无咎也。（頁35）

孔穎達《正義》：

「師」，眾也。「貞」，正也。丈人謂嚴莊尊重之人。言爲師之正，唯得嚴莊丈人監臨主領，乃得「吉无咎」。若不得丈人監臨之，眾不畏懼，不能齊眾，必有咎害。（頁35）

朱熹《易本義》：

師，兵眾也。下坎上坤，坎險於農，伏至險於大順，藏不測於至靜之中。又卦唯九二一陽居下卦之中，爲將之象。上下五陰順而從之，爲眾之象。九二以剛居下而用事，六五以柔居上而任之，爲人君命

年12月），頁145。

〔註322〕季師旭昇：《說文新證・上》（台北：藝文印書館，2002年10月），頁500。
〔註323〕見季師旭昇：《說文新證・上》（台北：藝文印書館，2002年10月），頁499～500。

－201－

將出師之象，故其卦之名曰師。丈人，長老之稱，用師之道，利於
得正，而任老成之人，乃得吉而无咎。（頁 73～74）

南懷瑾、徐芹庭《周易今註今譯》：

師卦。有貞正的德性。纔具有大丈夫的大人現象。真正「貞正」的
丈人，便吉。當然沒有災咎。（頁 70）

陳惠玲《《上海博物館藏戰國楚竹書（三）・周易》研究》：

惠玲案：今本「丈人」二字，……〈子夏傳〉、李鼎祚《周易集解》、
〔註324〕吳澄、〔註325〕姚配中、〔註326〕高亨、〔註327〕屈萬里，〔註
328〕以爲當從〈子夏傳〉作「大人」。……今由楚簡本作「丈人」二
字得知，「丈人」二字並非「誤寫」或被「曲解」。〈子夏傳〉作「大」
上古音定紐月部，今本、楚簡本皆作「丈」上古音澄紐陽部，二字
音近韻遠，也可能是秦漢隸書中，二字形相近而〈子夏傳〉誤爲「大」
字。……孔穎達「丈人」作「嚴莊尊重之人」，與王弼之說同。朱熹
作「長老之稱」、「老成之人」，黃師慶萱作「威嚴老成的統帥」王、
孔、朱、黃之說都以「丈人」爲年長又有地位，莊嚴受尊敬之人，
可從。南、徐作「大丈夫的大人」義不如王、孔。〔註329〕

玉姍案：〈彖〉曰：「以此毒天下而民從之。」「毒」，各家說解不同。《周
易集解》引干寶：「毒，荼苦也。」（頁 129）王弼《注》「毒，猶役也。」孔
穎達《正義》「毒猶役也。若用此諸德使役，天下之人必從之，以得其吉。」
〔註 330〕《經典釋文》：引馬融云：「毒，治也。」程頤《易程傳》：「師旅之
興，不无傷財害人，毒害天下。然而民心從之者，以其義動也。古者東征西
怨，民心從也，如是故吉而无咎。」王引之《經義述聞》：「引之謹案：《廣
雅》：『毒，安也。』毒天下者，安天下也。《孟子・梁惠王》篇曰：『《詩》

〔註324〕（唐）李鼎祚撰，李一忻點校《周易集解》，（北京：九州出版社，2003 年 2
月），頁 152。

〔註325〕高亨：《周易古經今注》（台北：文笙書局，1981 年 3 月），頁 27。

〔註326〕高亨：《周易古經今注》（台北：文笙書局，1981 年 3 月），頁 27。

〔註327〕高亨：《周易古經今注》（台北：文笙書局，1981 年 3 月），頁 27。

〔註328〕屈萬里：《讀易三種》（台北：聯經出版公司，1984 年），頁 66。

〔註329〕陳惠玲：《《上海博物館藏戰國楚竹書（三）・周易》研究》（臺灣師範大學國
文教學所碩論，2005 年 8 月），頁 100～101。

〔註330〕（魏）王弼、（晉）韓康伯注，（唐）孔穎達疏：《周易正義》（台北：藝文印
書館，1989 年），頁 35。

云：『王赫斯怒，爰整其旅，以遏徂莒，以篤周祜，以對於天下。』此文王之勇也。文王一怒而安天下之民，是其義。《廣雅》訓毒爲安，蓋《周易》舊注也。視諸說爲長。《老子》曰：『亭之毒之』，亦謂平之安之。」〔註331〕李道平《周易集解纂疏》：「愚案：聖人之治天下，不外禮樂兵刑。世治則以禮樂養之，世亂則以兵刑攻之。是禮樂即五味五穀之屬，兵刑即五毒之屬，皆所以治世也。馬君訓『毒』爲『治』，義實基此。」（頁 130）

筆者以爲，凡物均有一體二面，如若能對症下藥，藥可治病強身；若不依醫理而濫服之，則藥亦成爲傷身之毒。師卦旨在論述行兵出師，興師治國之道。若爲滿足自身私慾而以霸道行師，則是殘民以逞，「毒」爲荼苦之義。但亦有正義的王道之師，如《孟子・梁惠王下》：「簞食壺漿，以迎王師。豈有它哉？避水火也。」，〔註332〕王道之師出兵，可平治安定天下，「毒」則可釋爲治也、安也。〈象〉曰：「以此毒天下而民從之。」既是萬民從之，必爲王道之師，故「毒」釋爲治也、安也較佳。

今本「丈人」二字，〈子夏傳〉作「大人」。由上博本作「丈人」可知「丈人」應爲較早版本。〈子夏傳〉可能是後世傳抄時，因形近而將「丈」訛爲「大」字。「師」爲軍旅之眾，「丈人」當爲位高、年高、德邵之人。師卦爲正義之師，有貞正的象徵，必須任用有地位、受尊敬的人來作統帥，才能得吉而免於災咎。

今本「師：貞，丈人吉，无咎」的意思是說：師卦有貞正的象徵，必須任用有地位、受尊敬的人來作統帥，才能得吉而免於災咎。

上博本「帀：貞，丈人吉，亡咎。」其義與今本同。

（二）爻辭考釋

1. 上博《周易》：初六：帀出以聿，不馹凶。
2. 阜陽《周易》：初六：帀出以律，否臧凶。
3. 帛書《周易》：初六：師出以律，不臧兒。
4. 今本《周易》：初六：師出以律，否臧凶。

【文字考釋】

〔註331〕（清）王引之：《經義述聞》（台北：廣文書局，1979 年 2 月），頁 42。
〔註332〕（漢）趙岐注，（宋）孫奭疏：《孟子注疏》（台北：藝文印書館，1989 年），頁 43。

　　阜陽本初六爻辭殘，據今本補。

（一）帛書本、今本「師出以律」之「律」，上博本作「聿」。

　　濮茅左以為「聿」，通「律」：

　　　　「聿」，通「律」，《爾雅注疏・卷二考證》：「鄭樵曰：律，即聿字。」
　　　　楚字多以「聿」為「律」，如《楚王領鐘》「其聿（律）其言（音）」。
　　　　「律」，《爾雅・釋詁》：「律，法也。」〔註333〕

　　玉姍案：「聿」之初文象以彐持筆之形，〔註334〕「律」從「聿」得聲，故可通假。《禮記・中庸》：「上律天時。」《注》：「律，述也。」《詩・大雅・文王》：「聿脩厥德」《注》：「聿，述。」可見典籍之中「聿」、「律」常有通假之例。濮說可從。

（二）今本「否臧凶」之「否」，上博本、帛書本作「不」。

　　玉姍案：「不」、「否」皆為非紐之部，可通假。典籍多通假之例，如《禮記・文王世子》：「有國故則否。」《通典・禮十三》引「否」作「不」。又《左傳・宣公二年》：「未知母之存否。」《史記・晉世家》引「否」作「不」。

（三）今本「否臧凶」之「臧」，上博本作「牆」。

　　濮茅左以為：

　　　　「牆」，從言，爿聲，字亦見《璽印彙編》（二六三〇），讀作「藏」，
　　　　《說文・艸部》：「藏，匿也。」徐鉉按：「漢書通用臧字，從艸後人
　　　　所加。」或讀為「壯」。〔註335〕

　　玉姍案：「牆」上古音精紐陽部，「臧」上古音精紐陽部，聲韻皆同可以通假。濮說可從。

【爻辭釋讀】

〈象〉曰：

　　　　「師出以律」，失律凶也。（頁 36）

王弼《注》：

〔註333〕馬承源主編：《上海博物館藏戰國楚竹書（三）》（上海：上海古籍出版社，2003
　　　　年 12 月），頁 146。
〔註334〕見季師旭昇：《說文新證・上》（台北：藝文印書館，2002 年 10 月），頁 204。
〔註335〕馬承源主編：《上海博物館藏戰國楚竹書（三）》（上海：上海古籍出版社，2003
　　　　年 12 月），頁 146。

爲師之始，齊師者也。齊眾以律，失律則散。故師出以律，律不可失。失律而臧，何異於否？失令有功，法所不赦。故師出不以律，否臧皆凶。（頁 35～36）

孔穎達《正義》：

律，法也。初六爲師之始，是整齊師眾者也。既齊整師眾，使師出之時，當須以其法制整齊之，故云「師出以律」也。「否臧凶」者，若其失律行師，无問否之與臧，皆爲凶也。「否」謂破敗，「臧」謂有功。然「否」爲破敗，即是凶也，何須更云「否臧凶」者，本意所明，雖臧亦凶。「臧」文既單，故以「否」配之，欲盛言臧凶，不可單言，故云否之與臧，皆爲凶也。（頁 36）

朱熹《易本義》：

律，法也。否臧，謂不善也。晁氏曰：「否字，先儒多作『不』」，是也。在卦之初，爲師之始，出師之道，當謹其始，以律則吉，不臧則凶。戒占者當謹始而守法也。（頁 60）

南懷瑾、徐芹庭《周易今註今譯》：

師卦的第一爻（初六），象徵出師必須嚴守紀律，賞善罰惡。否則，便不會成功，結果是凶的。（頁 72）

陳惠玲《《上海博物館藏戰國楚竹書（三）‧周易》研究》：

「否臧凶」有三種說法，一爲「否」與「臧」皆凶：如王弼、孔穎達，其說以爲如果軍隊失律「行師无問否之與臧，皆爲凶也。」二爲「不善則凶」：如朱熹以爲「否臧，謂不善也。」、呂祖謙《古周易音訓》引晁說之《古周易》以爲「劉、荀、陸、一行作『不』。」、屈萬里亦同。〔註336〕三爲「不壯凶」，「臧假借爲壯」：如高亨，其說以爲行軍必須有節律，「不然其師雖壯亦凶」。〔註337〕一、二說皆合理，茲從舊說。據此，「否臧凶」當從王、孔之說釋爲「行師无問否之與臧，皆爲凶也」。有強調軍紀嚴謹的意思。〔註338〕

　　玉姍案：「律」，傳統易學多作「法」，即「律法」、「紀律」。然賴師貴三

〔註336〕屈萬里：《讀易三種》（台北：聯經出版公司，1984 年），頁 68。
〔註337〕高亨：《周易古經今注》（台北：文笙書局，1981 年 3 月），頁 27～28。
〔註338〕陳惠玲：《《上海博物館藏戰國楚竹書（三）‧周易》研究》（臺灣師範大學國文教學所碩論，2005 年 8 月），頁 103。

指出，「律」可釋爲「樂律」，〔註339〕如李道平《周易集解纂疏》：「古者律度衡量之法，接起於黃鐘之九寸……《周禮‧太師》：『執同律，以聽軍聲而詔吉凶。』又『若師有功，則左執律、右秉鉞，以先愷樂。』是古者出師，皆執律以從。」（頁 132）筆者以爲，古代行師，以鑼鼓作爲指揮士兵前進後退的信號，藉以助勢或示威。如《詩‧邶風‧擊鼓》：「擊鼓其鐜，踴躍用兵。」〔註340〕《左傳‧莊公十年》：「夫戰，勇氣也。一鼓作氣，再而衰，三而竭。」〔註341〕「律」釋爲「樂律」，亦能切合行兵興師之道。「律」若釋爲「樂律」〈象〉曰：「師出以律，失律凶也。」就是「軍隊進退皆應符合鑼鼓音律，若樂律指揮失當，這是凶的。」

初六爲師之始，象徵出師之始，整齊師眾之時。此時當須明定律法、約法三章以齊軍心。若其失律行師，不論作戰結果如何，則皆爲凶也。「否」謂失敗，「臧」謂有功；然統帥無法以嚴明紀律平定軍心，則雖臧亦凶也。

今本「初六：師出以律，否臧凶。」意思是說：初六象徵師之始，出師必須有嚴明紀律，如果一開始就紀律不嚴，無論出師結果是失敗或有功，都算是凶。

上博本「初六：帀出以聿，不牁凶。」帛書本「初六：師出以律，不臧兇。」其義均與今本同。

1. 上博《周易》：九二：才帀审，吉，亡咎，王晶賜命。
2. 阜陽《周易》：九二：在師中，吉，无咎，王三錫命。
3. 帛書《周易》：九二：在師中，吉，无咎，王三湯命。
4. 今本《周易》：九二：在師中，吉，无咎，王三錫命。

【文字考釋】

阜陽本九二爻辭殘，據今本補。

（一）今本「在師中」，上博本作「才帀审」。

玉姍案：今本「在師中」之「在」，上博本作「才」。「才」、「在」皆爲從

〔註339〕賴師貴三於 2009 年 12 月 17 日博士論文發表會中提出。
〔註340〕（漢）毛亨傳，（唐）孔穎達正義：《毛詩正義》（台北：藝文印書館，1989年），頁 80。
〔註341〕（晉）杜預注，（唐）孔穎達正義《春秋左傳正義》：（台北：藝文印書館，1989年），頁 147。

－206－

紐之部，可相通。古文字中恆以「才」爲「在」，如《郭店‧老子丙》：「聖人
之才（在）民前。」《郭店‧成之聞之》：「其所才（在）者內矣。」

今本「在師中」之「中」，上博本作「审」。戰國楚文字「中」常會加「一」、
「二」、「宀」爲飾筆，僅郭店楚簡中就有 **中**（13.19）、**天**（1.1.22）、**丰**（7.16）、
𡗜（1.2.9）、**今**（6.32）等寫法。上博本師卦「审」寫作**𪤄**，亦爲楚文字中常
見寫法之一。

（二）今本「王三錫命」之「錫」，上博本作「賜」，帛書本作「湯」。

玉姍案：今本「王三錫命」之「錫」，帛書本作「湯」，上博本作「賜」。
「湯」、「錫」、「惕」、「賜」皆爲以「易」爲聲符的形聲字，可以通假。今本
《周易》出現「錫」字共三次，訟卦「上九，或錫之鞶帶」之「錫」；帛書本
作「賜」；師卦「王三錫命」之「錫」，帛書本作「湯」；晉卦「康侯用錫」，
帛書本作「錫」；三次寫法皆不同。

【爻辭釋讀】

〈象〉曰：

　　「在師中，吉」，承天寵也。「王三錫命」，懷萬邦也。（頁 36）

《周易集解》引《九家易》曰：

　　雖當爲王，尚「在師中」，爲天所寵，事克功成，故「吉无咎」。二
　　非其位，蓋謂武王受命而未即位也。受命爲王，定天下以師，故曰
　　「在師中吉」。（頁 133）

王弼《注》：

　　以剛居中，而應於五，在師而得其中者也。承上之寵，爲師之主，
　　任大役重，无功則凶，故吉乃无咎也。行師得吉，莫善懷邦，邦懷
　　眾服，錫莫重焉，故乃得成命。（頁 35）

孔穎達《正義》：

　　「在師中吉」者，以剛居中而應於五，是「在師中吉」也。「无咎」
　　者，承上之寵，爲師之主，任大役重，无功則凶，故吉乃无咎。「王
　　三錫命」者，以其有功，故王三加錫命。（頁 36）

朱熹《易本義》：

　　九二在下，爲眾陰所歸，而德上應於五，而爲所寵任。（頁 75）

南懷瑾、徐芹庭《周易今註今譯》：

師卦的二爻（九二），正在師旅中心的現象。是吉的。沒有災咎。而且還要得到王者三次賜予榮命的好事。（頁72）

玉姍案：今本「錫」應借爲「賜」。九二以剛爻居內卦中位，上應六五，承天之寵而爲師卦之主，故能吉而無咎，因出師有功而得到王三加賜命。王弼以下學者多從此立說，此亦從之。

今本「九二：在師中，吉，无咎，王三錫命。」意思是說：九二以陽爻居內卦之中，上應六五而承寵。象徵在軍隊中，能得吉利而無災咎，而且還得到王者三次賜予榮命。

上博本「九二：才帀审，吉，亡咎，王晶賜命。」帛書本「九二：在師中，吉，无咎，王三湯命。」其義均與今本同。

1. 上博《周易》：六晶：帀或輿殣，凶。
2. 阜陽《周易》：六三：帀或輿尸，凶。
3. 帛書《周易》：六三：師或與层，兇。
4. 今本《周易》：六三：師或輿尸，凶。

【文字考釋】

阜陽本六三爻辭殘，據今本補。

（一）今本「師或輿尸」之「輿」，上博本作「𩢲」（譽），帛書本作「與」。

陳惠玲《《上海博物館藏戰國楚竹書（三）・周易》研究》：

「與」，從舁，牙聲，簡文「𩢲」中間「牙」形已省爲直線，《郭・老甲》簡三十六作「𢌞」也有這種情況。楚簡本「譽」字，從「與」聲，和今本作「輿」，上古音同爲喻四魚部，可相通，如《左傳成十一年》：「且與伯與爭政」釋文作「輿」。「與」、「輿」二字聲韻畢同可通假。〔註342〕

玉姍案：今本「師或輿尸」之「輿」，上博本作「𩢲」（譽），帛書本作「與」。𩢲從止、與聲，「與」中間「牙」形已省爲直線，隸定爲「譽」即可，不必如濮說「或隸定爲邌或趣」。〔註343〕「與」、「輿」上古音同爲喻四魚部，故「譽」、

〔註342〕陳惠玲：《《上海博物館藏戰國楚竹書（三）・周易》研究》（臺灣師範大學國文教學所碩論，2005年8月），頁105～106。
〔註343〕馬承源主編：《上海博物館藏戰國楚竹書（三）》（上海：上海古籍出版社，2003年12月），頁146。

「與」、「輿」三字可相通假。

（二）今本「師或輿尸」之「尸」，上博本作「殢」，帛書本作「屍」。

張立文《周易帛書今注今譯》：

帛書周易作「屍」，篆文「尸」作「尸」。「屍」爲尸之異體字。師六五「弟子輿尸」。帛書周易亦作「屍」，讀與尸同。〔註344〕

濮茅左以爲「殢」疑「屍」字，通「尸」：

「殢」，疑「屍」字，從歹，屍聲，通「尸」。《增修互注禮部韻略》：「屍在牀曰屍，在棺曰柩，通作『尸』。」帥師大敗，故有輿尸之凶。〈象〉曰：「『師或輿尸』，大无功也。」〔註345〕

玉姍案：上博本作「殢（殢）」，殢字從歹從屍，右半「屍」字寫法與帛書本「屍（屍）」同，皆作從示、尸聲。上博本再加上「歹」義符，以強調「死亡」之義。

【爻辭釋讀】

〈象〉曰：

「師或輿尸」，大无功也。（頁36）

王弼《注》：

以陰處陽，以柔乘剛，進則无應，退无所守，以此用師，宜獲「輿尸」之凶。（頁36）

孔穎達《正義》：

以陰處陽，以柔乘剛，進无所應，退无所守，以此用師，或有輿尸之凶。（頁36）

朱熹《易本義》：

輿尸，謂師徒撓敗，輿尸而歸也。以陰居陽，才弱志剛，不中不正，而犯非其分。（頁60）

南懷瑾、徐芹庭《周易今註今譯》：

師卦第三爻（六三）的象徵，在出師的中途，或者有用輿車裝載尸體的現象。是凶的。（頁72）

〔註344〕張立文（張憲江）：《周易帛書今注今譯》（台北：臺灣學生書局，1991年），頁457。

〔註345〕馬承源主編：《上海博物館藏戰國楚竹書（三）》（上海：上海古籍出版社，2003年12月），頁146。

玉姍案：「輿尸」，王弼以下學者皆以爲是載尸之凶象。六三以陰處陽，以柔乘剛，進無應，退無守，以此用師將會遭逢慘敗、載屍而歸之凶象。此亦從之。

今本「六三：師或輿尸，凶。」意思是說：六三以陰爻處陽位，進無應、退無守，象徵出師作戰，或許會有慘敗而以車運載屍體的情形，這是凶象。

上博本「六晶：帀或騽殎，凶。」帛書本「六三：師或與扂，兇。」其義均與今本同。

1. 上博《周易》：六四：帀左宋，亡咎。
2. 阜陽《周易》：六四：師左次，无咎。
3. 帛書《周易》：六四：師左次，无咎。
4. 今本《周易》：六四：師左次，无咎。

【文字考釋】

阜陽本六四爻辭殘，據今本補。

（一）今本「師左次」之「次」，上博本作「宋」。

濮茅左以爲「宋」讀爲「次」：

「宋」，讀爲「次」，同屬脂部韻。《六十四卦經解》朱駿聲說：「一宿曰宿，再宿曰信，過信曰次。兵禮尚右，偏將軍居左，左次，常備師也。」〈象〉曰：「『左次，无咎』，未失常也。」〔註346〕

廖名春以爲：

濮說是。于省吾《釋林》：「甲骨文的『宎』讀作次，宎與次同屬齒音，又爲叠韻，故通用。《易‧夬》九四的『其行次且』，《釋文》：『次，《說文》及鄭作趑。』《儀禮‧既夕禮》的『設床第』，鄭注：『古文第作茨。』是从宎从次字通用之証。」〔註347〕

徐在國隸爲「寀」，讀爲「次」：

此字讀爲「次」是正確地。但字形分析可商。☖字當分析爲從「宀」，「束」聲，讀爲「次」。☖所從的束，與郭店簡《緇衣》19、43「救」字所從的左旁相同；與《仲弓》14簡「早」字下部所從相近。上古

〔註346〕馬承源主編：《上海博物館藏戰國楚竹書（三）》（上海：上海古籍出版社，2003年12月），頁146。
〔註347〕廖名春：〈楚簡《周易》校釋記（一）〉，簡帛研究網站2004年4月23日。

音朿，清紐錫部；次，清紐支部。二字雙聲，韻部對轉。𢆶可讀爲「次」。〔註348〕

陳惠玲《《上海博物館藏戰國楚竹書（三）・周易》研究》：

　　惠玲案：「𣎵」，甲骨文作𣎵（《類纂》2921），金文作𣎵（智鼎秾）、
𣎵（季宮父簠姊），楚文字未見，秦文字作𣎵（《貨系》292 布空）、
𣎵（《東亞》2.98）。「次」，《汗簡》作𣎵，《古文四聲韻》作𣎵。簡
文「𢆶」字「宀」下的字形和甲骨、金文「𣎵」字類似，何琳儀以
爲「𣎵」從中，從土，從冂，會艸木生長受阻之意。或說，從半，
從冂（坰），會次於邊境之意。疑次之本字。〔註349〕「𣎵」上古音
精紐脂部，「次」上古音清紐支部，二字同爲齒頭音，脂、支旁轉，
可通假。……簡文此字原考釋隸爲「宋」，讀同今本「次」，可從。……
廖名春引于省吾〈釋𣎵、𣎵〉〔註350〕之說，大體可從，但以爲「𣎵」
是「次」之本字，實有語病，視爲通假，較爲合理。〔註351〕

　　玉姍案：陳惠玲之說可從。簡文「𢆶」從宀，下方部件與𣎵（季宮父簠
姊）、𣎵（秦・《貨系》292 布空）、𣎵（秦・《東亞》2.98）、𣎵《汗簡》相似，
故下方部件當爲「𣎵」，「𢆶」可隸定爲「宋」。「𣎵」上古音精紐脂部，「次」
上古音清紐支部，二字同爲齒頭音，可通假，如《尚書・康誥》：「勿庸以次
封汝。」《荀子・宥坐》、《孔子家語・始誅》引「次」（清紐支部）作「即」
（精紐質部）。脂、支旁轉，可通假。如《合集 29234》：「王往田，湄日不遘
大風。」楊樹達《卜辭求義》讀「湄」（明紐脂部）爲「彌」（明紐支部），彌
日謂終日。

【爻辭釋讀】

〈象〉曰：

「左次无咎」，未失常也。（頁36）

《周易集解》引荀爽：

〔註348〕徐在國〈上博三《周易》釋文補正〉，簡帛研究網站 2004 年 4 月 24 日。
〔註349〕何琳儀：《戰國古文字典》（北京：中華書局，1998 年 9 月），頁1265。
〔註350〕于省吾：〈釋𣎵、𣎵〉，《甲骨文字釋林》（北京：中華書局，1999 年 11 月），
　　　　頁417。
〔註351〕陳惠玲：《《上海博物館藏戰國楚竹書（三）・周易》研究》（臺灣師範大學國
　　　　文教學所碩論，2005 年 8 月），頁 107～109。

「左」謂二也，陽稱「左」。次，舍也。「二與四同功」，四承五，五
无陽，故呼二舍于五，四得承之，故无咎。（頁 134）

王弼《注》：

得位而无應，无應不可以行，得位則可以處，故左次之而无咎也。
行師之法，欲右背高，故左次之。（頁 36）

孔穎達《正義》：

六四得位而无應，无應不可以行，得位則可以處，故云「師左次，
无咎」。故師在高險之左，以次止則无凶咎也。（頁 36）

朱熹《易本義》：

左次，謂退舍也。陰柔不中，而居陰得正，故其象如此。全師以退，
賢於六三遠矣。（頁 61）

廖名春〈楚簡《周易》校釋記（一）〉：

《國語・楚語下》：「是使制神之處位次主。」韋昭注：「次主，以其
尊卑先後。」因此，爻辭是說，軍隊能佐護君位，沒有咎責。《大象
傳》〔註352〕曰：「『左次，无咎』，未失常也。」「佐護君位」，使君
臣尊卑先後有序，也就是不違背倫理綱常。〔註353〕

南懷瑾、徐芹庭《周易今註今譯》：

師卦第四爻（六四），有偏師左處的現象，沒有災咎。〔註354〕

陳惠玲《《上海博物館藏戰國楚竹書（三）・周易》研究》：

惠玲案：「左次」，歷代說法不一，茲列於下：

1. 以軍隊佐護其主。帛書《易傳・昭力》云：「易曰：『師左次，无
   咎。』師也者，人之聚也。次也者，君之立（位）也。見事而能
   左（佐）其主，何咎之又（有）？」

2. 常備軍。崔覲以爲「偏將軍居左。左次，常備師也。師順用柔，
   與險无應，進取不可，次舍无咎，得位故也。」

3. 軍隊駐紮在左邊。王弼以爲六四得位但無應不可行，只能處於左
   次之方。孔穎達以爲無應不可行，得位可以處，所以師處於高險

〔註352〕此應爲《小象傳》之誤。
〔註353〕廖名春：〈楚簡《周易》校釋記（一）〉，簡帛研究網站 2004 年 4 月 23 日。
〔註354〕南懷瑾、徐芹庭註譯：《周易今註今譯》（台北：臺灣商務印書館，2004 年 5
　　　　月），頁 72。

之左方，且要次止之，才能無凶咎。高亨以爲「其師舍於左則無咎」。〔註355〕

4. 撤軍。程頤《易傳》以爲「左次，退舍也。」屈萬里云：「兵家當右，故以退爲左。」〔註356〕尚秉和《周易尚氏學》以爲「古人尚右，左次則退也。」〔註357〕

5. 後方。黃師慶萱以爲「像軍隊屯駐在後方」。〔註358〕

廖名春認爲帛書《易傳・昭力》篇說近古，當可取信〔註359〕……。依廖引于說，「次」指「位次」，師卦的「師左次」即使採用此義，也無法確指「次」當指「君位」，故〈昭力〉之解可備一說。《史記・淮陰侯列傳》：「兵法右倍（背）山陵，前左水澤，右倍山陵，則師在山陵之左前。」王弼之說以爲「師左次」是「軍隊駐紮在左邊」，與兵法合，可從。〔註360〕

玉姍案：有關「師左次」究竟爲何義，歷代注釋說法不一。依筆者揣想，六四以柔處陰，雖得其所，然上下（與六三、六五）皆無所應。以出師之象喻之，有如軍隊位於正確的攻防點，卻無援軍積極相應，在沒有援軍支援接應的情況下，不可貿然前行，而應該守住目前的位置，不積極追求建功，但求無咎即可。若以此想法推之，王弼、孔穎達以爲「無應不可行，得位可以處，所以師處於高險之左方，且要次止之，才能無凶咎。」當是比較好的說法。故從之。

今本「六四：師左次，无咎。」意思是：六四得位無應，象徵軍隊沒有援軍相應，故目前不求積極進攻求勝，只能固守於高險之左方，如此才能沒有災咎。

上博本「六四：帀左宋，亡咎。」帛書本「六四：師左次，无咎。」其義均與今本同。

1. 上博《周易》：六五：畋又�，利埶言，亡咎。長子銜帀，弟子舉

〔註355〕高亨：《周易古經今注》（台北：文笙書局，1981年3月），頁28。

〔註356〕屈萬里：《讀易三種》（台北：聯經出版公司，1984年），頁69。

〔註357〕尚秉和：《周易尚氏學》（北京：中華書局，2003年12月），頁60。

〔註358〕黃師慶萱：《周易讀本》（台北：三民書局，2001年3月），頁125。

〔註359〕廖名春：〈楚簡《周易》校釋記（一）〉，簡帛研究網站2004年4月23日。

〔註360〕陳惠玲：《《上海博物館藏戰國楚竹書（三）・周易》研究》（臺灣師範大學國文教學所碩論，2005年8月），頁109～111。

殂，貞凶。

2. 阜陽《周易》：六五：田有禽，利執言，无咎。長子帥帀，弟子輿尸，貞兌，……不吉。

3. 帛書《周易》：六五：田有禽，利執言，无咎。長子率師，弟子輿尿，貞凶。

4. 今本《周易》：六五：田有禽，利執言，无咎。長子帥師，弟子輿尸，貞凶。

【文字考釋】

（一）阜陽本、帛書本、今本「田有禽」之「禽」，上博本作「禽（𡖫）」。
濮茅左以爲「禽」隸定作「𡖫」，當「禽」字：

> 「𡖫」，《說文》所無，簡文从今、从凶，當是「禽」字。《增修互注禮部韻略》：「禽，飛曰禽，走曰獸；又捉也，又凡畋獲飛走皆曰禽，又鳥未孕曰禽。」〔註361〕

廖名春〈楚簡《周易》校釋記（一）〉亦以爲此字爲「禽」：

> 「𡖫」字从「凶」，實即从「罕」〔註362〕（象長柄鳥網之形）省。「禽」字《說文》爲「今聲」，義符爲「罕」，本義爲擒獲。……從師卦卦義看，田獵也是戰事演習，有所擒獲，應是題中應有之義。〔註363〕

陳惠玲《《上海博物館藏戰國楚竹書（三）・周易》研究》：

> 惠玲案：原考釋、廖名春以爲「𡖫」字即爲從今聲之「禽」字。可從。「𡖫」字下從「凶」，當爲「罕」之省。「罕」字，甲骨文作 Ꮑ（《甲》620）、Ꮑ（《甲》2285），季師旭昇云：
>
> 甲骨文Ꮑ字，唐蘭釋罕，後世加「今」聲即「禽」（《天壤閣甲骨文存考釋》葉28、57。唯以爲本象「干」形，則待商）。罕（曉／元）、禽（群／侵）聲近韻遠，但甲骨文一字二讀，已不爲罕見，唐說當可從。周以後加『今』聲；不嬰簋下部已訛作「内」形（惠玲案：

〔註361〕馬承源主編：《上海博物館藏戰國楚竹書（三）》（上海：上海古籍出版社，2003年12月），頁147。

〔註362〕玉姍案：原文作「摩」，當是「罕」之誤，下「罕」字同。

〔註363〕廖名春：〈楚簡《周易》校釋記（一）〉，簡帛研究網站2004年4月23日。

（不𥷚籆））；《上博三·周易》則從「罕」省（惠玲案：🔲《上博
三·周易·10》）。後世「罕」字則改從网、干聲。〔註364〕
簡文「𠚤」字和「禽」實爲同字。季師并且以爲「𠚤」是「禽」的
簡體，這是楚系文字第一次出現的「禽」字。〔註365〕〔註366〕

玉姍案：季師之說可從。禽字的結構爲🔲（罕）（《甲》2285）加上「今」
爲聲符。上博本「🔲」字從罕省、今聲；可隸定爲「𠚤」，爲「禽」的簡體字。

（三）阜陽本、帛書本、今本「利執言」之「執」，上博本作「🔲（埶）」。

濮茅左以爲「🔲」隸作「埶」，讀爲「執」：

「埶」，《九經辨字瀆蒙·尚書》：「『大命不摯』，摯本作埶。」又《集
韻》：「通作摯。」讀爲「執」。〔註367〕

陳惠玲《《上海博物館藏戰國楚竹書（三）·周易》研究》：

「🔲」，原考釋讀爲「執」可從。「埶」與今本作「執」同，但「埶」
下部的「女」形當爲「止」之訛。「執」字，甲骨文作🔲（《甲》947），
金文作🔲（員鼎）、🔲（多友鼎），楚系文字作🔲（《包》2.81）、🔲
（《包》2.120）。《說文》：「執，捕罪人也。从丮、从𡴪，𡴪亦聲。」
可知此字形左爲「𡴪」刑具，右上爲人形手被拘捕狀，多友鼎、《包》
2.81下加「🔲」形。「🔲」形像「女」形，其實應是「止」形之
訛。〔註368〕以簡文「🔲」字看來，右上爲人形，人形下爲「止」
是很合理的。字形下方加「🔲」的情形又見《盟書156.23》「趹」
字作🔲，《說文》：「趹，馬行貌。」《爾雅》：「趹，奔也。」做馬飛
奔或引伸爲疾行的意思，和「止」關係密切，與「女」的關連較遠。
因此簡文此字雖依形隸作「埶」，但下之「女」形當爲「止」形之
訛。〔註369〕

〔註364〕季師旭昇：《說文新證·下》（台北：藝文印書館，2004年11月），頁268。
〔註365〕季師旭昇主編：《上海博物館藏戰國楚竹書（三）讀本》（台北：萬卷樓，2005
　　　　年10月），頁22。
〔註366〕陳惠玲：《《上海博物館藏戰國楚竹書（三）·周易》研究》（臺灣師範大學國
　　　　文教學所碩論，2005年8月），頁112～113。
〔註367〕馬承源主編：《上海博物館藏戰國楚竹書（三）》（上海：上海古籍出版社，2003
　　　　年12月），頁147。
〔註368〕參季師旭昇：《說文新證·下》（台北：藝文印書館，2004年11月），頁125。
〔註369〕陳惠玲：《《上海博物館藏戰國楚竹書（三）·周易》研究》（臺灣師範大學國

玉姍案：陳惠玲之說可從。「執」字之甲、金文象人手被刑具拘捕之狀，寫作 ![字形]（《甲》947）、![字形]（員鼎），晚期金文於右旁的人形下再加一「止」形；「止」形後又訛爲「女」形，如 ![字形]（多友鼎），包山楚簡 ![字形]（《包》2.81）。上博《周易》![字形] 字寫法與〈多友鼎〉、包山楚簡相似，左旁爲「幸」，右上爲人面向左側以幸拘提之形，右下爲「女」，乃「止」之訛。故 ![字形] 可隸作「埶」，讀爲「執」。

（四）阜陽本、今本「長子帥師」之「帥」，上博本作「銜」，帛書本作「率」。

濮茅左以爲「銜」即「達」字，通「帥」字：

> 「銜」即「達」字，《玉篇》：「達，先道也，別也，今爲帥。」又：
> 「古文帥字。」《古文四聲韻》「率」字下引《義雲章》作「![字形]」，
> 與簡文同。「達」、「帥」「率」古通用。〔註370〕

玉姍案：阜陽本、今本「帥」字，上博本作「銜」，帛書本作「率」。上博本「銜」作 ![字形]，從行、從止，率聲，通「帥」字。此字形亦出現於《上博（一）・孔子詩論》第 27 簡 ![字形]，假借爲「蟋蟀」之「蟀」。〔註371〕「帥」、「率」、「銜」上古音皆爲疏紐物部，聲韻皆同，故可通假。

【爻辭釋讀】

〈象〉曰：

> 「長子帥師」，以中行也。「弟子輿尸」，使不當也。（頁 36）

王弼《注》：

> 處師之時，柔得尊位，陰不先唱，柔不犯物，犯而後應，往必得直，
> 故「田有禽」也。物先犯己，故可以執言而无咎也。柔非軍帥，陰
> 非剛武，故不躬行必以授也。授不得王，則眾不從。故長子帥師可
> 也。弟子之凶，故其宜也。（頁 36）

孔穎達《正義》：

> 柔得尊位，陰不先唱，柔不犯物，犯而後應，往必得直，故往即有
> 功。猶如田中有禽而來犯苗，若往獵之，則无咎過也。人之修田，

文教學所碩論，2005 年 8 月），頁 113。

〔註370〕馬承源主編《上海博物館藏戰國楚竹書（三）》。（上海：古籍出版社，2003年 12 月），頁 147。

〔註371〕鄭玉姍：《《上博（一）・孔子詩論》研究》（國立臺灣師範大學國文所碩士論文，2004 年 5 月），頁 227～228。

非禽之所犯。王者守國，非叛者所亂。禽之犯苗，則可獵取。叛人
亂國，則可誅之。此假他象以喻人事，故「利執言，无咎」，己不直
則有咎。己今得直，故可以執此言往問之而无咎也。「長子帥師，弟
子輿尸，貞凶」者，以己是柔，不可為軍帥。己又是陰，身非剛武，
不可以親行，故須役任長子、弟子之等。若任役長子，則可以帥師。
若任用弟子則軍必破敗而輿尸，是為正之凶。（頁 36）

朱熹《易本義》：

六五用師之主，柔順而中，不為兵端者也，敵加於己，不得已而應
之，故為「田有禽」之象，而其占利以搏執而无咎也。言，語辭也。
長子，九二也。弟子，三、四也。又戒占者專於委任，若使君子任
事，而有使小人參之，則是使之輿尸而歸，故雖貞而亦不免於凶也。
（頁 61）

南懷瑾、徐芹庭《周易今註今譯》：

師卦第五爻（六五）的象徵，是田中有禽的現象。利於仗義執言，
沒有災咎。又有長子作統帥率領師旅的象徵。其他的弟子們便有輿
尸而歸的現象。雖然貞正，還是有危險。（頁 72）

陳惠玲《《上海博物館藏戰國楚竹書（三）・周易》研究》：

「利執言」之「言」字，季師旭昇以為朱熹之說最妥當，「利執言」
猶「利執焉」，謂「田有禽」以喻戰爭利於執俘也。〔註 372〕「言」
字做語辭用，前輩學者多有論說，可參《虛詞詁林》276～278 頁。
〔註 373〕

　　玉姍案：古文中用字精鍊，雖只一字，往往意涵豐富；故「禽」字可以
用作「禽鳥」或「擒獲」二義。師卦以行軍之事作為象徵，「田有禽」可讀為
「畋有擒」，即田獵有所擒獲，象徵出兵時有所斬獲。

　　「利執言」之「言」，孔穎達、南、徐以為「言語」之「言」，朱熹以為
「語辭，無義」。審度文義，「執」當為於戰爭中捕執俘虜，所憑乃兵力強盛
而與言語無涉，故此從朱熹之說讀為語辭「焉」。「利執言」猶「利執焉」，比

〔註 372〕季師旭昇主編：《上海博物館藏戰國楚竹書（三）讀本》（台北：萬卷樓，2005
　　　　年 10 月），頁 22。
〔註 373〕陳惠玲：《《上海博物館藏戰國楚竹書（三）・周易》研究》（臺灣師範大學國
　　　　文教學所碩論，2005 年 8 月），頁 115～117。

喻此戰利於執俘。

六五以陰爻居尊位，不能親自率軍，故任命九二爻（長子）帥師。六三、六四爻亦爲陰爻（弟子），陰柔不宜帥師，故如以弟子帥師，必有戰敗載屍而返的凶象。

今本「六五：田有禽，利執言，无咎。長子帥師，弟子輿尸，貞凶。」意思是說：六五爻象徵戰爭能得勝並捕執俘虜，這是沒有災咎的。而六五陰柔，不能爲統帥，如果以九二長子率領軍隊則可。若以六三、六四之弟子率軍，則有用車運載屍體的象。故六五爻於貞正中仍存有凶險之可能性。

上博本「六五：畋又㪯，利埶言，亡咎。長子銜帀，弟子輿殤，貞凶。」阜陽本「六五：田有禽，利執言，无咎。長子帥帀，弟子輿尸，貞兇，……不吉。」帛書本「六五：田有禽，利執言，无咎。長子率師，弟子輿㞷，貞凶。」其義均與今本同。

1. 上博《周易》：上六：大君子又命，啟邦丞家，尖=勿用。
2. 阜陽《周易》：上六：大君有命，啟邦承家，小人勿用。
3. 帛書《周易》：尚六：大人君有命，啟國承家，小人勿用。
4. 今本《周易》：上六：大君有命，開國承家，小人勿用。

【文字考釋】

阜陽本、帛書本上六爻辭殘，皆據今本補。上博本「尖=」字下有合文符，爲「小人」二字合文。

（一）阜陽本、今本「大君」，上博本作「大君子」，帛書本作「大人君」。

　　張立文《周易帛書今注今譯》：

　　　　「大人君有命」，王弼本、集解本、通行本均做「大君有命」，無「人」字。象傳亦引爲「大君有命」。周易經文「大君」數見。如履六三：「武人迵於大君。」臨六五：「大君之宜。」均不做「大人君」。本爻當衍一「人」字，但依帛書周易做「大人君」與「大君」義同。
　　　　〔註374〕

廖名春〈楚簡《周易》校釋記（一）〉疑「子」爲衍文：

　　　　「大君子」只有楚簡《易經》一見。疑「大人」、「君子」爲成詞且

義近，帛書《易經》的抄手見「大君」之「大」字習慣性地多寫出了「人」字；楚簡《易經》的抄手見「大君」之「君」字習慣性地多寫出了「子」字。皆爲衍文，並非有什麼深意。〔註375〕

玉姍案：《周易》經傳作「大君」者共有王弼本、〈小象傳〉、《阜陽漢簡》，其它卦中作「大君」之詞的有履卦六三爻、《臨》卦六五爻。帛書本作「大人君」，上博《周易》作「大君子」，與「大君」之義基本上相同，張立文、廖名春皆以爲「大君子」之「子」、「大人君」之「人」爲衍詞，筆者以爲當持保留態度，以待更多出土文獻資料。

（二）今本「開國」，上博本、阜陽本作「啓邦」，帛書本作「啓國」。

濮茅左以爲「啓邦」即「開國」：

> 「邦」，《說文》：「邦，國也。」後世作「國」，亦當爲避漢諱，故如《淮南子》「禪於家國」，本當爲「禪於家邦」。〔註376〕

陳惠玲《《上海博物館藏戰國楚竹書（三）・周易》研究》：

> 「邦」，《說文》：「邦，國也。从邑，丰聲。」中山王鼎「邦家」即「國家」。《尚書・盤庚上》：「邦之臧，惟汝眾；邦之不臧，惟予一人有佚罰。」「邦」，又指諸侯的封地，《周禮・大宰》：「以佐王治邦國。」疏：「邦國皆謂諸侯之國。」「邦」字，後來改作本區域義的「國」字。故「邦」字即今所說的「國」。〔註377〕

玉姍案：今本「開國」，上博本、阜陽本作「啓邦」，帛書本作「啓國」。「啓」上古音溪紐脂部，「開」上古音溪紐微部，同爲溪紐，韻部爲旁轉關係，二字音義皆近，典籍中通假之例子甚多，如《左傳・僖公六年》：「微子啓。」《史記・宋世家》：作「微子開。」《儀禮・士昏禮》：「贊啓會。」鄭注：「今文啓作開。」皆爲「啓」與「開」古通之證。《說文》：「邦，國也。从邑，丰聲。」《周禮・天官・大宰》：「大宰之職，掌建邦之六典，以佐王治邦國。」鄭玄《注》：「大曰邦，小曰國，邦之所居亦曰國。」先秦已有邦、國互通之例，漢初爲避高祖之諱，更有以「國」代「邦」者，如今傳本《詩經・國風》

〔註375〕廖名春：〈楚簡《周易》校釋記（一）〉，簡帛研究網站 2004 年 4 月 23 日。

〔註376〕馬承源主編：《上海博物館藏戰國楚竹書（三）》（上海：上海古籍出版社，2003年 12 月），頁 147～148。

〔註377〕陳惠玲：《《上海博物館藏戰國楚竹書（三）・周易》研究》（臺灣師範大學國文教學所碩論，2005 年 8 月），頁 118。

在戰國楚簡〈孔子詩論〉中即作「邦風」。〔註378〕我們可以假設今傳本及帛書本成書時間爲漢初，爲避劉邦之諱而改「邦」爲「國」，又因避漢景帝劉啓之諱而改「啓」爲「開」，故分別作「開國」、「啓國」。

（三）今本「承家」，上博本作「丞冢」。

玉姍案：今本「承家」，上博本作「丞冢」。「承」、「丞」上古音皆爲禪紐蒸部，可相通假。《史記·酷吏列傳》「於是丞上指」，《漢書·張湯傳》「丞」作「承」。

上博《周易》「家」字寫法有二種，一爲此簡及簡 23 作「」，另一爲簡 22 作「」，二者皆在「家」形上端多加「爪」形，在其它釋讀爲「家」的楚簡也常見這種情形，如（《包》2.248）、（《帛·丙》2.3）、（《郭·語四》26）。

【爻辭釋讀】

〈象〉曰：

大君有命，以正功也。小人勿用，必亂邦也。（頁36）

王弼《注》：

處師之極，師之終也。大君之命，不失功也。開國承家，以寧邦也。小人勿用，非其道也。（頁36）

孔穎達《正義》：

「大君有命」者，上六處師之極，是師之終竟也。「大君」謂天子也，言天子爵命此上六，若其功大，使之開國爲諸侯；若其功小，使之承家爲卿大夫。「小人勿用」者，言開國承家，須用君子，勿用小人也。（頁36）

朱熹《易本義》：

師之終，順之極，論功行賞之時也。坤爲土，故有開國承家之象。然小人則雖有功，亦不可使之得有爵土，但優以金帛可也。戒行賞之人，於小人則不可用此占，而小人遇之，亦不得用此爻也。（頁61）

王引之《經義述聞》：

〔註378〕馬承源以爲：「邦風，就是《毛詩》的《國風》，《邦風》是初名，漢因避劉邦諱而改爲《國風》。」見馬承源主編：《上海博物館藏戰國楚竹書（一）》（上海：上海古籍，2001 年 11 月），頁 129。

「大君有命，開國承家，小人勿用」。言小人處上六之位，唯當自守，不宜有所施行。有所施行，則必至於亂邦也。〔註379〕

南懷瑾、徐芹庭《周易今註今譯》：

師卦第六爻（上六）的象徵，有大君賜與榮命，可以開國承家的現象。但勿用小人。（頁74）

玉姍案：《周易》卦、爻辭中有「勿用」一詞者共有十一處，（請詳參本論文第二章第一節乾卦初九「潛龍勿用」爻辭考釋），經整理比較後可得知「勿用」皆爲主動式而無例外，故「小人勿用」亦應爲主動式，言小人處上六之位，唯當自守，不宜有所施行，以免亂邦。朱熹以爲「然小人則雖有功，亦不可使之得有爵土」，爲被動說法，故不從之。

上六爲師卦之極，象徵戰爭結束，在戰爭中立下功勞者則能論功行賞，受封開國承家。但小人若處上位，唯當自守，不宜有所施行，以免亂邦。

今本「上六：大君有命，開國承家；小人勿用」意思是：上六象徵戰爭已結束，君王論功行賞。如果功大，則使之建立諸侯國；若小人處上位，唯當自守，不宜有所施行，以免亂邦。

上博本「上六：大君子又命，啓邦丞但，尖=勿用。」阜陽本「上六：大君有命，啓邦承家，小人勿用。」意思是說：上六象徵戰爭已結束，君王論功行賞。如果功大，則使之建立邦國；若小人處上位，唯當自守，不宜有所施行，以免亂邦。

帛書本「尙六：大人君有命，啓國承家，小人勿 用 。」其義均與今本同。

第八節　比　卦

一、卦名釋義

《說文》：「比，密也。二人爲从，反从爲比。」（頁390）玉姍案：「比」，甲骨文作 𠤎𠤎（《乙》5075），金文作 𠤎𠤎（班簋），楚系文字作 𠤎𠤎（《包》2.253）、𠤎𠤎（《包》2.254）。由以上字形可明顯看出「比」從二匕，會相并之意，匕亦聲。《說文》以爲「二人爲从，反从爲比」，不確。

「比」、「从」二字形類似，但「从」字從二人，「比」字從二匕。比卦有

引伸爲「親附」、「親近」或「親輔」的意思。如《詩・大雅・皇矣》：「王此大邦，克順克比。」《毛傳》：「擇善而從之曰比。」「比」即「親附」義。〈象〉曰：「比，吉也。比，輔也，下順從也。」（頁37）即取其「親輔」之義。

〈序卦〉曰：「眾必有所比，故受之以比。比者，比也。」（頁187）《周易集解》引崔覲云：「方以類聚，物以群分。人眾，則群類必有所比矣。上比相阿黨，下比相和親也。相黨則相親，故言『比者，比也』。」（頁139）玉姍案：師卦由「軍旅」引申出「人數眾多」之義，當人數眾多時必各有所親附，而成不同群類、黨派，故比卦在師卦之後。

比卦今本卦畫作「☵☷」，上坎水，下坤地。〈象〉曰：「地上有水，比。先王以建萬國，親諸侯。」（頁37）孔穎達《正義》：「地上有水，猶域中有萬國，使之各相親比，猶地上有水流通，相潤及物，故云地上有水，比也。」（頁37）比卦上坎水，下坤地，是地上有水，水親附地而流，故有「親比」之象。君子見此而領悟地上有水，猶域中有萬國；故君子當親比域中萬國，如水流通於地上潤及萬物。

二、卦爻辭考釋

（一）卦辭考釋

1. 上博《周易》：比：备筮，元羕貞，吉，亡咎。不窓方逨，逡夫凶。
2. 阜陽《周易》：比：吉。原筮，元永貞，无咎。不寧方來，後夫凶。
3. 帛書《周易》：比：吉。原筮，元永貞，无咎。不寧方來，後夫兌。
4. 今本《周易》：比：吉。原筮，元永貞，无咎。不寧方來，後夫凶。

【文字考釋】

（一）帛書本、今本「原筮」之「原」，上博本作「𤔲（备）」。

濮茅左認爲古文「原」作「邍」：

> 「备」，《說文》所無，「邍」省文，古文「原」作「邍」。《周禮・地官・大司徒》「辨其山林、川澤、丘陵、墳衍、原隰之名物」，《經典釋文》：「原，本又作邍。」又金文《史敎簋》、《單伯鬲》等均作「邍」。「平原」，《古錢新探》（二六八）「原」作「𤔲」，《古陶文彙編》（六・二〇七）「原」字作「𤔲」。〔註380〕

〔註380〕馬承源主編：《上海博物館藏戰國楚竹書（三）》（上海：上海古籍出版社，2003

季師以爲：

> 「备」字即「邍」字之省，戰國文字多見，參《戰國古文字典》1014
> 頁。〔註381〕

又

> 《説文新證・邍》：「釋義：在邍野上捕到野豬，因之捕捉野豬的邍
> 野也稱「邍」。後世以「原」代「邍」，「邍」字消失，只保存在《説
> 文》和《周禮》中。《説文》誤釋爲「高平之野」，其實未必需要「高」
> 字。釋形：甲骨文從攵從象，商承祚疑爲「邍之本字」（商承祚〈殷
> 契佚存考釋〉6 葉上。）劉釗以爲甲骨文（商・存 5.51）、（商・
> 佚 21）、（商・前 7.36.1）形即爲邍，字從攵從象，會於原野捕野
> 豬之意：金文〈且甲罍〉形從彳，形以下則加上「田」爲聲符，
> 或從二田爲繁構。（劉釗〈《金文編》附錄存疑字考釋十篇〉。）《説
> 文》「象」形訛爲「彔」形，形義難以相合。戰國文字或省作「备」，
> 上部「攵」或寫成圓形，亦「备」字，即「邍」之省（徐寶貴〈戰
> 國璽印文字考釋〉）。〔註382〕

玉姍案：季師之說可從。「邍」指在邍野上捕到野豬，可捕捉野豬的邍野
也稱「邍」；後世以「原」代「邍」，「邍」字消失，只保存在《説文》和《周
禮》中。「邍」字甲骨文作（《存》5.51），金文從彳作（且甲罍），戰國文
字或省作「备」，如（晉・古泉匯）、（古錢新探.268）、（古陶文彙編 6.207）。
上博本亦寫作（备），爲「邍」之省，可見此爲戰國文字中常見寫法。

（二）帛書本、今本「筮」，上博本作「簭」。

玉姍案：「簭」、「簭」皆「筮」之繁體，在「筮」下加「口」形爲飾符。
《古文四聲韻・筮》引《裴光遠集綴》作「」。濮茅左以爲「簭，同『簭』、
『筮』字」，〔註383〕可從。

（三）帛書本、今本「元永貞」之「永」，上博作「（羕）」。

　　　　　年 12 月），頁 148～149。
〔註381〕季師旭昇：〈讀郭店上博五題：舜、河湣、紳而易、牆有茨、宛丘〉，《中國文
　　　　　字》新 27 期（台北：藝文印書館，2001 年 12 月），頁 120。
〔註382〕季師旭昇：《説文新證・上》（臺灣：藝文印書館，2002 年 10 月），頁 114。
〔註383〕馬承源主編：《上海博物館藏戰國楚竹書（三）》（上海：上海古籍出版社，2003
　　　　　年 12 月），頁 148～149。

陳惠玲《《上海博物館藏戰國楚竹書（三）·周易》研究》：

> 惠玲案：「羕」字，楚系文字常見作 ![字] （《包》2.40）、![字]（《帛書甲》2）。「永」字，楚系文字作 ![字]（楚王酓章鎛）、![字]（徐郊尹鼎）。簡文「![字]」字下部和「永」形有些出入，何琳儀認爲是永旁所訛，羊爲疊加音符。〔註384〕陳逆簋「羕令」讀作「永命」。「羕」，《說文》：「水長也。」《爾雅·釋詁》：「長也。」因此「羕」、「永」二字音義皆可通，簡文「羕」讀爲今本作「永」無誤。〔註385〕

玉姍案：「羕」喻四陽部、「永」匣紐陽部，二字韻同、聲紐皆屬喉音，可通假，如《詩·周南·漢廣》：「江之永矣。」《說文·永部》引「永」作「羕」《上博一·性情論》簡一六：「羕思而![字]（動）心。」影本「羕」讀爲「永」。《說文》：「永，水長也。」（頁390）《說文》：「羕，水長也。從永羊聲。」（頁390），「羕」與「永」音義皆可通。

（四）上博本與他本相較，卦名後少一「吉」字，「无咎」前又多一「吉」字。

廖名春疑「吉」爲衍文：

> 疑「吉」爲衍文，抄手涉前文而誤增。因爲既稱「吉」，再說「无咎」，似爲蛇足。但《周易》經文稱「吉，无咎」者有十二處，其中稱「元吉，无咎」的有二，稱「大吉，无咎」、「引吉，无咎」者各一，稱「大人吉，无咎」、「丈人吉，无咎」者各一，單稱「吉，无咎」者有六。所以，還不好肯定楚簡的「吉」字就是衍文。〔註386〕

陳惠玲《《上海博物館藏戰國楚竹書（三）·周易》研究》：

> 惠玲案：楚簡本和帛書本、今本比對之下，卦名之後少一「吉」字，可能帛書本、今本有「吉」字比較合理。「无咎」後（玉姍案：當爲「无咎」前）又多一「吉」字，廖名春疑爲衍文，但也提出《周易》有「吉」、「无咎」連用的例子，實難斷定確爲衍文。有可能是前一「吉」字漏抄，補在「元永貞」下，待考。〔註387〕

〔註384〕何琳儀：《戰國古文字典》（北京：中華書局，1998年9月），頁675。

〔註385〕陳惠玲：《《上海博物館藏戰國楚竹書（三）·周易》研究》（臺灣師範大學國文教學所碩論，2005年8月），頁125。

〔註386〕廖名春：〈楚簡《周易》校釋記（一）〉，簡帛研究網站2004年4月23日。

〔註387〕陳惠玲：《《上海博物館藏戰國楚竹書（三）·周易》研究》（臺灣師範大學國文教學所碩論，2005年8月），頁125。

玉姍案：上博本和帛書本、今本比對下，卦名之後少一「吉」字，「无咎」前又多一「吉」字。這種特殊的現象，有可能如陳惠玲所推論「是前一『吉』字漏抄，補在『元永貞』下」，亦有可能如廖名春所舉《周易》有「吉」、「无咎」連用之例，目前因證據不足，姑且並列二家之說，而暫不下定論。

（五）帛書本、今本「不寧方來」之「寧」，上博本作「畬（寍）」。

濮茅左以為「寍」即古文「寧」字：

> 「寍」，同「寍」，古文「寧」字；从穴、从宀通，如《集韻》「字」古文作「穾」，《漢孔耽碑》「宇」作「穻」等。《說文‧宀部》：「寍，安也。从宀、心在皿上，人之飲食器，所以安人。」《集韻》：「通作寧。」〔註388〕

陳惠玲《《上海博物館藏戰國楚竹書（三）‧周易》研究》：

> 惠玲案：「寍」字，甲骨文作（）（《京津》5355），从宀从皿，有室內飲食安寧的意思。〔註389〕金文作（）（牆盤），从宀，从心，从皿，多加「心」，有室內安心飲食的意思。楚文字以「宀」易換「穴」，作「寍」。「宀」與「穴」義近而互作，這種情形也常見，如「窮」字，《郭‧唐》簡三作（），《郭‧成》簡十四作（），「竈」字，邵鐘作（），石鼓文《吳人》作（）。「寧」，《說文》：「願詞也。从丂，寍聲。」中山王圓壺「寍處」，《淮南子‧泰族》作「寧處」，故「寍」、「寧」二字通。〔註390〕

玉姍案：陳惠玲之說可從。楚文字往往以「宀」易換「穴」，上博本「畬（寍）」字即為將「寍」之「宀」部易換為「穴」。「寍」、「寧」二字通。

【卦辭釋讀】

〈彖〉曰：

> 比，吉也。比，輔也，下順從也。「原筮，元永貞，无咎」，以剛中也。「不寧方來」，上下應也。「後夫凶」，其道窮也。（頁37）

〈象〉曰：

〔註388〕馬承源主編：《上海博物館藏戰國楚竹書（三）》（上海：上海古籍出版社，2003年12月），頁149。

〔註389〕何琳儀：《戰國古文字典》（北京：中華書局，1998年9月），頁813。

〔註390〕陳惠玲：《《上海博物館藏戰國楚竹書（三）‧周易》研究》（臺灣師範大學國文教學所碩論，2005年8月），頁126。

地上有水，比。先王以建萬國，親諸侯。（頁 37）

《周易集解》引虞翻云：

> 師二上之五，得位，眾陰順從，比而輔之，故吉。（頁 126）

孔穎達《正義》：

> 「比吉」者，謂能相親比而得其吉。「原筮，元永貞，无咎」者，欲相親比，必能原窮其情，筮決其意，唯有元大、永長、貞正，乃得无咎。「元永貞」者，謂兩相親比，皆須「永貞」。「不寧方來」者，此是寧樂之時，若能與人親比，則不寧之方，皆悉歸來。「後夫凶」者，夫，語辭也。親比貴速，若及早而來，人皆親己，故在先者吉。若在後而至者，人或疏己，親比不成，故「後夫凶」。或以「夫」爲丈夫，謂後來之人也。（頁 37）

朱熹《易本義》：

> 比，親輔也。九五以陽剛居上之中，而得其正，上下五陰，比而從之。以一人而撫萬邦，以四海而仰一人之象，故筮者得之，則當爲之所親輔。然必再筮以自審。有元喜長永正固之德，然後可以當眾之歸而无咎。其未比而有所不安者，亦將皆來歸之。若又遲而後至，則此交已固，彼來已晚，而得凶矣。若欲比人，則亦以是而反觀之耳。（頁 62）

南懷瑾、徐芹庭《周易今註今譯》：

> 比卦。吉。以卜筮和原兆互相比較，都具有元始、堅貞、永固的德性，根本沒有災咎。但對自心不寧，然後纔來到的士夫們而説，便是凶的。（頁 76）

陳惠玲《《上海博物館藏戰國楚竹書（三）·周易》研究》：

> 「原筮」二字古來意見紛歧，整理如下：
>
> 1. 作「卜筮」之義。干寶曰：「原，卜也」《周禮·太卜》：「掌三兆之灋，一曰玉兆、二曰瓦兆、三曰原兆」，「原」訓爲「卜」。〔註391〕
>
> 2. 作「原窮眞情而筮決之」之義。孔穎達曰：「原謂原窮比者根本，筮謂筮決求比之情。」李鼎祚曰：「能原究筮道，以求長正。」

〔註391〕（唐）李鼎祚撰，李一忻點校：《周易集解》（北京：九州出版社，2003 年 3 月），頁 168。

〔註392〕

3. 作「再筮」之義。蘇軾《東坡易傳》以爲「原，再也。再筮，慎之至也。」朱熹亦謂「再筮以自審。」李道平認爲《爾雅‧釋言》：「原，再也」，因此「原筮」有「再筮」的意思。〔註393〕周振甫亦以爲有「再占」的意思。〔註394〕

4. 作「初筮」之義。屈萬里引俞樾《群經平議‧卷一》：「原之本義，水泉本也，今俗加水作源，即其字也。故引申之，則有始義。漢書元帝紀注引晉灼曰：『原，本也，始祖之廟，故日本也。』原筮之原，當從此訓。」〔註395〕

5. 作「推求占筮」之義。黃師慶萱云「試推求占筮的意思而詳細地說……」

6. 作「野筮」之義。尚秉和曰：「原筮，猶言野筮也。」〔註396〕

7. 作「原兆和卜筮」之義。如南懷瑾、徐芹庭。

8. 作「恕免他人折敗」之義。廖名春云：「今本《老子》二十五章的「大曰逝」，「逝」字帛書甲、乙本都寫作「筮」，其實本字當作「折」，義爲折敗。」〔註397〕

以上諸說，各有依據，難以論斷。茲取孔穎達之說即「原謂原窮比者根本，筮謂筮決求比之情。」爲原窮眞情而筮決之，才能得「元永貞」。楚簡本「邍」即「邍」字，讀爲「原」，從孔說爲「探原」義。〔註398〕

　玉姍案：比卦卦象爲水親比地面而滋潤萬物，謂能相親比才能得其吉。欲相親比，必能原窮其情，並以筮決其意表示愼重，故能元大、永長、貞正而无咎。「元永貞」者，謂兩相親比，皆須「永貞」。親比貴速，若及早而來，

〔註392〕（唐）李鼎祚撰，李一忻點校：《周易集解》（北京：九州出版社，2003年3月），頁170。

〔註393〕（唐）李鼎祚撰，李一忻點校：《周易集解》（北京：九州出版社，2003年3月），頁169。

〔註394〕周振甫：《周易譯注》（北京：中華書局，2001年4月），頁37。

〔註395〕屈萬里：《讀易三種》（台北：聯經出版事業公司，1984年），頁71。

〔註396〕尚秉和：《周易尚氏學》（北京：中華書局，2003年12月），頁62。

〔註397〕廖名春：〈楚簡《周易》校釋記（一）〉，簡帛網站2004年4月23日。

〔註398〕陳惠玲：《《上海博物館藏戰國楚竹書（三）‧周易》研究》（臺灣師範大學國文教學所碩論，2005年8月），頁127～130。

人皆親己，故在先者吉。寧樂之時若能與人親比，則不寧之方，皆悉來歸。若在後而至者，人或疏己，親比不成，故「後夫凶」。各家之說陳惠玲已整理分析詳細，此不再贅敘，逕引陳氏結論，從王、孔之說。

今本「比：吉。原筮，元永貞，无咎。不寧方來，後夫凶。」意思是：比卦是吉的。能原窮眞情而筮決之，因此有元大、永長、貞正之德，是沒有災咎的。以往未親比而有所不安的國家，也會自然來歸，但若遲遲不與其他國家相親比，即有凶險。

上博本「比：备筽，元兼貞，吉，亡咎。不窋方迷，遂夫凶。」意思是：比卦能原窮眞情而筮決之，因此有元大、永長、貞正的德性，故吉利而沒有災咎。以往未親比而有所不安的國家，也會自然來歸，但若遲遲不與其他國家相親比，即有凶險。

帛書本「比：吉。原筮，元永貞，无咎。不寧方來，後夫兇。」意思與今本同。

（二）爻辭考釋

1. 上博《周易》：初六：又孚比之，亡咎。又孚**汲**缶，冬逨又它吉。
2. 阜陽《周易》：初六：有孚比之，毋咎。有孚盈缶，終來有它吉。
3. 帛書《周易》：初六：有復比之，無咎。有復盈缶，冬來或池吉。
4. 今本《周易》：初六：有孚比之，无咎。有孚盈缶，終來有它吉。

【文字考釋】

阜陽本初六爻辭殘，據今本補。

（一）今本「有孚盈缶」之「盈」，上博本作「**汲**（汲）」。

濮茅左將此字隸定爲「海」，但未分析字形：

「又孚海缶」，以喻著信立誠，若海若缶，能納來者，皆與相親而無偏。〔註399〕

何琳儀、程燕認爲此字從水、企聲：

原篆與「海」不似，疑從「水」，「企」聲。……「企」可能有兩種讀音，此簡的「**汲**」疑從《集韻》的讀音，聲紐屬舌音。今本「盈」

〔註399〕馬承源主編：《上海博物館藏戰國楚竹書（三）》（上海：上海古籍出版社，2003年12月），頁149。

聲紐亦屬舌音。因此，「![字]」與「盈」聲紐相同，韻部由支耕對轉。
〔註400〕

楊澤生認爲「![字]」字右旁疑爲「歺」形，讀爲「竭」：

楚簡從「歺」之字作如下之形：

殤：![圖] 殉：![圖] 姑：![圖] 殊：![圖] 死：![圖] 殂：![圖]

可見「![字]」字當從「水」從「歺」。「歺」和「曷」分別爲疑母月部字和匣母月部字，它們韻部相同，聲母相近，所以「![沙]」字有可能是「渴」的異體。結合上下文和有關資料，我們懷疑簡文「![沙]」讀爲「竭」，「它」讀作帛書本「或池」的「池」，「或池」的「或」則讀爲「有」，「竭缶」當是說缶裏無水，「終來有池」正可解「竭缶」之困，所以說「吉」。這樣可是文從字順的。〔註401〕

黃錫全以爲隸作「渼」字，讀爲「盈」或「罌」：

我們認爲，此字右旁從「晏」，「嬰」字從之。如下列「嬰字：

![圖] ![圖] ![圖] ![圖] ![圖] ![圖]

王子嬰次爐　古陶文　璽彙5350　璽彙2360　信陽楚簡2.15　周易簡

簡文「![字]」字所從的晏，與上舉陶文、古璽、金文所從類似，當爲![甲]之分離形。說不定就是從![甲]形，目前所見只不過是上部墨迹脱落所致。……晏，影母元部。嬰，影母耕部。讀音相近。如《左傳・僖西元年經》：「公敗邾師於偃。」《公羊傳》偃作纓。此字應該隸定爲![渼]。渼字未見於字書，當爲「瓔」字省作。這種省作，已見於望山、信陽、包山等楚墓出土竹簡的「纓」字，省從晏作![字]（緌）。戰國文字的「安」字，或不從「宀」，與此也類似。……

瓔與「盈」讀音相近。嬰，影母耕部。盈，喻母耕部。不僅疊韻，而且聲母同屬喉音。如櫻或作莿，莿從刑聲。盈或作形，形從开聲。而形與刑均屬匣母耕部，讀音相同，典籍互作之例極多。因此，瓔、盈音近假借。「又孚瓔缶」，即「有孚盈缶」……「瓔缶」當讀爲「罌缶」……罌缶，指腹大口小的瓶。……「又孚（浮）瓔（罌）缶，終來有它吉」，其義是說，具有浮力的罌缶，最終會帶來意想不到的

〔註400〕何琳儀、程燕：〈滬簡《周易》選釋〉，簡帛研究網站2004年5月16日。
〔註401〕楊澤生：〈周易中的二個異文〉，簡帛研究網站2004年5月29日。

吉利（結果或作用）。〔註402〕

季師旭昇以爲「🔲」即「盈」之本字，字從水從乃：

> 簡本此字就是「水滿」義的「盈」的本字，字從水從乃。「盈」字石鼓文作「🔲」（《戰國文字編》頁318）、《睡簡·效》21作「🔲」（《睡虎地秦簡文字編》頁72）、《銀雀山》702作「🔲」（《銀雀山漢簡文字編》頁178）、《馬王堆·老甲》6作「🔲」（《馬王堆簡帛文字編》頁199）。睡虎地簡、銀雀山二形「皿」上所從，與楚簡「🔲」字右旁所從極爲類似。從石鼓文來看，「乃」字似應從「人（繁化爲「千」）」從「夂（與「止」同義）」，會「人至」之義，引伸爲「至」。楚簡本「🔲」字從水從乃，會水至盈滿之義，故爲「水盈」之本字（「盈」可視爲從皿、🔲省聲；也可視爲從皿乃會意）；「人」形繁化爲「千」、「夂（止）」形訛爲「女」形，爲楚系文字常見的現象。據此，楚簡本「🔲」當釋爲「水盈」之「盈」，與今本作「盈」同字。〔註403〕

陳惠玲《《上海博物館藏戰國楚竹書（三）·周易》研究》：

> 「海」，楚系文字常作「海」，如：🔲（《上博二·容成氏》5）、🔲（《上博三·仲弓》18），在楚簡本《周易》中「母」多作🔲，和簡文此字右偏旁亦不相同。因此🔲字要釋爲「海」可能不太妥當。……楚簡本「🔲」字，與睡虎地簡、銀雀山的「盈」字之上形似，可知即爲今本「盈」字。〔註404〕

玉姍案：有關「🔲」字究竟該隸定爲何，各家說法眾多。陳惠玲對各家說法分析精闢，請詳參陳氏碩論，此處不再贅述。以上各種說法中，筆者以爲黃錫全及季師旭昇的說法最值得參考。黃氏以爲「🔲」之右旁可能爲「晏」之上部墨迹脫落，「🔲」當隸定爲「渃」，與「盈」可通假；季師以爲「🔲」之右旁爲「乃」，「🔲」當隸定爲「汲」，即「水盈」之「盈」字。目前並未出現其他從「🔲」之右旁的楚系文字可以作爲判斷的依據，但就與其他戰國文字比對的結果，黃、季二人的推論比較合理，並可與今傳本文字相對應。

〔註402〕黃錫全：〈讀上博《戰國楚竹書（三）》札記數則〉，簡帛研究網站2004年6月22日。

〔註403〕季師旭昇：〈上博三周易比卦「有孚盈缶」「盈」字考〉，簡帛研究網站2005年8月11日。

〔註404〕陳惠玲：《《上海博物館藏戰國楚竹書（三）·周易》研究》（臺灣師範大學國文教學所碩論，2005年8月），頁130～135。

（二）今本「終來有它吉」，上博本作「冬遝又它吉」，帛書本作「冬來或池吉」。

張立文《周易帛書今注今譯》：

「或」假借爲「有」。周易恆九三「或承之羞。」釋文：「或，有也。」

廣雅釋詁、小爾雅廣言：「或，有也。」……詩天保：「無不爾或承。」

鄭箋：「或之言有也。」「或」與「有」古通之證也。〔註405〕

玉姍案：今本「終來有它吉」，上博本作「冬遝又它吉」，帛書本作「冬來或池吉」。「終」從「冬」得聲，故「終」、「冬」可通假。「遝」從「來」得聲，故「遝」、「來」可通假。

今本「有它吉」之「有」，帛書本作「或」。張立文引古籍之例證明「或」與「有」古通，可從。

今本「有它吉」之「它」，帛書本作「池」。「池」古音定紐歌部，「它」古音透紐歌部，二字聲近韻同，可以通假。如《尙書・盤庚下》：「無戲怠」，漢石經「怠」（定紐之部）作「台」（透紐之部）。

【爻辭釋讀】

〈象〉曰：

比之初六，「有它吉」也。（頁37）

王弼《注》：

處比之始，爲比之首者也。夫以不信爲比之首，則禍莫大焉，故必「有孚盈缶」，然後乃得免比之咎，故曰「有孚比之，无咎」也。「處比之首，應不在一，心无私吝，則莫不比之。著信立誠，盈溢乎質素之器，則物終來无衰竭也。親乎天下，著信盈缶，應者豈一道而來？故必「有他吉」也。（頁37）

孔穎達《正義》：

「有孚比之，无咎」者，處比之始，爲比之首，若无誠信，禍莫大焉。必有誠信而相親比，終始如一，爲之誠信，乃得无咎。「有孚盈缶，終來有他吉」者，身處比之首，應不在一，心无私吝，莫不比之。有此孚信盈溢質素之缶，以此待物，物皆歸向，從始至終，尋

常恒來，非唯一人而已，更有他人並來而得吉，故云「終來有他吉」
也。此假外象喻人事也。（頁 37）

朱熹《易本義》：

比之初，貴乎有信，則可以无咎矣。若其充實，則又有他吉也。
（頁 63）

南懷瑾、徐芹庭《周易今註今譯》：

比卦的第一爻（初六），象徵開始有孚信為比輔的現象。沒有災咎。
開始就有了孚信，再加積累，就如雨水充滿瓦缶，後來的結果，還
有其他的吉慶。（頁 78）

陳惠玲《《上海博物館藏戰國楚竹書（三）‧周易》研究》：

初六為比卦之始，位不高，故「比」字從王、孔作「相親比」，比
南、徐作「輔佐」要適當。〔註406〕

玉姍案：與人親比，首重誠信，初六處比之始，若无誠信，禍莫大焉。
必有誠信而相親比，終始如一，乃得无咎。與人親比，心无所私吝，則他人
莫不比之。心中充滿孚信，就如盈溢之缶器，以此待物，他人皆歸向而能得
吉。王、孔以為「有孚盈缶，終來有它吉」是以盈滿之缶來喻人事，孚信充
滿，則不止一人來，終會有其他人來歸而得吉；其說可從。

今本作「初六：有孚比之，无咎。有孚盈缶，終來有它吉。」意思是：
初六象徵與人相親比而有誠信，就能免於災咎。人心充滿誠信，有如盈滿之
缶，終會招攬更多人才前來相助而得吉。

上博本「初六：又孚比之，亡咎。又孚**汲**缶，冬迷又它吉。」意思是：
比卦能原窮真情而筮決之，因此有元大、永長、貞正的德性，故能吉利而沒
有災咎。以往未親比而有所不安的國家，也會自然來歸，但若遲遲不與其他
國家相親比，即有凶險。

帛書本「初六：有復比之，无咎。有復盈缶，多來或池吉。」意與今本
同。

1. 上博《周易》：六二：比之自內，吉。
2. 阜陽《周易》：六二：比之自內，貞吉。

〔註406〕陳惠玲：《《上海博物館藏戰國楚竹書（三）‧周易》研究》（臺灣師範大學國
文教學所碩論，2005 年 8 月），頁 136～137。

3. 帛書《周易》：六二：比之自內，貞吉。

4. 今本《周易》：六二：比之自內，貞吉。

【文字考釋】

阜陽本六二爻辭殘，據今本補。

（一）上博本作「六二：比之自內，吉。」與它本相較，缺一「貞」字。

廖名春以爲：

「貞吉」，要「貞」才能「吉」，可見「貞」是有條件的。但「比之
自內」，值得肯定，不一定需要條件。所以，從文意看，楚簡本無
「貞」字似更勝。〔註407〕

陳惠玲《《上海博物館藏戰國楚竹書（三）・周易》研究》：

帛書本、今本作「貞吉」，楚簡本作「吉」。「吉」意思已完備，不
能視作缺文。〔註408〕

玉姍案：上博本作「六二：比之自內，吉。」與諸本相較，缺一「貞」
字。「貞吉」於今本《周易》經文中共出現三十次，意即「貞正而吉」。上博
本作「六二：比之自內，吉。」於文義而言也很完整。由於其他三種版本皆
作「貞吉」，此處不排除是抄手抄漏「貞」字的可能。亦有可能最早的版本
中就只有一「吉」字，漢朝之後的版本衍字寫成「貞吉」而流傳至今。

【爻辭釋讀】

〈象〉曰：

「比之自內」，不自失也。（頁37）

王弼《注》：

處比之時，居中得位，而繫應在五，不能來它，故得其自內貞吉而
已。（頁37）

孔穎達《正義》：

居中得位，繫應在五，不能使它悉來，唯親比之道，自在其內，獨
與五應，但「貞吉」而已，不如初六「有它吉」也。（頁37）

朱熹《易本義》：

〔註407〕廖名春：〈楚簡《周易》校釋記（一）〉，簡帛網站 2004 年 4 月 23 日。

〔註408〕陳惠玲：《《上海博物館藏戰國楚竹書（三）・周易》研究》（臺灣師範大學國
文教學所碩論，2005 年 8 月），頁 138。

柔順中正，上應九五，自內比外而得其貞，吉之道也。占者如是，
則正而吉矣。（頁 63）

南懷瑾、徐芹庭《周易今註今譯》：

比卦的第二爻（六二）的象徵，有比在自己的內心，要貞正自守，
便可得到吉慶。（頁 78）

玉姍案：六二處內卦中位，與九五相應，象君子自內親比，雖不能「有
它吉」，然態度貞正，自能得吉。故王弼《注》：「居中得位，而繫應在五，
不能來它，故得其自內貞吉而已」。孔穎達《正義》：「唯親比之道，自在其
內，獨與五應，但『貞吉』而已，不如初六『有它吉』也。」可從。

今本「六二：比之自內，貞吉。」意思是：六二居內卦中位，象能自內
親比，是以貞正而能得吉。

上博本作「六二：比之自內，吉。」意思是：六二居內卦中位，與九五
相應，象能自內親比，故能得吉。

帛書本「六二：比之自內，貞吉。」意思與今本同。

1. 上博《周易》：六晶：比之非人。
2. 阜陽《周易》：六三：比之非人。
3. 帛書《周易》：六三：比之非人。
4. 今本《周易》：六三：比之匪人。

【文字考釋】

阜陽本六三爻辭殘，據今本補。

【爻辭釋讀】

〈象〉曰：

「比之匪人」，不亦傷乎。（頁 37）

《周易集解》引虞翻云：

匪，非也。失位无應，三又多凶，體剝傷象，弒父弒君，故曰「匪
人」。（頁 144）

王弼《注》：

四自外比，二爲五應，近不相得，遠則无應，所與比者，皆非己親，
故曰「比之匪人」。（頁 37）

孔穎達《正義》：

> 「比之匪人，不亦傷乎」者，言六三所比，皆非己親之人。四自外比，二爲五應，近不相得，遠又无應，是所欲親比，皆非其親，是以悲傷也。（頁 37）

朱熹《易本義》：

> 陰柔不中正，承乘應皆陰，所比皆非其人之象，其占大凶，不言可知。（頁 64）

南懷瑾、徐芹庭《周易今註今譯》：

> 比卦的第三爻（六三）的象徵，有與匪人互作朋比的現象。（頁 79）

玉姍案：六三以陰爻居陽位，與六二、六四皆無法相應，象徵身邊無可親比之人。故王弼《注》：「四自外比，二爲五應，近不相得，遠則无應，所與比者，皆非己親，故曰『比之匪人』」。孔穎達以下學者多從王弼之說，此亦從之。

今本「六三：比之匪人。」意思是：六三以陰居陽，無應且不得其位，象徵身邊無可親比之人。

上博本作「六晶：比之非人。」帛書本「六三：比之非人。」意思均與今本同。

1. 上博《周易》：六四：外妣之，亡不利。
2. 阜陽《周易》：六四：外比之，貞吉。……不獲。
3. 帛書《周易》：六四：外比之，貞吉。
4. 今本《周易》：六四：外比之，貞吉。

【文字考釋】

阜陽本六四爻辭殘，據今本補。上博本較他本多出「亡不利」三字，但無「貞吉」二字。

（一）帛書本、今本「外比之」之「比」，上博本作「妣」。且上博本較其他版本多出「亡不利」三字，而無「貞吉」二字。

濮茅左以爲：

> 「妣」，讀爲「比」。「亡不利」，即「無所不利」。馬王堆漢墓帛書〈繆和〉：「子曰：『亡不利者，無過之胃（謂）也。』」〔註409〕

〔註409〕馬承源主編：《上海博物館藏戰國楚竹書（三）》（上海：上海古籍出版社，2003

玉姍案：上博本比卦中惟有六四爻辭中使用「妣」字，其餘卦爻辭仍皆寫作「比」；「妣」從「比」得聲，可通假。上博本與帛書本、今本相較下，無「貞吉」二字，但多出「亡不利」三字，與今傳本差異較大，應非抄寫者筆誤造成；「貞吉」是貞正而吉；「亡不利」是無不順利（很順利），兩者都是正面意義的卦辭。廖名春以為上博本作「亡不利」較佳，〔註410〕然筆者以為二者有語氣輕重之分，但優劣難定，不宜輕下判斷。

【爻辭釋讀】

〈象〉曰：

> 外比於賢，以從上也。（頁 37）

《周易集解》引虞翻云：

> 在外體，故稱「外」。得位比賢，故「貞吉」也。（頁 145）

王弼《注》：

> 外比於五，復得其位，比不失賢，處不失位，故「貞吉」也。（頁 37）

孔穎達《正義》：

> 六四上比於五，欲外比也。居得其位，比不失賢，所以貞吉。凡下體為內，上體為外，六四比五，故云「外比」也。（頁 37）

朱熹《易本義》：

> 以柔居柔，外比九五，為得其正，吉之道也。占者如是，則正而吉矣。（頁 64）

南懷瑾、徐芹庭《周易今註今譯》：

> 比卦的第四爻（六四）的象徵，比之在外。有貞正而吉慶的現象。（頁 79）

玉姍案：比卦六四以陰爻居陰位，象徵人得其位，又與九五相親，象得賢人（君）親比。故王弼《注》：「外比於五，復得其位，比不失賢，處不失位，故貞吉也。」孔穎達以下學者多由王弼之說推衍，此亦從之。

今本「六四：外比之，貞吉。」意思是：六四象徵人得其位而能向外親附賢者，故貞正而能得吉。

年12月），頁 150。

〔註410〕廖名春：〈楚簡《周易》校釋記（一）〉，簡帛網站 2004 年 4 月 23 日。

上博本作「六四：外敀之，亡不利。」意思是：六四象徵人得其位而能向外親比賢者，故能一切順利。

帛書本「六四：外比之，貞吉。」意思與今本同。

1. 上博《周易》：九五：顯比。王晶驅，遊前含。邑人不戒，吉。
2. 阜陽《周易》：九五：㷭比。王用三 驅 ，失前禽。邑人不 誡，吉。
3. 帛書《周易》：九五：顯比。王用三驅，失前禽。邑人不戒，吉。
4. 今本《周易》：九五：顯比。王用三驅，失前禽。邑人不誡，吉。

【文字考釋】

（一）今本「顯比」之「顯」，阜陽本作「㷭」。

　　玉姍案：今本「顯比」之「顯」，阜陽本作「㷭」。「顯」從「㷭」得聲，故二字可以通假。

（二）阜陽本、帛書本、今本「王用三驅」，上博本作「王晶驅」，少一「用」字。

　　廖名春以為上博本「王晶驅」並無漏「用」字，是傳本不同：

> 楚簡本作「王晶驅」，少一「用」字。案：帛書《易經》、帛書〈繆和〉引、阜陽漢簡本皆有「用」字，而帛書〈昭力〉三引皆無「用」字，與楚簡本同：
> 子曰：「師之『王參賜命』與比之『王參毆』與《紊》之『自邑告命』者三者，國君之義也。」……又問：「比之『王參毆』，何胃也？」
> 子曰：「……易[曰：比]之『王參毆，失前禽，邑人不戒，吉。』若為人君『毆』者，亓人孫『戒』在前，何不『吉』之又？」」
> 其引師卦「王參賜命」、《泰》卦「自邑告命」皆無脫文，可見不是抄手偶然漏脫。這說明楚簡無「用」字，也是有來源的。〔註411〕

　　玉姍案：阜陽《周易》、帛書《周易》、帛書〈繆和〉、今本《周易》作「王用三驅」，皆有「用」字；而帛書〈昭力〉三次引用皆無「用」字，故上博本「王晶驅」少「用」字，應非漏字而是有其所本。

（三）阜陽本、帛書本、今本「失前禽」之「失」，上博本作「遊」。

　　濮茅左以為「遊」即「失」字：

〔註411〕廖名春：〈楚簡《周易》校釋記（一）〉，簡帛網站 2004 年 4 月 23 日。

「遊含」，「遊」，楚文字中，「失」字多作此形；讀爲「失前禽」。
〔註412〕

陳惠玲《《上海博物館藏戰國楚竹書（三）·周易》研究》：

> 惠玲案：「遊」字，最早見於《長沙子彈庫帛書》，……裘錫圭於《郭店·老子》注中云：「遊，它本均作「失」。此字楚文字中屢見，皆讀爲「失」，字形結構待考。」〔註413〕因有今本《老子》對照，讀爲「失」是正確的，也訂正以往釋爲「達」、「逆」等說法。〔註414〕

玉姍案：上博本「🔲」字下方雖有殘損，然由其他部位比對仍可看出與🔲（郭店.六德.41）、🔲（郭店.性自.38）、🔲（郭店.老乙）等於楚簡中讀爲「失」字者字形相符，這是楚系文字「失」的特殊寫法。

【爻辭釋讀】

〈象〉曰：

> 「顯比」之吉，位正中也。舍逆取順，「失前禽」也。「邑人不誡」，上使中也。（頁38）

王弼《注》：

> 爲比之主而有應在二，「顯比」者也。比而顯之，則所親者狹矣。夫无私 於物，唯賢是與，則去之與來，皆无失也。夫三驅之禮，禽逆來趣己則舍之，背己而走則射之，愛於來而惡於去也，故其所施，常「失前禽」也。以「顯比」而居王位，用三驅之道者也，故曰「王用三驅，失前禽」也。用其中正，征討有常，伐不加邑，動必討叛，邑人无虞，故「不誡」也，雖不得乎大人之吉，是「顯比」之吉也。此可以爲上之使，非爲上之道也。（頁38）

孔穎達《正義》：

> 五應於二，顯明比道，不能普遍相親，是比道狹也。「王用三驅，失前禽」者，此假田獵之道，以喻「顯比」之事。凡三驅之禮，禽向己者則舍之，背己者則射之，是失於「前禽」也。「顯比」之道，

〔註412〕馬承源主編：《上海博物館藏戰國楚竹書（三）》（上海：上海古籍出版社，2003年12月），頁150。

〔註413〕《郭店楚墓竹簡》，（北京：文物出版社，1998年5月），頁114，注28。

〔註414〕陳惠玲：《《上海博物館藏戰國楚竹書（三）·周易》研究》（臺灣師範大學國文教學所碩論，2005年8月），頁143～144。

與己相應者則親之，與己不相應者則疏之，與三驅田獵，愛來惡去相似，故云「王用三驅，失前禽」也。言「顯比」之道，似於此也。「邑人不誡吉」者，雖不能廣普親比於自己相親之處，不妄加討罰，所以己邑之人，不須防誡而有吉也。至于「邑人不誡」而「為吉」，非是大人弘闊之道，不可為大人之道，但可為大人之使。「三驅之禮」者，先儒皆云「三度驅禽而射之」也，三度則已。今亦從之，去則射之。褚氏諸儒皆以為三面著人驅禽，必知三面者禽唯有背己、向己、趣己，故左右及於後皆有驅之。（頁38）

孔穎達《春秋左傳正義》：

鄭玄云：王者習兵於蒐狩，驅禽而射之，三則已，法軍禮也。「失前禽」者，謂禽在前來者不逆而射之，旁去又不射，唯背走者順而射之，不中則已。是其所以失之用兵之法，亦如之降者不殺、奔者不禦，皆為敵不敵，己加以仁恩養威之道。是說三驅之事也，狩獵之禮唯有三驅，故知行三驅之正禮，得田獵之常時，故傳曰：「書，時禮也。善其得時，明禮皆無違矣。」〔註415〕

朱熹《易本義》：

一陽居尊，剛健中正，卦之群陰皆來比。己顯其比而无私，如天子不合圍，開一面之網，來者不拒，去者不追，故為「用三驅，失前禽」，而「邑人不誡」之象。蓋雖私屬，亦喻上意，不相警備以求必得也。凡此皆吉之道。（頁64）

黃師慶萱《周易讀本》：

比卦陽居第五位。象徵著英明的領袖實行仁民愛物的政治。就像田獵，國王命令要自三個方向驅趕著，讓那些不願接受撫養的動物從前面逃走。參加田獵的屬邑人民不會因此而受到責怪。施行仁政的結果自然是大有收穫的。〔註416〕

南懷瑾、徐芹庭《周易今註今譯》：

比卦的第五爻（九五），是比卦功用顯著的象徵。有象徵王者好獵的現象，祇用三面的前驅，有意失去前面擒制禽的機會。但對比順

〔註415〕（晉）杜預注，（唐）孔穎達疏，《春秋左傳正義》，（台北：藝文印書館，1989年），頁104。

〔註416〕黃師慶萱：《周易讀本》（台北：三民書局，2001年3月），頁139。

於本邑的人，用不著警誡。所以是吉慶的。（頁 79）

陳惠玲《《上海博物館藏戰國楚竹書（三）‧周易》研究》：

馬王堆漢墓帛書〈繆和〉第十五章對此爻有所解釋：

湯之軝（巡）守東北，又火，曰：「彼何火也？」又司對曰：「漁者也。」湯遂見張網，〔註417〕又司歔之曰：「古者蛛螯作網，今之人緣序，左者、右者、尚（上）者、下者、衛（衡）突乎土者，皆來吾網。」湯曰：「不可！我教子歔之曰：古者蛛螯作網，今之人緣序，左者使左，右者使右，尚（上）者使尚（上），下者使下，吾取亓犯命者。」諸侯聞之曰：「湯之德及禽獸魚鼈矣。」故共皮敝以進者卅又餘國。易卦亓義曰：「顯比，王用參（三）殹（驅），失前禽，邑人不戒，吉。」〔註418〕

〈繆和〉第十五章引湯治國之德，以動物爲喻，以爲湯能順乎民情，僅取犯命者。故能使諸侯不誡、各國前來進貢。……「邑人不誡」，王、孔以爲「邑人不需時時警戒，因九五討伐有道」，其說較合九五卦象。〔註419〕

玉姍案：「王用三驅，失前禽」目前所見說法共有六種：

（一）帛書〈繆和〉以爲「只取其犯命者」。

（二）王弼、孔穎達以爲是禽逆來趣己則舍之，背己而走則射之。

（三）孔穎達《正義》引先儒言：「三驅之禮」者，三度驅禽而射之，三度則已。

（四）孔穎達《正義》引褚氏諸儒以爲三面著人驅禽，必知三面者禽唯有背己、向己、趣己，故左右及於後皆有驅之。

（五）孔穎達《春秋左傳正義》引鄭玄云：謂禽在前來者不逆而射之，旁去又不射，唯背走者順而射之，不中則已。

（六）朱熹以爲天子不合圍，網開一面，來者不拒，去者不追。

〔註417〕此三字爲《上博三‧周易》原考釋補。《上海博物館藏戰國楚竹書（三）》，頁150。

〔註418〕鄧球柏《帛書周易校釋（增訂本）》，（長沙：湖南出版社，1996 年 8 月），頁524。

〔註419〕陳惠玲：《《上海博物館藏戰國楚竹書（三）‧周易》研究》（臺灣師範大學國文教學所碩論，2005 年 8 月），頁 146～148。

以上六種說法對「三驅」的解釋各異，但目的都是爲了宣揚天子射獵時的仁心，並推廣至對百姓的仁德。其中帛書〈繆和〉：「取其犯命者」，並未明確解釋「三驅」爲何種行獵佈陣型態，亦未說明「三驅，失前禽」之義。王弼以爲「失前禽」乃「向己者捨之，背己者驅而射之」，只選擇背對獵人的禽獸驅趕射擊，但未對「三驅」之義做進一步說明。孔穎達《正義》認同王弼之說，但也保留了先儒以爲「三驅」爲三度（次）驅禽、及褚氏諸儒以爲是由三個方向著人驅禽之意。孔穎達《春秋左傳正義》引鄭玄云：謂禽在前來者不逆而射之，旁去又不射，唯背走者順而射之，不中則已。朱熹則以爲「三驅」爲網開一面，只留下三面網以捕禽，來者不拒，去者不追。

諸說中，孔穎達引先儒之說、褚氏諸儒，及孔穎達《春秋左傳正義》引鄭玄之說共三種說法能完全扣到「三驅」之義（朱熹之說法無法解釋「驅」字），對於「失前禽」的解釋也頗合理，然究竟何種說法才是先秦時「三驅」之禮的原貌，目前亦無法斷定，暫時採用孔穎達《正義》及其引先儒言之說。

今本「九五：顯比。王用三驅，失前禽。邑人不誡，吉。」意思是：九五處中正之位，有他人皆來比附之象。王者打獵時，對於背向自己的獵物也只用三次驅趕射擊，並故意放走已自行向王者的動物。王者施政亦如打獵，要用此仁德之心對待已歸附王者的邑人，邑人不擔心無故受到征伐，這是吉象。

上博本「九五：顯比。王晶驅，遊前舍。邑人不戒，吉。」意思是：九五處中正之位，有他人皆來比附之象。王者打獵時，對於背向自己的獵物只驅趕射擊三次，並故意放走已自行向王者的動物。王者施政亦如打獵，要用此仁德之心對待已歸附王者的邑人，邑人不擔心無故受到征伐，這是吉象。

阜陽本「九五：㵟比。王用三驅，失前禽。邑人不誡，吉。」帛書本「九五：顯比。王用三驅，失前禽。邑人不戒，吉。」其義均與今本同。

1. 上博《周易》：上六：比亡首，凶。
2. 阜陽《周易》：上六：比毋首，凶。
3. 帛書《周易》：尚六：比无首，兇。
4. 今本《周易》：上六：比之无首，凶。

【文字考釋】

（一）今本「比之无首」，上博本、阜陽本、帛書本皆無「之」字。

　　玉姍案：出土《周易》和今本相較，常有增減一、二字，而不影響整體
爻義（請參本論文第四章結論第一節（五）卦、爻辭相異處）。今本作「上
六：比之无首，凶」。比對之下，上博本、阜陽本、帛書本皆少一「之」字，
然因〈小象傳〉與今本同作「比之无首」，故皆非孤本，各有所據，並不影
響整體爻義。

【爻辭釋讀】

〈象〉曰：

　　　　「比之无首」，无所終也。（頁 38）

《周易集解》引虞翻云：

　　　　迷失道，故无所終也。（頁 147）

王弼《注》：

　　　　无首，後也，處卦之終，是後夫也。親道已成，无所與終，爲時所
　　　　棄，宜其凶也。（頁 38）

孔穎達《正義》：

　　　　「无首凶」者，謂无能爲頭首。它人皆比，己獨在後，是親比於人，
　　　　无能爲頭首也。它人皆比，親道已成，己獨在後，眾人所棄，宜其
　　　　凶也。（頁 38）

朱熹《易本義》：

　　　　陰柔居上，无以比下，凶之道也。故爲无首之象，而其占則凶也。
　　　　（頁 65）

南懷瑾、徐芹庭《周易今註今譯》：

　　　　比卦的第六爻（上六），象徵比卦的無頭。大凶。（頁 80）

　　玉姍案：上六處比卦之終，無可親比，不能爲首。故孔穎達《正義》：「它
人皆比，親道已成，己獨在後，眾人所棄，宜其凶也。」學者多由此立說，
此亦從之。

　　今本「上六：比之无首，凶」的意思是：上六處比之終，象徵無可親比，
又陰柔不能爲首，此爲凶象。

　　上博本「上六：比亡首，凶。」帛書本「尙六：比无首，兇」意思皆與
今本同。